Über den Autor:

Dr. Michael Hebeis, Jahrgang 1959, ist Rechtshistoriker und Katholik. Er hat zu einem kirchenhistorischen Thema promoviert und ist in Dresden freiberuflich als Berater tätig. Seit vielen Jahren engagiert er sich ehrenamtlich in kirchennahen Vereinen und kirchlichen Stiftungen.

Michael Hebeis

SCHWARZBUCH KIRCHE

Und führe uns nicht in Versuchung

BASTEI LÜBBE TASCHENBUCH
Band 60687

1. Auflage: Mai 2012

Dieser Titel ist auch E-Book erhältlich.

Vollständige Taschenbuchausgabe der unter Lübbe Ehrenwirth erschienenen Hardcoverausgabe

Lübbe Ehrenwirth und Bastei Lübbe Taschenbuch in der
Bastei Lübbe GmbH & Co. KG

Originalausgabe

Agentur: Montasser Media
Für die deutschsprachige Ausgabe:
Copyright © 2010 by Bastei Lübbe GmbH & Co. KG, Köln
Textredaktion: Matthias Michel, Wiebaden
Umschlaggestaltung: © Guter Punkt, München
unter Verwendung eines Motivs von © iconspro/Shutterstock
Autorenfoto: © Michael Hebeis
Satz: Bosbach Kommunikation & Design GmbH, Köln
Gesetzt aus der Adobe Caslon
Druck und Verarbeitung: CPI – Ebner & Spiegel, Ulm
Printed in Germany
ISBN 978-3-404-60687-0

Sie finden uns im Internet unter
www.luebbe.de
Bitte beachten Sie auch: www.lesejury.de

Der Preis dieses Bandes versteht sich einschließlich
der gesetzlichen Mehrwertsteuer.

INHALT

EINLEITUNG   9

1. DER HEILIGE KRIEG – KREUZZÜGE ALS MITTEL DER KIRCHENPOLITIK

Der Sündenfall des zweiten Alexander   18
Türkengefahr und Sittenverfall   21
Hunderttausend Tote für Jerusalem – Gott will es!   24
Vom obersten Kriegsherrn zum Stellvertreter Christi   38
Mit Senfgas gegen Äthiopien:
Der (vorläufig) letzte Kreuzzug   48

2. BETEN FÜR DIE JUDEN?

Kirchliche Judenfeindlichkeit seit der Spätantike   56
Hostienfrevel- und Ritualmordvorwürfe   58
Systematische Vertreibung unter den
»Katholischen Königen«   60
»... dass man ihre Synagogen mit Feuer anzünde«   62
Werner, Simon und Anderl –
Heiligenverehrung und Judenhass   64
Vom Antijudaismus zum modernen Antisemitismus   65
»Die Welt kann nicht Richter der Kirche sein«   68
Geht es nur um Worte?   69
Heiliges Land oder Eretz Israel   72
Papst Pius XII. – ein Heiliger?   74

3. INDIANER UND ANDERE HEIDEN
Südamerika – das Geschenk des Papstes — 81
Folterknechte und Befreiungstheologen — 88
Sklaven, Gold und Kautschuk – der Preis für das Christentum — 95

4. DAS 6. GEBOT – KIRCHENMÄNNER AUF ABWEGEN
Vertuschen, verschweigen, verdrängen — 104
Grüne Insel – Schwarze Schafe — 117
Das Schweigen der Hirten — 124

5. UND GELD STINKT DOCH
Soll und Haben eines »Monstrums« — 137
Fromme Unternehmer, Banker und Betrüger — 144
Römische Finanzen – Petri Nachfolger fischen im Trüben — 150
Unsaubere Hände — 153

6. DER FROMME KLÜNGEL: OPUS DEI UND CO.
Die Wiederkehr der Reconquista – das Opus Dei — 171
Die Legionäre Christi und ihr unfrommer Gründer — 174
Alte Orden, neue geistliche Gemeinschaften — 180
Der Neokatechumenale Weg — 182
Laien von rechts ... — 186
... und Laien von links — 191

7. MIRACOLI, MIRACULA – WUNDER, WALLFAHRT, EXORZISMUS
Heilig mit System — 197
Reliquien: geraubt, zerteilt, verehrt — 201

Sensationen aus dem Mezzogiorno	203
Streit um Maria	208
Komische Heilige und andere Peinlichkeiten für moderne Christen	212
Die Faszination des Bösen	215

8. ERZWUNGENE EINSICHTEN – LEHRHOHEIT UND INQUISITION

Die Freiheit des Christenmenschen	223
Kreuzzug gegen die Ketzer	225
Die Hunde des Herrn	231
Verlorenes Böhmen	238
Die Liturgie des Todes – Blüte der Inquisition	240
Zensur des Denkens	244
Der diktierte Glaube	247

9. DER KAMPF DER KIRCHE GEGEN DIE MODERNE

Zurück in die Vergangenheit	258
Die Krone der Schöpfung	262
Der Teufel im Detail	267
Zum Schluss: die Frauen	271

RESÜMEE	277
WEITERFÜHRENDE LITERATUR	283

EINLEITUNG

Die Kirche? »Verlogen, verlogen, verlogen!« Millionen – Gläubige und Ungläubige – empfinden so angesichts der Aufdeckung jahrzehntelangen sexuellen Missbrauchs an Kindern und Jugendlichen in kirchlichen Einrichtungen, Pfarreien, Schulen und Internaten. Wütend macht, dass Serientäter – gedeckt und vor Strafverfolgung geschützt – erneut Kinder betreuen konnten. Und dass Opfer zum Stillhalten genötigt, als unglaubwürdig dargestellt und damit ein zweites Mal ihrer Würde beraubt wurden. Noch wütender macht aber die Reaktion der höheren Geistlichkeit. Wenigstens heute Liebe, Güte, Zuwendung für die Opfer? Fehlanzeige! Stattdessen Beschwichtigung, Zeigen auf andere, im günstigsten Fall verdruckste Erklärungen, dass man es zukünftig besser machen wolle. Die Herren präsentieren sich vor Mikrofonen und auf Talkshow-Sofas als welt- und menschenfremde Glaubensbürokraten. (Es gibt auch weiße Raben, das ehrt sie persönlich, ändert aber nicht grundsätzlich die Strukturen zum Besseren hin.) Kirchenmitglieder fühlen sich von denen, die ihre Hirten sein sollten, verraten, die anderen wenden sich mit Grausen ab oder zeigen voll Spott mit dem Zeigefinger auf eine Institution, die nach wie vor in Sachen Ethik und Moral eine Definitionshoheit beansprucht. Allgemein ist die große Empörung. Manche reden von der »größten Krise« der Kirche seit dem letzten Weltkrieg.

Und damit gerät die Kritik an der Kirche auf die schiefe Bahn. Sie wird kurzatmig und kurzsichtig, sie verhilft zu keinen neuen Einsichten und verändert nichts. Denn der aktuelle Skandal ist kein großer Skandal, jedenfalls nicht, wenn man die gesamte Kirche und ihre Geschichte betrachtet. Dann ist es eigentlich nur ein klitzekleiner Skandal. Aber wer weiß das schon noch? »Geschichte lerne ich nicht, das sind nur die Dinge, die längst vorbei sind«, sagte mir unlängst ein sechzehnjähriger Schüler. Mit dieser Meinung liegt er im Trend. Dieser Trend ist gefährlich, er macht es den

Meistern des Vernebelns oder des Beweihräucherns (was ja technisch gesehen das Gleiche ist) leicht. Halten wir darum der Kirche einen Spiegel vor, machen wir die tiefe Kluft zwischen frommem Anspruch und düsterer Wirklichkeit deutlich! Ein Schwarzbuch, ein Sündenregister, ein Schand- und Mahnmal ist nötig, ja herausgefordert. Seitdem ein solches Buch nicht mehr Leib und Leben des Autors und insbesondere des Verlegers kostet, also seit vielleicht 250 Jahren, ist – wenn man die konfessionelle Hetzliteratur aus der Reformationszeit unberücksichtigt lässt – eine stattliche Zahl kirchenkritischer Werke erschienen. Die meisten beschäftigen sich nur mit einzelnen Aspekten des Themas, manche stehen in ihrem inquisitorischen Eifer ihrem Gegner in nichts nach. Oft findet sich Faktenhuberei statt Analyse der Strukturen. Auch dieses Buch ist bewusst einseitig geschrieben, einseitig – aber nicht unfair. Auf die Darstellung »guter Seiten« und auf entschuldigende Hinweise zu »zeitbedingten Irrtümern« und allgemein auf den raueren Charakter früherer Epochen wurde bewusst verzichtet. Wer möchte, kann dies bei Bedarf anderswo reichlich finden. Hier, lassen Sie alle gegenteilige Hoffnung fahren, geht es zum Einstieg in den Höllenschlund der Sünden, Verbrechen und Perversionen der ältesten existierenden Institution der Menschheit.

Ich schreibe das Schwarzbuch nicht aus Hass, sondern aus Trauer, es ist weniger Anklage – mehr Klage. Dennoch muss der Kirche, die heute im Allgemeinen ein freundlicheres, aufgeklärteres und durchaus auch »frommeres« Antlitz aufweist als zu früheren Zeiten, in gewissen Abständen die Larve vom Gesicht gerissen werden, um dahinter die dunkle, die erschreckende Seite dieser Institution zu zeigen. Denn beide Aspekte sind nur zwei Seiten derselben Medaille und die Medaille ist unteilbar. Die Kirche ist im Guten wie im Bösen fast zweitausend Jahre gewachsen, das hat zu Strukturen geführt, die nicht gefallen, die nicht gefällig sind. Kein Wunder, sind diese Strukturen doch so etwas wie tiefe Narben, um ein medizinisches Bild zu gebrauchen: Wunden aus oft lang vergangener Zeit, Wucherungen, Verwachsungen. Die meisten dieser Wunden, das muss ganz deutlich gesagt werden, hat sich die Kirche selbst zugefügt. Und eigentlich alles das, was am Verhalten der Kirche und ihrer Spitzenvertreter heute skurril, verwunderlich, abstoßend oder empörend erscheint, wird von diesen seit alter Zeit gewachsenen Strukturen geprägt. Sie sind zwar nicht völlig unveränderlich, aber sie haben ein zähes Leben und jede Veränderung kostet Kraft und vor allem Zeit. Der aktuelle Skandal wird in seinen Gründen nur verstanden, wenn er auf diese Strukturen zurückgeführt wird, ohne diese Einsicht ist jede Veränderung unmöglich. Es geht in diesem Buch darum, die Strukturen zu verstehen, die Kirche heute bestimmen. Das geht, das wurde schon gesagt, nicht ohne Rückgriffe auf deren Geschichte. Die Identität der Kirche, ja die katholische Identität ist endgültig in den Kreuzzügen des Mittelalters entstanden. Da beginnen wir zu fragen: Wie viel vom alten Kreuzzugsgeist lebt heute noch in der Kirche? Was davon belastet heute das Verhältnis zum Islam? Warum eigentlich gibt es aus Rom so unklare Ansagen zum Thema Juden? Weshalb macht der Papst bei indigenen Völkern in Südamerika eine schlechte Figur? Wieso sieht die Kirche jahrzehntelang weg, wenn Priester Kinder sexuell missbrauchen, und deckt die Täter? Warum verletzt der Vatikan im Umgang mit Geld fundamentale ethische Prinzipien? Welche Seilschaften besitzen tatsächlich die Macht im Vatikan? Wie aufrichtig ist Rom im Umgang mit wundersüchtigen und teufelsfürchtigen Menschen? Was ist der Kirche die Freiheit des Einzelnen in Glaubensfragen wirklich wert? Und warum steht die Kirche mit allem, was die liberale Gesellschaft ausmacht, mit allen Errungenschaften der Moderne auf Kriegsfuß? Nach diesem Fragenkatalog, in Kirchensprache: nach diesem Beichtspiegel, werden die Sünden der Kirche im Folgenden geordnet und besichtigt, welchen Versuchungen sie erlegen ist.

Gegner des Christentums und Feinde der Kirche werden sich bestätigt sehen, werden sich an neuen, bisher unbekannten Variationen kirchlicher Sünde delektieren und weiden. Wie Kardinal Cordes schreibt: »Wohl niemand wird bestreiten, dass uns das Böse fasziniert.« Genauso muss ich als Autor bekennen, dass die Beschreibung von Skandalen, Gräueln und Verbrechen eine gewisse Faszination bereitet, vergleichbar jener, die beim Betrachten von Höllenbildern Brueghels entsteht. Aber das ist nicht das eigentliche Anliegen dieses Buches. Es geht wesentlich darum, Klage zu führen, auch wenn diese Klage mit sardonischem Lächeln vorgetragen wird. In dieser Klage mögen sich vielleicht Mit-Leidende erkennen und ihre eigenen Klagen formuliert finden. Und es geht auch darum, nach den letzten Skandalen die Enttäuschung derjenigen, die sich Kirche anders vorstellen, vollkommen zu machen. Denn die schwere Last, der Rucksack voll Schuld, den die Kirche sich – und damit jedem Gläubigen – aufgebürdet hat, muss in vollem Umfang begriffen werden, anders ist ein wahrhaftiges Verhältnis der Glaubenden zur Kirche und ihr aufrechter Gang in einer nichtkirchlich bestimmten Umgebung nicht zu haben.

Dies ist kein Buch für Romantiker, die sich die Kirche schönmachen wollen mit Weihrauch und lateinischem Gemurmel oder sie auf pfingstliche Gemeinschaftserlebnisse mit lila Halstuch und Gitarre reduzieren und so die eben auch schreckliche Realität der una sancta ecclesia, »der einen und heiligen Kirche«, wie sie sich nennt, verdrängen. Und ganz bestimmt ist dies kein Buch für diejenigen, die Beschwichtigen, Verniedlichen und Vertuschen für fromme Werke halten. Eines sei noch gesagt: Wenn hier »Kirche« oder »die Kirche« steht, so bezieht sich das nur auf die Katholische Kirche, deren Oberhaupt der Papst in Rom ist, nicht auf das Christentum an sich oder auf andere Konfessionen. Fangen wir also an, wo es anfängt ...

1. DER HEILIGE KRIEG – KREUZZÜGE ALS MITTEL DER KIRCHENPOLITIK

Auch Nichtchristen wissen gewöhnlich, dass die christliche Ethik vom Prinzip der Nächstenliebe, sogar der Feindesliebe, geprägt ist. Einschlägige Erzählungen aus dem Evangelium unterstreichen die Präferenz der Gewaltlosigkeit. Ein gutes Beispiel ist die Verhaftung Jesu im Garten Getsemani durch die Büttel des Hohepriesters, um ihn zu Gericht zu führen. Jesus wehrt sich nicht, doch der Apostel Petrus will ihn mit dem Schwert verteidigen und schlägt auf einen der Gerichtsknechte ein. Aber Jesus verbietet das: »Steck dein Schwert in die Scheide; denn alle, die zum Schwert greifen, werden durch das Schwert umkommen.« Und dann heilte Jesus den von Petrus verletzten Malchus auch noch. Diese eindrucksvolle Lektion, die Jesus damit seinen Anhängern erteilt hatte, geriet jedoch im Lauf der Zeit in Vergessenheit. Gerade Päpste, die stets beanspruchten, Nachfolger des Apostels Petrus zu sein, wirkten als Aufwiegler, Kriegshetzer, ja Anstifter schlimmster Kriegsverbrechen und Gewalttaten. Die Reihe der Gräuel, die von der Kirche und ihren Oberhäuptern zu verantworten sind, beginnt im – sonst gar nicht so finsteren – Mittelalter. Die mit diesen Untaten ausgelöste Blutspur zieht sich durch die folgenden Jahrhunderte bis in die Neuzeit, ja bis ins 20. Jahrhundert. Und wer kann gewiss sein, dass sie damit wirklich geendet hat?

Im Jahr 1054 war das Tischtuch zwischen der römischen und der griechischen Kirche, zwischen dem Papst in Rom und dem Patriarchen von Konstantinopel, zwischen Katholiken und Orthodoxen endgültig zerschnitten. Gegenseitig schloss man sich aus der Kirche, man hatte sich nichts mehr zu sagen. Bis zu diesem Zeitpunkt lebten die östliche und die westliche Kirche jeweils für sich, in anfangs respektvollem, dann zänkischem und schließlich feindseligem Nebeneinander in der Tradition der von Kaiser Konstantin 313 begründeten römischen Reichskirche. Das Verhältnis zwischen dem jeweiligen Kaiser und dem Papst oder dem Patriarchen war im

Wesentlichen klar gewesen. Selbstverständlich durfte der jeweilige Kaiser auch in die Kirche hineinregieren und besaß Einfluss bei der Ämtervergabe. Ein wesentlicher Unterschied hatte sich in den langen Jahrhunderten nach dem Ende des weströmischen Reiches, nach der Völkerwanderung und der Entstehung neuer Machtzentren in West- und Mitteleuropa jedoch herausgebildet. Während im Osten der Patriarch es immer noch mit genau einem Landesherrn zu tun hatte und das Gebiet der orthodoxen Kirche weitgehend dem Byzantinischen Kaiserreich entsprach, stellte sich das Territorium der katholischen Kirche als politisch weitaus unübersichtlicher dar.

Anders als das Patriarchat in Konstantinopel hatte sich das Papsttum in Rom ein eigenes Territorium erwerben können, in dem der Pontifex auch die weltliche Herrschaft ausübte, das sogenannte *Patrimonium Petri* (»Erbe des Petrus«). Sein Schutzherr, der Kaiser des neuen »Heiligen Römischen Reichs«, das sich als Fortsetzung des antiken Imperium Romanum verstand, wurde jedoch in Europa von den anderen Herrschern immer weniger als ihnen übergeordnet anerkannt. Der Kirchenstaat geriet buchstäblich in die Zwickmühle: Im Norden Italiens sah er sich mit einflussreichen Adelsgeschlechtern und den sich immer stärker emanzipierenden Städten konfrontiert, im Süden wurde er von den Normannen bedrängt. Der König von Frankreich beanspruchte gleichen Rang mit dem Kaiser, in Nordeuropa entstanden selbstbewusste nationale Königreiche, wie England, Dänemark oder Schweden. Dazu kamen im Osten Polen, Böhmen und Ungarn, im Westen entwickelten sich die spanischen Teilkönigreiche. Und hier in Spanien, an der Front des Krieges gegen die islamischen Mauren, die die Iberische Halbinsel gut drei Jahrhunderte lang beherrscht hatten, ereignete sich der erste große Sündenfall des Papsttums.

DER SÜNDENFALL
DES ZWEITEN ALEXANDER

In den südlichen Randgebirgen der Pyrenäen waren seit der Zeit Karls des Großen kleine Grafschaften unter westgotischen und fränkischen Adeligen gegen die aus Nordafrika einfallenden Muslime, aber auch untereinander in ständige Kleinkriege verwickelt gewesen. Ramiro I., der sich seit 1035 stolz König von Aragón nannte, ein ambitionierter Haudegen, strebte nach Höherem und plante den Angriff auf das benachbarte maurische Fürstentum unter dem Emir von Saragossa, Ahmad I. al-Muqtadir. König Ramiro verfügte nur über ein kleines Land mit schwachen Kräften, aber er hatte gute Beziehungen. Über seinen Schwiegervater, Herzog Wilhelm VII. von Aquitanien, war er mit dem europäischen Hochadel und darüber hinaus auch mit dem einflussreichen Benediktinerorden gut vernetzt. Über diese Verbindungen gelang es ihm, die Unterstützung von Papst Alexander II. (1061–1073) für seinen Angriffsplan zu gewinnen. Und diese Hilfe war Gold wert. Der Papst ließ Prediger ausschwärmen, die vor allem in Italien, Frankreich und Burgund das fromme Volk und den Adel zum Kampf gegen die Mauren antrieben. Oberste Pflicht der Christen sei es, al-Andalus – so der Name der Araber für die von ihnen beherrschten Teile Spaniens – den Ungläubigen wieder zu entreißen, ließ der Papst verkünden. Sankt Jakobus der Ältere, der sogenannte »Maurentöter«, dessen Grabstätte im heutigen Santiago de Compostela schon im 9. Jahrhundert »aufgefunden« worden war, würde, so versprach die kirchliche Propaganda, dem christlichen Heer himmlischen Beistand leisten.

Die fromme Propaganda wirkte. Zu zehntausenden fanden sich französische und burgundische Adelige mit ihren Truppen zur Unterstützung des aragonischen Königs ein. Die Franzosen standen unter dem Kommando von Wilhelm VIII. von Aquitanien, Ramiros Schwager, und die Burgunder leitete ein Bruder des Abtes Hugo von Cluny, dem mächtigsten Kloster der Benediktiner. Der Abt wollte die Entwicklung südlich der Pyrenäen unter Kontrolle behalten, hing daran doch seine bedeutendste Geldquelle, die den Ausbau weiterer Klöster seines Ordens ermöglichte. Denn Ramiros Halbbruder, Ferdinand I. Graf von Kastilien, hatte Abt Hugo von Cluny den Bau der riesigen Basilika in Cluny finanziert und bezahlte an ihn jährlich den Zehnten. Aber Ramiro erhielt noch mehr Unterstützung, der Papst schickte sogar seine eigene Kavallerie. Als Anführer der päpstlichen Reiterei diente dabei ein normannischer Haudegen, Wilhelm von Montreuil, genannt »Der gute Normanne«.

Das Heer der frommen Krieger sammelte sich zunächst bei Girona in der kastilischen Grafschaft Barcelona und zog dann entlang der Pyrenäen gen Westen. Schon die erste Feindberührung bei Graus kostete König Ramiro I., der die spanischen Truppen führte, das Leben. Sein Sohn Sancho Ramírez (1063–1094) übernahm als sein Nachfolger die Führung. Der große Kriegszug gelangte zu der maurischen Grenzstadt Barbastro, gut 100 Kilometer vor Saragossa. Unter Führung des päpstlichen Kommandeurs begann die Belagerung der Stadt. Den Verteidigern ging das Wasser aus, sie mussten nach wenigen Tagen aufgeben und die Stadt den Christen öffnen. Dann folgte ein Massaker grausamster Art, eine Vernichtungsorgie, die der Norden der Iberischen Halbinsel nie zuvor gesehen hatte: Die Einwohner wurden Mann für Mann niedergemetzelt, Frauen und Kinder gefangen genommen und versklavt. Nach zeitgenössischen Quellen, die allerdings die Bedeutung dieser Belagerung übertreiben und deshalb mit Vorsicht zu lesen sind, soll es 50 000 Tote gegeben haben. Ein Blutrausch zur Ehre Gottes?

Mitnichten, handfeste weltliche Interessen beflügelten die Eroberer bei ihrem Gemetzel. Wilhelm, der gute Normanne, erhielt als Vertreter des Papstes den größten Teil der Beute; fünfhundert junge Frauen nebst Ausstattung und Schmuck, so sagten Zeitgenossen, habe er bekommen. Natürlich teilte der gute Normanne seinen Schatz brüderlich mit der Kirche und stiftete aus seinem Vermögen der ältesten Abtei der Benediktiner in Montecassino, gelegen zwischen Rom und Neapel, zwei Kirchen. Als Sieger von Barbastro war Wilhelm von Montreuil in Rom gebührend empfangen worden, hatte er doch die Rolle des Papstes als vom europäischen Adel akzeptierten Kriegsherrn begründet. Nur der Pontifex konnte die Aussicht auf sagenhafte Beute mit dem Versprechen ewiger Seligkeit kombinieren und so die Qualen und Gefahren des Krieges vergessen machen. Gut 1000 Jahre nach dem Tag in Getsemani, als Christus dem Petrus befahl, das Schwert in die Scheide zu stecken, kehrte das Schwert zurück in der Hand der Nachfolger des Petrus. Ob an diesem Tag des Jahres 1064, an dem Barbastro fiel, Papst Alexander II. diese Bedeutung erkannt hatte, wissen wir nicht. Aber das Tabu war gebrochen, der unheilige Geist hatte die Flasche verlassen.

Wie jedes schlechte Beispiel in der Geschichte machte auch die Belagerung von Barbastro schnell Schule. Als 1066 der normannische Herzog Wilhelm, nicht zu verwechseln mit dem »guten Normannen«, sein »Recht« auf die englische Krone durchsetzen wollte und deshalb einen Angriff auf die Insel plante, bat er den Papst vorher um Erlaubnis. Es blieb dieses Mal jedoch bei nur moralischer Unterstützung aus Rom. Papst Alexander II. sandte dem Normannen seinen päpstlichen Segen und – damit die Soldaten die gute Sache auch bildlich vor Augen hatten – seine Fahne, das Vexillum Sancti Petri. Auch dieser Krieg ging aus päpstlicher

Sicht gut aus, zu Weihnachten 1066 konnte Erzbischof Aeldred von York den Normannenherzog Wilhelm zum englischen König krönen. Der eigentlich zuständige Erzbischof Stigand von Canterbury war wegen Widersetzlichkeit gegenüber dem Papst in einer anderen Sache exkommuniziert worden und durfte keine Weihehandlungen vornehmen. König Wilhelm, genannt »der Eroberer«, half dem Papst dann 1070, den widerspenstigen Erzbischof Stigand abzusetzen. Eine Hand wusch die andere, Krieg hatte sich als nützliches Mittel der Kirchenpolitik erwiesen, auch innerkirchliche Gegner des Papsttums mussten zukünftig damit rechnen, Ziel eines mit dem Beistand und im Auftrag des Papstes geführten Militärschlags zu werden.

TÜRKENGEFAHR UND SITTENVERFALL

Während die Christenheit am Südrand der Pyrenäen erste militärische Erfolge gegen die islamischen Mauren erzielte, tauchte im Osten ein weit aus Asien kommendes Volk auf, nahm den islamischen Glauben an und stellte eine ernste Bedrohung für Byzanz dar. Auch wenn die Kirche mit den Orthodoxen inzwischen im Streit lag, ihre christlichen Seelen mussten doch gerettet werden. Es überrascht nicht, dass Papst Gregor VII. (1073–1085) sofort daranging, das von seinem Amtsvorgänger neu entdeckte Mittel des Kreuzzugs einzusetzen. Er wollte dem von den türkischen Seldschuken zunehmend bedrängten Kaiserreich von Konstantinopel mit einem Interventionsheer zu Hilfe kommen. Dazu sollte in einem »Deal« zwischen Papst und byzantinischem Kaiser die Wiedervereinigung der orthodoxen mit der katholischen Kirche ausgehandelt werden. Gregor VII. konnte diese Absicht jedoch aus vielerlei Gründen nicht verwirklichen. Erst sein übernächster Nachfolger, Papst Urban II. (1088–1099), sollte das Projekt wieder aufgreifen.

An dieser Stelle muss kurz ein anderer Entwicklungsstrang beleuchtet werden, der mit der Entstehung der kriegerischen Kirche zusammenhängt. Die beiden Päpste, denen wir in diesem Kapitel bisher begegnet sind, Alexander II. und Gregor VII., gelten heute als »Reformpäpste«. Diese Einschätzung beruht nicht auf ihrer Militanz; tatsächlich entstand im 11. Jahrhundert eine kräftige Reformbewegung in der Kirche, angeleitet von Mönchen reformierter Benediktinerabteien unter dem Abt Hugo von Cluny und anderen gelehrten Geistlichen, etwa Kardinal Humbert von Silva Candida und Petrus Damiani. Sie waren mit dem Zustand der Kirche unzufrieden, sie schien ihnen kein brauchbares Instrument mehr, das Evangelium zu verkünden. Angestrebt wurde eine Erneuerung im Sinn der Urkirche der ersten Christen, deren Wiederherstellung, was Reform im ursprünglichen Sinn des Wortes ja bedeutet. Was davon ernst gemeint und was nur Frömmelei war, um nackte Machtpolitik zu kaschieren, sei dahingestellt, für den Gang der Dinge spielte das keine Rolle.

Als besonderes Hindernis wurde empfunden, dass der Stand der niederen Geistlichen, also die einfachen Pfarrer und Mönche, im Allgemeinen ungebildet war, unmoralisch lebte und die geistliche Stellung schlicht zur Finanzierung eines Lotterlebens missbrauchte. Petrus Damiani hatte über den Sittenverfall der Geistlichkeit schon 1049 ein Buch geschrieben, das *Liber Gomorrhianus* (»Buch von Gomorrha«). Darin enthalten ist auch der ganze Katalog der Vorwürfe, denen sich eine Anzahl Geistlicher heute ausgesetzt sieht. Als Rezept gegen diese Auswüchse betrachteten die Kirchenreformer zunächst die strikte Durchsetzung des Zölibats. Der Geistliche sollte ausschließlich der Kirche gehören, ihr gegenüber loyal sein und sich nicht um die Versorgung einer Familie kümmern müssen. Daher hielt man es für konsequent, dass eine Frau, die trotz des Verbots von einem Geistlichen geheiratet worden war, sowie die von dem Geistlichen gezeugten Kinder automatisch zu unfreien Hörigen der Kirche erklärt wurden. Damit waren diese Kinder von der Besetzung kirchlicher Ämter ausgeschlossen. Auch der Kauf von geistlichen Ämtern, die sogenannte Simonie, wurde jetzt schwer bestraft. Geistliche Ämter durften keinesfalls an ungeweihte Laien vergeben werden, eine Praxis, die vor allem weltliche Herren gern geübt hatten.

Die Kirche wurde ganz auf den Papst ausgerichtet, und der päpstliche Hof auf dem Lateranhügel in Rom in eine kirchliche Zentralbehörde umgestaltet. Den römischen Anspruch, Bischofssitze unabhängig vom Kaiser und anderen weltlichen Machthabern vergeben zu können und auch die Wahl eines neuen Papstes selbst autonom regeln zu dürfen, hatte Gregor VII. in seinem *Dictatus Papae* (»Brief des Papstes«) formuliert. Der Papst wurde in diesem Dokument aus dem Jahr 1075 erstmals zur obersten Lehr- und Rechtsprechungsgewalt der Kirche erklärt, dem sich alle Bischöfe unterzuordnen hatten. Mit solchen internen Regeln begnügte sich Gregor VII. aber nicht. In seiner Schrift formuliert er klar und deutlich, dass der Papst sogar das Recht habe, den Kaiser abzusetzen. Und auch im Hinblick auf die ewige Seligkeit des Papstes wurde vorgesorgt: »Dass der römische Bischof, falls er kanonisch eingesetzt ist, durch die Verdienste des heiligen Petrus unzweifelhaft heilig wird, nach dem Zeugnis des heiligen Bischofs Ennodius von Pavia, dem viele heilige Väter beistimmen, wie aus den Dekreten des heiligen Papstes Symmachus hervorgeht.« Dies ist übrigens im *Dictatus Papae* die einzige Stelle, bei der Gregor VII. es für nötig hielt, sich für seinen Anspruch auf Autoritäten zu beziehen. Offenbar war er sich der Unerhörtheit dieser Aussage wohl bewusst.

Als Ergebnis der Kirchenreform war eine schlagkräftige internationale Organisation entstanden, deren Führer anders als alle übrigen Christen nicht das ewige Höllenfeuer fürchten musste. Und ganz nebenbei war der bisher nach kirchlichem Verständnis im gleichen Rang mit dem Papst stehende Patriarch von Konstantinopel auf den zweiten Platz verwiesen worden. Noch im Jahr 2009, als sich Papst Benedikt XVI. in der römischen Kirche Sankt Paul vor den Mauern mit dem Patriarchen von Konstantinopel, Bartholomäus I., traf, wurde es von den Medien als besonders vermerkt, dass beide Geistliche auf gleich hohen Stühlen saßen, 934 Jahre nach dem *Dictatus Papae*.

HUNDERTTAUSEND TOTE FÜR JERUSALEM – GOTT WILL ES!

Papst Urban II. verfügte also dank seiner Vorgänger über eine äußerlich wie innerlich gefestigte Stellung als Kirchenfürst und Kriegsherr, die er nutzen wollte, den orthodoxen Brüdern im Osten gegen die Türken zur Hilfe zu kommen und ganz nebenbei seinen Widersacher, den noch vom Kaiser unterstützten Gegenpapst Clemens III. (1080–1096), endlich auszuschalten. Die Stadt Clermont war ausersehen, im Herbst 1095 zum Schauplatz für den Auftakt zu einer der blutigsten Episoden der Kirchengeschichte zu werden. Papst Urban II. hatte in die französische Bischofsstadt zu einer Synode eingeladen. 328 Erzbischöfe, Bischöfe und Äbte sowie weltliche Herren und große Scharen einfacher Leute fanden sich ein. Für den Franzosen Urban II. bedeutete der Schauplatz Clermont inmitten der Auvergne ein Heimspiel, weit weg vom Einflussgebiet seines Gegenpapstes Clemens III. und der deutschen Adelspartei, die ihn stützte. Kaiser Alexios I. Komnenos

Der Heilige Krieg 25

von Byzanz hatte erneut um Hilfe gegen die Seldschuken gebeten. Die türkischen Seldschuken, fromme und kriegerische Anhänger des Propheten, hatten seit 1071 weite Teile Anatoliens besetzt, ihr Großreich war aber nach dem Tod des Sultans Malik Schah rasch in kleinere Reiche zerfallen, die sich teilweise befehdeten, so ganz gefährlich waren sie den Byzantinern gar nicht mehr.

Urban hoffte, die seit langem in Rom verfolgte Idee von der Vereinigung der orthodoxen mit der katholischen Kirche, natürlich zu den Bedingungen des Papstes, endlich durchsetzen zu können. Diese politischen Ziele überhöhte er in seiner Kreuzzugspredigt vom 27. November 1095 in Clermont mit religiösen Motiven. Ein Ohrenzeuge, Kaplan Fulcher von Chartres, zitiert den Papst wörtlich: »Denn Ihr müsst euch sputen, um Euren im Osten lebenden Brüdern, die Eure Unterstützung brauchen, um die sie oft dringend nachsuchten, Hilfe zu bringen. Denn die Türken, ein persisches Volk, haben sie angegriffen, [...] Sie haben immer mehr Länder der Christen an sich gerissen, haben sie bereits siebenmal in ebenso vielen Schlachten besiegt, viele getötet oder gefangengenommen, haben Kirchen zerstört und haben Gottes Königreich verwüstet. [...] Und deshalb ermahne ich, nein, nicht ich, ermahnt Gott Euch als inständige Herolde Christi mit aufrechter Bitte, Männer jeglichen Standes, ganz gleich welchen, Ritter wie Fußkämpfer, reiche und arme, wiederholt aufzufordern, diese wertlose Rasse in unseren Ländern auszurotten und den christlichen Bewohnern rechtzeitig zu helfen.«

Und dann versprach der Papst: »All jenen, die dorthin gehen, ob sie auf dem Landweg marschieren oder übers Meer fahren oder im Kampf gegen die Heiden das Ende dieses Lebens in Gefangenschaft finden, werden ihre Sünden vergeben. Dies gewähre ich all denen, die gehn, kraft der Vollmacht, mit der Gott mich ausgestattet hat.« Nichts möge jene, die sich anschicken zu gehen, aufhalten. Sie sollen ihre Angelegenheiten regeln, Geld anhäufen, und, wenn der Winter vorbei und der Frühling gekommen ist, die Reise unter der Führung des Herrn voll Eifers antreten.

Geschickt wurde so das Versprechen des Ewigen Heils statt klingender Münze zur Entlohnung von Söldnern genutzt. Adhemar de Monteil, der Bischof von Puy, einer Kleinstadt südlich von Clermont, hatte die Synode gut vorbereitet, das Volk bejubelte die Predigt des Papstes. »Deus lo vult!« – »Gott will es!«, skandierten die Massen. Der Papst ernannte Bischof Adhemar als seinen persönlichen Vertreter zum geistlichen Leiter dieser bewaffneten Wallfahrt. Im Sommer 1097, genauer am 15. August, dem Fest Mariä Himmelfahrt, sollte es von Konstantinopel aus losgehen, den Feinden der Christenheit entgegen.

Der Papst hatte nicht vorausgesehen, wie gut seine Kampagne wirken sollte, wie erfolgreich die predigenden Mönche damit waren, beim Volk die Mordlust zu entflammen, die Gier nach Abenteuern und Beute zu wecken. Gleich auf der Stelle wollten viele losziehen, nicht erst bis zum Frühjahr warten. Gerade bei denen, die bisher im Leben zu kurz gekommen waren, die nichts zu verlieren hatten, wirkte die Mission am eindringlichsten. Bald sammelten sich Grüppchen von Kreuzfahrlustigen, von Männern, Frauen und Kindern, bildeten Haufen, vereinten sich zu Menschenmengen in Flandern, in Frankreich, in Burgund und auch in Niedersachsen, geführt von Mönchen und verarmten Rittern. Ein erster Sammelpunkt war Köln und das Mittelrheingebiet. Dorthin zog aus Flandern der Mönch Peter von Amiens, der es gut verstanden hatte, das arme Volk emotional aufzuwühlen mit dem Betrug, sich als Inhaber eines von Christus geschriebenen Briefes auszugeben. Er behauptete, Gott habe ihn mit der Führung des Kreuzzuges beauftragt. Sein Markenzeichen als »Ersatzchristus« war ein Esel, auf dem er ritt, wie es Jesus bei seinem Einzug in Jerusalem getan hatte. Die Franzosen folgten Walter Sans-Avoir, einem verarmten Adeligen und Abenteurer. Deutsche Bauern versammelte Graf Emicho aus dem Nahegau, auch er ein zweifelhafter Charakter. Ihm sei Jesus Christus selbst erschienen und habe ihm die Kaiserkrone angeboten, wenn er die Ungläubigen vernichte, so schilderte der Graf seinen Leuten seine Berufung. Dieser Führung folgte das leichtgläubige Volk.

Im April setzten sich die ersten Gruppen in Bewegung, von Köln in Richtung Süden, den Rhein aufwärts. Unter den insgesamt vielleicht 80 000 Volkskreuzfahrern werden nicht viele überhaupt nur gewusst haben, in welche Richtung es nach Jerusalem ging und wie weit der Weg bis ins Heilige Land war. Im Mai 1096 erreichten Emichos Leute die Städte Mainz und Speyer, wo große und wohlhabende jüdische Gemeinden lebten. Die »Christusmörder«, wie nicht nur Theologen seinerzeit die Juden bezeichneten, wurden die ersten Opfer von Emichos angeblich göttlichem Auftrag. Die (un)frommen Horden drangen in jüdische Viertel und die Synagogen ein, zerstörten und raubten, was das Zeug hielt. Wahllos wurde massakriert, schwangeren Frauen die Bäuche aufgeschlitzt und selbst Kinder grausam ermordet, wie ein jüdischer Chronist berichtet. Deus lo vult!

Auf unterschiedlichen Wegen gelangten die einzelnen Gruppen an die Donau, an dieser entlang bis nach Ungarn. Plündernd durchzogen sie das Land, ohne größere Zwischenfälle gelangten die verschiedenen Haufen der Kreuzfahrer bis Ende Juni nach Belgrad. Etwa 70 Tagesmärsche von vielleicht 25 Kilometern waren geschafft, gleichwohl erst ein Drittel des Weges nach Jerusalem, das freilich kaum einer der bewaffneten Pilgersleute erreichen sollte. In Belgrad begann das Gebiet des byzantinischen Kaisers, der kaiserliche Stadtkommandant wusste nichts von einem zu erwartenden Kreuzfahrerheer, das seinem Kaiser zu Hilfe kommen sollte, oder er konnte sich nicht vorstellen, dass solche wilden Haufen eine willkommene Hilfe wären. Er ließ die ersten Randalierer verhaften und (nur!) die Rüstungen einiger Ritter am Burgtor aufhängen. Die große Meute der Kreuzfahrer war da gerade in Semlin (heute Zemun), der ungarisch besiedelten Vorstadt von Belgrad, angelangt. Als die Nachricht vom Schicksal der Vorhut zu ihnen drang, plünderten sie den Markt und erschlugen alle Einwohner, derer sie habhaft werden konnten, 4000 Ungarn kamen zu Tode. Die Belgrader flohen entsetzt vor dem Blutrausch der Kreuzfahrer aus ihrer Stadt. Das offene Belgrad wurde dann von den frommen Horden geplündert und in Brand gesteckt. So hatte sich Kaiser Alexios die Hilfeleistung sicher nicht vorgestellt.

Die Byzantiner waren jetzt gewarnt, und als die Kreuzfahrerhorden nach Niš, der nächsten großen Festung, gelangten, kam es zum Gefecht, das mit hohen Verlusten auf Seiten der Kreuzfahrer endete. Alexios, vermutlich besorgt hinsichtlich weiterer Ausschreitungen, versorgte die Kreuzfahrer mit Verpflegung und ließ sie von kaiserlicher Reiterei eskortiert über Sofia nach Konstantinopel bringen. Dort organisierte er ihre Fahrt über den Bosporus nach Kleinasien, wo das Reich der Rum-Seldschuken begann, deren Hauptstadt Nicäa (heute: Iznik) nur wenige Kilometer entfernt war. Am 6. August 1096 gelangten die Volkskreuzzügler so nach Anatolien. Hier plünderten und verwüsteten sie etliche kleinere Städte, wobei auch die christlichen Bewohner nicht verschont wurden, bis es dem seldschukischen Sultan Kilidsch Arslan I. gelang, sie durch List zu einem Angriff auf seine Hauptstadt Nicäa zu bewegen. Er legte einen Hinterhalt und vernichtete am 21. Oktober 1096 den größten Teil der Kreuzfahrer, verschont wurden nur Kinder, Jungen und Mädchen, die man noch als Sklaven brauchen konnte. Damit fand der Volkskreuzzug ein unrühmliches Ende, der päpstlichen Propaganda waren zigtausende Menschen zum Opfer gefallen, sie wurden versklavt oder starben, meist unter schrecklichen Umständen.

Doch der »richtige« Kreuzzug hatte ja noch gar nicht begonnen. Bis April 1097 sammelten sich die verschiedenen Kreuzfahrerheere in Konstantinopel. Raimund IV. von Toulose führte Ritter aus der Provence und Burgund, die via Brindisi nach Durres über die Adria setzten, um entlang der alten Römerstraße, der Via Egnatia, durch Nordgriechenland in das heutige Istanbul zu ziehen. Im Gegensatz zum wohlhabenden Raimund hatten die Brüder Gottfried von Bouillon und Balduin von Boulogne einiges von ihrem Hab und Gut zu verkaufen, um für die Pilgerfahrt aufrüsten zu können. Mit 20 000 Rittern kamen sie aus Lothringen und Nordwestfrankreich. Robert II. Herzog der Normandie musste sogar sein Herzogtum an den englischen König verpfänden, um die Kreuzzugsspesen decken zu können. 1 600 000 Denare, eine Geldmenge, die gut zweieinviertel Tonnen Feinsilbers entsprach, investierte er in das fromme Vorhaben. Die süditalienischen Normannen folgten ihrem Grafen Bohemund von Tarent, der sowohl gegen die muslimischen Sarazenen, aber auch gegen die christlichen Byzantiner in Süditalien schon etliche Kriege geführt hatte. Der König von Frankreich, Philipp I., durfte allerdings ebenso wenig wie Kaiser Heinrich IV. an dem frommen Kriegszug teilnehmen, waren doch beide exkommuniziert.

Erstes Ziel der Kreuzritter war erneut die seldschukische Hauptstadt Nicäa. Tatsächlich ergab sich die Stadt nach kurzer Belagerung den Byzantinern, was bei den katholischen Rittern zu einer gewissen Verstimmung gegenüber Kaiser Alexios führte – war ihnen doch die Kriegsbeute entgangen. Sultan Kilidsch Arslan I., der während der Belagerung nicht in Nicäa weilte, stellte sich dem Kreuzfahrerheer bei den antiken Ruinen von Doryläum, in der Nähe der heutigen

Stadt Eskişehir. Die Kreuzfahrer fochten unter dem Schlachtruf: »Heute, wenn Gott will, werden wir alle reich!« Der Sultan unterlag in der Schlacht und der von Bischof Adhemar, dem päpstlichen Stellvertreter, geführten Abteilung gelang die Eroberung des türkischen Feldlagers mit seinen Schätzen. Der Bischof und seine Geistlichen nutzten das göttliche Zeichen des Sieges und malten die glänzenden Aussichten der frommen Wallfahrt den Kreuzrittern in kräftigen Farben aus, um sie für den folgenden strapazenreichen Weg zu motivieren. Für die Strecke von fast 900 Kilometern Länge, die zuerst über die in der Sommerhitze glühende anatolische Hochebene und dann entlang der Küste bis vor Antiochia führte, benötigte das Wallfahrerheer knapp drei Monate.

Antiochia war die älteste christliche Gemeinde überhaupt und dort waren die Jünger Jesu zum ersten Mal »Christen« genannt wurden, wie die Apostelgeschichte berichtet und wie die gebildeten Geistlichen in der Kreuzzugsführung wussten. Hier residierte trotz einer inzwischen zwölfjährigen islamischen Besatzung immer noch der griechische Patriarch von Antiochia und unter den Einwohnern befanden sich noch viele orthodoxe, syrische und armenische Christen. Doch ihr Bekenntnis half ihnen nicht, die westlichen Christen nahmen auf ihre östlichen Brüder keine Rücksicht. Die meisten von ihnen wurden zu Opfern der Belagerung, die Ende Oktober 1097 begann. Der islamische Stadtkommandant, Yaghi-Siyan, vertrieb die meisten christlichen Einwohner, die dann den Winter über gemeinsam mit den Kreuzrittern vor der Stadt ausharren, das heißt hungern und frieren mussten. Erst im Juni 1098 gelang durch Bestechung einer Torwache den Kreuzfahrern die Eroberung der Stadt. Für alle nichtchristlichen Bewohner wurde dies zum Todesurteil. Wieder wurden tausende von Männern, Frauen und Kindern grausam abgeschlachtet. Deus lo vult!

Noch war freilich der Sieg nicht sicher und die Stellung der Kreuzritter in Antiochia alles andere als ungefährdet, denn es nahte ein islamisches Entsatzheer, das Kerboga, der Atabeg (Statthalter) von Mosul im heutigen Irak, heranführte. Das von der langen Belagerung und dem Kampf um die Einnahme Antiochias geschwächte Kreuzfahrerheer schien hoffnungslos unterlegen. Glücklicherweise »entdeckte« zum richtigen Zeitpunkt der Mönch Peter Bartholomäus aufgrund einer Vision des Apostels Andreas – wie er den wundersüchtigen Rittern erklärte – in einer Kirche Antiochias die Heilige Lanze, mit der einst ein römischer Soldat den Tod Christi am Kreuz festgestellt haben soll. Groß war der allgemeine Jubel; der päpstliche Legat Adhemar hielt sich vornehm zurück, obwohl er genau wusste, dass diese »Heilige Lanze« eine dreiste Fälschung war. Die Hungersnot der Kreuzfahrer wurde zu einer heiligen Fastenzeit erklärt, und am 28. Juni 1098 wagten die Kreuzfahrer den Ausfall. Bohemund von Tarent hatte den Schwindel ebenfalls durchschaut, nutzte aber dennoch die Heilige Lanze als Heerzeichen, das seinen ausgemergelten Rittern neuen Mut einflößen sollte. Der Mönch Raimund aus dem französischen Kloster Vézelay erhielt den Auftrag, mit der Lanze in der Hand den Heerzug der Ritter anzuführen. Aufgrund glücklicher Umstände gelang Bohemund das tollkühne Manöver, Kerbogas Heer wurde in die Flucht geschlagen. Bohemund konnte sich als Fürst von Antiochia etablieren, für ihn endete hier der Kreuzzug. Knapp zweihundert Jahre sollte das neue Fürstentum, dieser auf Gewalt gegründete Kreuzfahrerstaat, bestehen, heute ist die Geschichte längst darüber hinweggegangen.

Eine Greueltat der Kreuzfahrer jedoch schien selbst den sicher hartgesottenen Muslimen so außergewöhnlich abscheulich, dass sie deren Bild von den Christen über Jahrhunderte prägte und heute noch erinnert wird. Die antiwestliche Polemik heutiger arabischer Fundamentalisten nutzt immer noch die Parole vom »fränkischen Kinderfresser« – durchaus auf Tatsachen beruhend: Die eigentlich fruchtbare und landwirtschaftlich gut bestellte Ebene um Antiochia war aufgrund der Belagerung im Frühling des Jahres 1098 nicht bestellt worden, die Bauern waren tot oder geflohen, die Dörfer verbrannt. Die nähere Umgebung hatte durch die Plünderungen der Belagerungsarmeen ebenfalls schwer gelitten. Es gab also in Antiochia im Winter 1098 nichts mehr zu essen. Esel, Pferde, Hunde, Ratten, selbst altes Leder wanderte in die Kochtöpfe. Die Kreuzfahrer griffen räumlich weiter aus und eroberten, hier unter der Führung Raimunds von Toulose, am 12. Dezember 1098 die Kleinstadt Maarat an-Numan im heutigen Syrien.

Als man entdeckte, dass auch dort längst Hunger herrschte und das erhoffte Festmahl ausblieb, richteten die frommen Ritter ein Massaker an, kein Einwohner überlebte, es sollen nach zeitgenössischen, wenngleich wohl wenig präzisen Quellen 22000 Tote gewesen sein. Anschließend, so überliefert es ein fränkischer Chronist, briet man kleine Kinder wie Spanferkel und verspeiste sie. Ein anderer Schreiber berichtet, beinahe entschuldigend: »Die Armen unter unseren Pilgern hatten begonnen, die Körper der Heiden zu zerlegen, um die in deren Mägen versteckten Goldmünzen zu finden; andere, vom Hunger gequält, zerteilten deren Fleisch in Stücke und kochten es, um es zu verzehren.« Selbst Erzbischof Dagobert von Pisa, den der Papst als Nachfolger des im August 1098 an Typhus verstorbenen Bischofs Adhemar zum Legaten im jetzt sogenannten »Heiligen Land« und zum ersten Lateinischen Patriarchen von Jerusalem bestellt hatte, musste dem Papst über die Einnahme von Maarat an-Numan berichten: »Eine schreckliche Hungersnot, die unsere Armee überfiel, brachte diese zu der grausamen Notwendigkeit, sich von den Leichnamen der Sarazenen zu ernähren, die schon in Verwesung waren.« Eine Tendenz der Beschönigung ist diesem Bericht anzusehen, gleichwohl darf man unterstellen, dass der Papst über die wirklichen Vorgänge gut unterrichtet war.

Diese Vergangenheit ist im Islam bis heute lebendig geblieben, die Gleichsetzung von Kreuzfahrern und barbarischen Kannibalen, die Identifikation des Papstes mit dem »Obersten Kriegsherrn der Kreuzritter«, wie noch 1981 Mehmet Ali Agca sein Attentat auf den Papst begründete, sind bis heute Topoi der islamisch-fundamentalistischen Agitation, die in Strukturen wie al-Qaida erneut verbreitet werden. Freilich muss klar gesagt werden, dass Gräuel aus tiefer Vergangenheit keine Rechtfertigung für aktuelle Terroranschläge abgeben. Will man den heutigen Terroristen mit islamischem Hintergrund wirksam politisch entgegentreten, muss diese Vorgeschichte der christlich-islamischen Konfrontation allerdings berücksichtigt werden.

Wenn vor diesem Hintergrund ein durchschnittlich gebildeter Muslim heute hört, dass der Papst den Muslimen Ratschläge gibt, wie sie es mit dem Thema Religion und Gewalt zu halten hätten, wird er dies nicht als Einladung zum Dialog empfinden, sondern als Anmaßung. Deshalb geriet die Regensburger Vorlesung Papst Benedikts XVI. vom 12. September 2006, die noch dazu in stark verkürzter Form in den internationalen Medien verbreitet wurde, zum Desaster, was ihre Wirkung auf die muslimische Öffentlichkeit betraf. Der Papst zitierte einen der letzten byzantinischen Kaiser, Manuel II. (1391–1425), mit einem Satz, der gegen den Propheten Mohammed gerichtet war: »Zeig mir doch, was Mohammed Neues gebracht hat, und da wirst du nur Schlechtes und Inhumanes finden wie dies, dass er vorgeschrieben hat, den Glauben, den er predigte, durch das Schwert zu verbreiten.« Benedikt XVI. hat in dieser Rede, die nicht auf dieses Zitat verkürzt werden darf, eigentlich nichts Falsches gesagt, das wurde ihm auch von muslimischen Theologen bestätigt. Falsch war nur, wie er es gesagt hat, falsch war, dass er die historische Dimension der Problematik nicht beachtet hat. Und so trägt die verbreitete Ignoranz der eigenen Geschichte, die in kirchlichen Kreisen habituell ist – insbesondere was die unangenehmen Seiten der Kirchengeschichte betrifft –, bis heute schlechte Früchte.

Raimund von Toulose, der Barbar von Maraat an-Numan, hatte nach dem Tod des Bischofs Adhemar die »Heilige Lanze« in die Hand bekommen und hielt sich deshalb für berufen, das verbliebene Kreuzfahrerheer endlich nach Jerusalem zu führen. Im Juni begann die Belagerung der Stadt, die erst kurz zuvor von den ägyptischen Fatimiden, einer schiitisch-ismaelitischen Dynastie, erobert worden war. Auch hier standen die militärischen Aussichten für das stark zusammengeschmolzene Heer der Kreuzfahrer schlecht. Erneut half ein propagandistischer Winkelzug, die Moral der Truppe wiederaufzurichten. Doch zuvor kam es zu einem Machtkampf innerhalb der christlichen Führungsriege. Offenbar sah sich der Hofkaplan der Normannen, Arnulf von Chocques, in seiner Aussicht auf ein hohes geistliches Amt von Peter Bartholomäus behindert, dem wohl populärsten Geistlichen der Truppe. Arnulf zweifelte öffentlich an der Heiligen Lanze und trieb den Mönch in die Enge, bis dieser die Echtheit der von ihm aufgefundenen Reliquie mittels einer Feuerprobe besiegeln wollte. Der Probe unterzogen wurde dabei allerdings nicht die umstrittene Lanze, sondern der Mönch. Diese Prozedur überlebte Peter Bartholomäus nicht, er erlag einige Tage später seinen Verletzungen. Damit war der Konkurrent des Hofkaplans aus der Welt, die Frage der Echtheit der Lanze spielte in der Folge keine Rolle mehr. Kaplan Arnulf sorgte jetzt mit einer Christusstatue, die er an eine große Belagerungsmaschine binden ließ, für die nötige Begeisterung der Kreuzfahrer.

Als wieder einmal die Nahrungsvorräte zu Ende gingen, rief die Geistlichkeit die Kreuzfahrer erneut zum frommen Fasten auf, und die folgende Schlacht wurde als Weihehandlung inszeniert. Wie im Alten Testament bei der Belagerung von Jericho, wurden die Ritter zu einer Prozession um die belagerte Stadt geführt, damit diese ihnen vom Herrn geschenkt würde, wie einst Jericho dem Propheten Josua vom Herrn gegeben wurde. Solcher seelsorgliche Einsatz erzeugte bei den Rittern einen derartigen frommen Furor, dass ihnen am 15. Juli 1099 die Einnahme Jerusalems glückte. Ihre (un)heilige Wut entlud sich auch hier in einem Gemetzel an der Besatzung sowie der muslimischen und jüdischen Zivilbevölkerung der Stadt. Vergeblich versuchten die Muslime, sich in der Al-Aqsa-Moschee zu verschanzen. Stolz berichtet der fromme Autor der *Gesta Francorum*: »Fast die ganze Stadt war übersät mit ihren toten Leibern. Somit schleiften die überlebenden Sarazenen die Toten vor die Tore hinaus und schichteten sie zu Stößen auf so hoch wie Häuser. Keiner hat jemals ein solches Abschlachten von Heiden gesehen oder je davon gehört, denn sie wurden auf Scheiterhaufen verbrannt, die Pyramiden glichen, und keiner außer Gott allein weiß, wie viele es waren.«

Arnulf ließ sogleich nach der wichtigsten Reliquie fahnden, die er in Jerusalem wusste, dem Heiligen Kreuz, das im Jahr 325 von der heiligen Helena aufgefunden worden war. Die Männer des normannischen Kaplans waren erfolgreich und stießen auf einen syrischen Christen, dessen Familie die Kreuzreliquie während der Zeit der islamischen Herrschaft gehütet hatte. Unter der Folter wurde er gezwungen, das Versteck zu verraten, Chronisten berichten, dass man dem Syrer brennende Holzspäne unter die Nägel trieb und ihm sämtliche Knochen zerschlug. Ein willkommener Nebeneffekt der Kreuzauffindung dürfte es für Arnulf gewesen sein, dass er damit seine Zweifel an der von einigen Kreuzrittern nach wie vor verehrten Lanzenreliquie und sein Verhalten gegenüber ihrem Entdecker vergessen machen konnte.

Den kriegerischen Abschluss des Ersten Kreuzzuges bildete die Schlacht von Askalon, bei der die ägyptischen Fatimiden besiegt wurden. Wenn es um Ägypter ging, hatte die geistliche Propaganda leichtes Spiel, es genügte der Verweis auf die »harte Hand des Herrn«, die dieser schon einmal gegen sie erhoben hatte, als die Israeliten Moses durchs Rote Meer gefolgt waren. Mit dem gerade aufgefundenen Kreuz Christi in der Vorhut stießen die Ritter auf das fatimidische Herr, das Jerusalem zu Hilfe kommen wollte. Gottfried von Bouillon nutzte die Gunst des Überraschungsmoments aus, konnte die Muslime in die Flucht schlagen und deren Feldlager erobern. Die Stadt Askalon selbst blieb jedoch in der Hand der Fatimiden. Gottfried wurde als »Advocatus sancti sepulchri« (»Verteidiger des Heiligen Grabes«) Herr des neuen Königreichs Jerusalem, den Titel eines Königs lehnte er ab: Er fand es unanständig, dass in der Stadt, in der Christus die Dornenkrone getragen hatte, ein anderer eine Königskrone tragen sollte. Seine Nachfolger, zunächst sein Bruder Balduin, hegten solche frommen Bedenken nicht mehr. Und obwohl der Kreuzfahrerstaat kaum zweihundert Jahre bestand, wurde der klangvolle Titel des Königs von Jerusalem bis ins 20. Jahrhundert als Anspruchstitel verwendet, zuletzt von Karl I., dem von 1916 bis 1918 amtierenden letzten Herrscher Österreich-Ungarns, der 2005 von Papst Johannes Paul II. seliggesprochen wurde.

Arnulf von Chocques beanspruchte für sich die Position und Würde eines Lateinischen Patriarchen von Jerusalem, hatte doch sein »Kollege« Peter von Narbonne schon den Titel eines Lateinischen Patriarchen von Antiochia erhalten und dort den orthodoxen Patriarchen verdrängt. Die nötige Legitimation für das hohe Amt hatte Arnulf sich durch das »Auffinden« der Kreuzreliquie erworben, womit er zunächst alle Konkurrenten ausstechen konnte. Als erste Amtshandlung verbot er den orthodoxen und syrischen Christen das Betreten der Grabeskirche. Der Papst in Rom, der diese phänomenalen Verdienste des normannischen Hofkaplans ja noch nicht kennen konnte, hatte freilich in der Zwischenzeit einen Italiener als neuen päpstlichen Legaten gesandt, Erzbischof Dagobert von Pisa, und diesen zum Lateinischen Patriarchen ernannt. So musste Arnulf sich etliche Jahre mit der minderen Würde eines Erzdiakones zufriedengeben. Peinlicherweise wurde dann noch ruchbar, dass Arnulf niemals zum Priester, ja nicht einmal zum Diakon geweiht worden war. Trotzdem erhielt er eine zweite Chance. Dagobert von Pisa wurde 1102 seines Amtes enthoben, man warf ihm vor, dass er sich 1099 an der Plünderung der christlichen (!) ionischen Inseln beteiligt und es mit der Verwaltung der Bistumskasse nicht sehr ernst genommen hatte. Endlich trug Arnulfs Ehrgeiz Früchte: 1112 wurde er offiziell Patriarch von Jerusalem. Schon bald nahm er sich eine Muslimin zur Geliebten, Rom war weit, niemand störte sich daran. Die Geistlichen, die vom Papst oder weltlichen Herren zur seelsorgerischen Begleitung der bewaffneten Wallfahrt ausgesucht worden waren, folgten sämtlich dem Motto, dass der fromme Zweck jedes Mittel heilige; Heuchelei und das Zurechtbiegen aller moralischen Maßstäbe hinsichtlich ihrer eigenen Handlungen waren üblich. Auch vor frommem Betrug, der Fälschung von Reliquien, mit denen sie ungebildete Ritter nicht nur in Kampf und Tod trieben, sondern sie zum Begehen schrecklichster Gräuel anspornten, schreckten sie nicht zurück.

VOM OBERSTEN KRIEGSHERRN
ZUM STELLVERTRETER CHRISTI

Nun folgte auf das schlechte Beispiel des Ersten Kreuzzuges ein Zweiter, ein Dritter – und bis in die jüngere Geschichte hinein wurde auf das Modell »Kreuzzug«, also eines Krieges, der religiöse Ziele verfolgte oder dieses zumindest vorgab, immer wieder zurückgegriffen. Die kämpfenden Truppen wurden darin bestätigt, Beteiligte an einer heiligen Handlung zu sein, die ihnen das Ewige Heil sicherte. Das schlechte Beispiel der Kirche lehrte auch weltliche Staatslenker, wie man mittels ideologischer Aufwiegelung sich treue und opferwillige Soldaten schafft.

Es dauerte über eine Generation, bis die islamische Seite, auch sie vielfach zersplittert, sich so weit erholt hatte, dass ein ernsthafter Gegenschlag erfolgen konnte. Am Heiligen Abend des Jahres 1144 eroberte der Atabeg Zengi von Mosul die Kreuzfahrerstadt Edessa, das heutige Şanlıurfa in der Türkei, Hauptort der gleichnamigen Grafschaft, die Balduin von Boulogne 1098 gegründet hatte. Muslime hatten damit ihren »Heiligen Krieg«, den Dschihad, gegen die Kreuzfahrer eröffnet – mitsamt den für diese Art von Krieg typischen Grausamkeiten: Alle Christen, die die Muslime in Edessa antrafen, wurden erschlagen.

Papst Eugen III. (1145–1153) war empört und rief zum Gegenschlag auf, ein neuer Kreuzzug sollte die gefallenen Christen rächen und den Kreuzfahrerstaaten zu Hilfe kommen. Zur Verbreitung des Aufrufes nutzte der Papst das riesige Netzwerk an Klöstern und Kirchen, das sich der neue Zisterzienserorden geschaffen hatte. Die Benediktiner, die die Rolle der päpstlichen Propagandaabteilung im Ersten Kreuzzug spielten, waren inzwischen in ihrer Bedeutung von den Zisterziensern übertroffen worden, auch Papst Eugen III. gehörte diesem Orden an. Sein Lehrer war Bernhard von Clairvaux gewesen, eine der bedeutendsten Gestalten des Hochmittelalters, und dieser Abt und Mystiker organisierte nun die Kreuzzugspredigten. Zugutegekommen sein wird ihm dabei nicht nur das Netz aus den 350 Klöstern, die der Orden in Frankreich, den Niederlanden, aber auch in Deutschland und Österreich in knapp 40 Jahren hatte aufbauen können, sondern auch die streng hierarchische Gliederung, denn alle Niederlassungen waren dem Abt von Cîteaux, also Bernhard, unterstellt.

Bernhard kannte die Ausschweifungen und Gräuel des Ersten Kreuzzugs und wollte sie vermeiden, indem er die Ritter auf christliche Ziele verpflichtete und das Lumpenproletariat von der Teilnahme am Kreuzzug ausschloss. Die neu entstandenen Ritterorden – die Templer, Johanniter sowie mehrere spanische Gemeinschaften – wurden von Bernhard stark unterstützt. Es gelang dem Zisterzienser zudem, mit dem deutschen König Konrad III. und König Ludwig VII. von Frankreich die wichtigsten Führer des Abendlandes zum Kreuzzug zu motivieren, viele Mitglieder des hohen Adels schlossen sich ihnen an und brachten ihre Vasallen und Lehnsmänner mit. Eine weitere Neuerung beschränkte den Kreuzzug nicht mehr nur auf das »Heilige Land«; es wurde den Spaniern auch erlaubt, die Mauren vor ihrer Haustür zu bekriegen, und Deutsche und Polen durften sich in frommer Absicht den kleineren Slawenstämmen, den heidnischen Wenden, widmen. Allen Teilnehmern dieses multiplen Kreuzzuges wurde natürlich ein vollständiger Ablass von allen Sündenstrafen zugesprochen, egal ob sie in der Levante, auf der Iberischen Halbinsel oder zwischen Elbe und Oder für das Christentum stritten.

Militärisch war der Kreuzzug wenig erfolgreich; zwar wurden in Spanien etliche maurische Städte erobert und die wendischen Stämme wurden weitgehend ausgelöscht, aber der Hauptangriff gegen die Seldschuken endete desaströs, Konrad III. verlor unter großen Verlusten im Oktober 1147 die Schlacht gegen Sultan Mas'ud I. Die übrigen Kreuzfahrer erreichten im Juni 1148 das Heilige Land, um zu erfahren, dass ihr eigentliches Ziel Edessa inzwischen bis auf die Grundmauern zerstört worden war. Um Rache zu nehmen, einigte man sich als Ersatzziel auf das vermeintlich wehrlose Damaskus. Mit der Reliquie des Heiligen Kreuzes an der Spitze des Zuges gelangten die Kreuzfahrer vor die Tore der Stadt und begannen im Juli 1148 mit der Belagerung. Die Verteidigung war viel hartnäckiger als erwartet und als ein Entsatzheer des Atabegs von Aleppo, Nur ad-Din, im Anzug war, gaben die Kreuzfahrer auf und zogen in zerstreuter Ordnung heim nach Europa. Das Renommee des Papstes als oberster Kriegsherr der Christenheit hatte unter diesem Misserfolg gelitten.

Eine weitere Generation später hatte sich die Stellung der Kreuzfahrer im »Heiligen Land« erneut katastrophal verschlechtert. Sultan Saladin, einem sunnitischen Kurden, der über Syrien und Ägypten herrschte, gelang 1187 die Eroberung Jerusalems. Dies löste im christlichen Abendland einen Schock aus, vielleicht ähnlich demjenigen, den der Terrorangriff auf die Türme des New Yorker World Trade Center am 11. September 2001 verursachen sollte. Papst Urban III. soll vor Schreck gestorben sein, als er am 20. Oktober 1187 in Ferrara die Nachricht vom Fall Jerusalems erhielt. Gregor VIII., sein schon fünf Tage später gewählter Nachfolger, verfasste unverzüglich die Kreuzzugsbulle *Audita tremendi*, mit der er die abendländischen Fürsten zum Kampf aufforderte. Nach der Logik des Papstes stellte der Fall Jerusalems eine göttliche Strafe auch für die Sünden des Abendlandes dar. Das Abendland müsse also als Sühne alles daransetzen, das Heilige Land zurückzuerobern. Es folgte das gewohnte Versprechen, dass die Kreuzfahrer unter dem Schutz der heiligen Mutter Kirche stünden, sowie die Auslobung eines Ablasses zur Vergebung der Sündenstrafen. Diese Kreuzzugsbulle war eigentlich die einzige Amtshandlung Gregors, der nach nur 53 Tagen als Papst verstarb.

Dennoch folgten die Fürsten und ihre Gefolgsleute dem Ruf des Heiligen Vaters zu Krieg und Blutvergießen im Namen des Herrn. Das prominenteste Opfer war diesmal der Kaiser selbst: Friedrich I. Barbarossa ertrank 1190 in der Nähe der heutigen Stadt Silifke im Süden der Türkei bei der Überquerung eines Flusses, vermutlich erlag er einem Herzinfarkt. Die anderen Kreuzfahrer, die meist den Seeweg genommen hatten, waren uneins und erreichten nicht viel. Jerusalem blieb in muslimischer Hand, der König von Jerusalem musste sich nach Akkon zurückziehen. In Zypern wurde quasi als Ersatz ein neuer Kreuzfahrerstaat gegründet, aber dieses Land hatte man nicht den Muslimen abgenommen, sondern einem christlichen Herrscher aus einer Nebenlinie der byzantinischen Kaiser. Alles in allem ein Misserfolg.

Aber immer noch war die Kirche, waren die Päpste der Auffassung, der Kreuzzug sei ein probates politisches Mittel – nicht zuletzt, um ihren eigenen Anspruch als Führer der Christenheit herauszustellen, und zwar im weltlichen wie im geistlichen Sinne. Die Doppelnatur des Kreuzzugs als religiöse Wallfahrt und als heiliger Krieg arbeitete deshalb Papst Innozenz III. (1198–1216) in seiner schon kurz nach seiner Wahl veröffentlichten Kreuzfahrtbulle *Post miserabile Ierusolimitane* (»Nach dem jämmerlichen Schicksal Jerusalems«) heraus. Zusätzlich zu den bisher üblichen Privilegien wurde den Kreuzfahrern der Erlass aller Schuldzinsen während des Kreuzzugs versprochen. Jüdische Geldverleiher sollten ihnen etwa bereits bezahlte Zinsen zurückerstatten.

Innozenz III. war mit 37 Jahren ein ungewöhnlich junger Papst und nach dem Maßstab der Zeit auch ein ungewöhnlich gebildeter. Eigentlich Kirchenjurist, nutzte er diese Disziplin, um den Machtanspruch des Papstamtes zu festigen. Der Papst sei zwar weniger als Gott, so seine Auffassung, aber doch mehr als ein gewöhnlicher Mensch. Innozenz war es auch, der erstmals den Titel »Stellvertreter Christi« führte, und nicht mehr nur »Stellvertreter des Petrus«, wie es seine Vorgänger taten. »Vicario di Gesù Cristo« heißt es noch heute in der Titulatur Benedikts XVI., der 807 Jahre nach Innozenz den römischen Bischofsstuhl bestieg. Der Titel ist zur Tradition geworden, aber ist es eine ehrwürdige Tradition, der da gefolgt wird?

Doch auch der von Papst Innozenz III. initiierte Vierte Kreuzzug führte nicht zu dem Resultat, das sich der Papst gewünscht hatte. Die Kreuzfahrer wollten diesmal jede Auseinandersetzung mit den Byzantinern und den Rum-Seldschuken in Anatolien vermeiden, stattdessen sollte die Flotte Venedigs sie nach Ägypten bringen, dem Machtzentrum der von Sultan Saladin begründeten ayyubidischen, die inzwischen auch Jerusalem besetzt hielten. Nur verfügten die Kreuzfahrer nicht über das nötige Geld, um die Venezianer für ihre Dienste zu bezahlen. Der Doge und die venezianischen Kaufleute machten den Kreuzrittern ein unmoralisches Angebot: Sie sollten die Überfahrt nach Ägypten einfach »abarbeiten«. Im Ergebnis hieß das, für die Venezianer Krieg zu führen, die Städte Triest und Zara wurden erobert, das nächste anvisierte Ziel war Konstantinopel. Der Papst, dem diese Entwicklung nicht gefiel, weil sie seiner Führung entglitten war, versuchte die Kreuzfahrer zu bewegen, keine christlichen Städte anzugreifen. Doch die päpstlichen Briefe wurden von den Venezianern unterschlagen. Und so eroberten und plünderten die katholischen Kreuzfahrer im Jahr 1204 das orthodoxe Konstantinopel. Das alte Ost-Rom sollte sich von diesem Schlag nicht mehr erholen, und der endgültige Untergang des christlichen Reichs am Bosporus, in Griechenland und Anatolien war nur noch eine Frage der Zeit. Die gewaltigen Schätze und Reliquien, die die römischen und byzantinischen Kaiser in 1000 Jahren zusammengetragen hatten, wurden teils zerstört, teils gelangten sie als Trophäen ins Abendland, wo sie von Fürsten und Bischöfen ihren Kronschätzen und Schatzkammern einverleibt wurden und wo viele davon bis heute noch stolz gezeigt werden.

So strömten im Jahre des Heils 2010 die Massen nach Turin, um in der Kathedrale das Grabtuch Christi zu bestaunen und über dessen »Echtheit« zu sinnen. Die meisten wissen es nicht – und niemand schämt sich dafür –, dass dieses Tuch Zeugnis ablegt für eines der schlimmsten Massaker, das Christen gegen Christen verübten, auf Kriegsfahrt geschickt von einem Papst, der sich zum Stellvertreter Christi erhob. Denn das Grabtuch ist wohl eines der prominentesten Stücke, die 1204 in Konstantinopel erbeutet wurden. Heute gehört es dem Heiligen Stuhl, also dem Bischofssitz des Papstes. Eine andere hervorragende Reliquie aus diesem Raubzug ist die Dornenkrone, die in Notre-Dame zu Paris aufbewahrt wird. Im Markusdom zu Venedig schließlich finden sich in der hinter dem Hauptaltar angebrachten Pala d'Oro filigrane byzantinische Emaillearbeiten. Und der Teil des Heiligen Kreuzes der Kaiserin Helena, der sich in Konstantinopel befand, wurde unter der Aufsicht von Bischöfen zu Kleinholz gemacht. Eine zeitgenössische Chronik weiß: »Nach der Eroberung der Stadt wurden unschätzbare Reichtümer gefunden, unvergleichlich kostbare Edelsteine und auch ein Teil des Kreuzes des Herrn, das, von Helena aus Jerusalem überführt und mit Gold und kostbaren Edelsteinen geschmückt, dort höchste Verehrung erfuhr. Es wurde von den anwesenden Bischöfen zerteilt und mit anderen sehr kostbaren Reliquien unter den Rittern aufgeteilt; später, nach deren Rückkehr in die Heimat, wurde es Kirchen und Klöstern gestiftet.« Mag auch der Ausgang dieses Kreuzzugs nicht nach dem Geschmack von Papst Innozenz III. gewesen sein, die römische Kirche in ihrer Gesamtheit erfreut sich der Beute bis auf den heutigen Tag.

Papst Innozenz III. war Hardliner genug, um auf seiner Vorstellung von einem Kreuzzug zu beharren. Vielleicht motivierte ihn auch der für die Kirche höchst erfolgreiche Verlauf des von ihm zwischenzeitlich ausgerufenen Albigenserkreuzzugs, wer weiß? Auf dieses Abschlachten von Christen durch Christen kommen wir noch zurück. Seiner Auffassung nach waren die letzten Züge bloß deshalb gescheitert, weil der hohe Adel zu sehr Eigeninteressen verfolgte und nicht ausschließlich der frommen Idee von der Eroberung des »Heiligen Landes« diente. Also mussten doch wieder die kleinen Leute, die armen Ritter, die Bauern, die landlosen Tagelöhner in den Krieg geschickt werden. Sie sollten, vom frommen Eifer erfüllt, ihr Letztes geben, um die Feinde Christi niederzuwerfen. Und damit die Kirche das alles unter Kontrolle behielt, musste die Führung einem ranghohen Geistlichen anvertraut werden. Im Jahr 1213 hatte Innozenz III. wieder eine Kreuzzugsbulle veröffentlicht, die den Kreuzfahrern erneut Entlastung von irdischen Schulden, aber auch den sicheren Einzug ins Himmelreich versprach. Er griff zu heftigen theologischen Argumenten, um das einfache Volk zu beeindrucken. Er nannte den Propheten Mohammed einen Betrüger und »Erstgeborenen des Satans«, den Koran einen »Schleier der Finsternis«. Unwillige wurden geradezu genötigt, der Christenpflicht zum Kreuzzug nachzukommen: »Der König der Könige, der Herr Jesus Christus verurteilt das Laster der Undankbarkeit und das Verbrechen der Untreue. Wer es unterlässt, ihm zu Hilfe zu eilen, da er [...] aus seinem Königreich vertrieben wurde, das er um den Preis seines Blutes erwarb, soll wissen, dass jeder, der in dieser Stunde der Not seinem Erlöser den Dienst verweigert, sich schwer verschuldigt und schwer zu beschuldigen ist.« So wurde unter dem Deckmantel einer religiösen Argumentation moralischer Druck aufgebaut.

Der Papst erlebte die Folgen seiner Bulle nicht mehr. Zwar bekräftigte Innozenz auf dem von ihm 1215 einberufenen Laterankonzil – auf dem auch den Juden das Tragen besonderer Kennzeichen auferlegt wurde – noch einmal die Aufforderung zum Kreuzzug. Ausgeführt wurde der Plan erst unter seinem Nachfolger Honorius III. (1216–1227). Zum Führer des Kreuzzuges wurde Kardinal Pelagius von Albano bestimmt. Er stieß 1218 zum Haupteer der Kreuzfahrer, das gerade die ägyptische Stadt Damiette im Nildelta belagerte und diese im folgenden Jahr unter den üblichen blutigen Umständen tatsächlich eroberte. Zu den Kreuzfahrern zählte auch der spätere Heilige Franz von Assisi, der nicht nur den Vögeln predigte, sondern auch versuchte, den jungen Sultan al-Kamil mit einer Predigt von der Wahrheit des Christentums zu überzeugen – allerdings vergeblich. Der Sultan bot in Verhandlungen einen sehr großzügigen Friedensplan an, die Kreuzfahrer hätten sogar Jerusalem zurückerhalten. Aber der Kardinal, ein sturer Kirchenjurist, wollte keinen Vertrag mit den Ungläubigen schließen, er bestand auf Abbruch der Verhandlungen und befahl, den Kreuzzug mit einem Angriff nilaufwärts fortzusetzen. Schon nach kaum 80 Kilometern landeinwärts, bei al-Mansura, stellte der Sultan sich den Christen entgegen. Das Aufgebot der Truppen des Sultans beeindruckte die militanten Wallfahrer so sehr, dass sie es nicht auf eine Schlacht ankommen lassen wollten, sondern umkehrten. So endete der Kreuzzug ruhm- und erfolglos, die Chance auf eine friedliche Einigung mit den Muslimen hatte die Heilige Kirche durch Kardinal Pelagius hochmütig abgelehnt.

Papst Honorius III. jedoch wollte sich mit dieser Schlappe nicht abfinden, und er setzte den Stauferkaiser Friedrich II. unter Druck, der zwar einen Kreuzfahrereid geleistet, aber bisher nichts unternommen hatte, um ein Heer gen Jerusalem zu führen. Problematisch für den Kaiser war die Androhung seiner Exkommunikation, die später tatsächlich erfolgen sollte. Denn wegen des damit verbundenen Kirchenbanns hätten alle Fürsten und Ritter des Kaisers diesem gegenüber ihre Lehensverpflichtungen aufkündigen können. Friedrich zog also nach Palästina, aber er nutzte den immer noch vorhandenen Verhandlungswillen des Sultans und gelangte mit ihm zu einem Vergleich. Zwar waren die Konditionen des nunmehr erreichbaren Friedens nicht mehr ganz so gut wie diejenigen, die 1218 angeboten waren, aber immerhin. Der Kaiser schloss einen Vertrag mit Sultan al-Kamil, der den Kreuzfahrerstaaten im Heiligen Land einige Jahre der Ruhe und den Christen den Zugang zu den Wallfahrtsorten in Jerusalem einbrachte. Dann musste der Staufer schleunigst in das heimatliche Unteritalien zurückkehren, denn Papst Gregor IX., der seit 1227 regierte, hielt Friedrichs Abwesenheit, der ja von seinem Vorgänger zum Kreuzzug genötigt worden war, für den günstigsten Augenblick, mit seinen eigenen Truppen das Königreich Sizilien, das zum Herrschaftsbereich des Kaisers gehörte, anzugreifen. Diese besonders perfide Variante, einen Kreuzzug zum kirchlichen Vorteil zu nutzen, führte freilich dazu, dass die eigentliche Kreuzzugsidee, nämlich einen Krieg im Auftrag Gottes zu führen, auch in weiten Teilen Europas vollständig unglaubwürdig wurde. Gregor IX. hatte den Bogen überspannt.

Gleichwohl nutzten auch folgende Päpste als »Kreuzzug« deklarierte Feldzüge zur Durchsetzung ihrer Interessen. Im Innern Europas kämpfte die Kirche noch hundert Jahre gegen die Anhänger des Kaisers und gegen die Albigenser, an Europas Rändern noch zweihundert Jahre in Spanien gegen die Mauren und im Baltikum gegen Litauer und andere Völker. Die Erinnerung an die ver-

Der Heilige Krieg 47

meintlich ruhmreiche Zeit der Kreuzzüge wurde in den Türkenkriegen des 16. und 17. Jahrhunderts wiederbelebt. 1570/71 hatten die Türken die letzte große Bastion der lateinischen Christenheit, die in der Zeit der Kreuzzüge entstanden war, erobert: das zuletzt unter venezianischer Herrschaft stehende Königreich Zypern.

Wenige Jahre zuvor, 1566, war Antonio Ghislieri, ein Dominikanermönch, der fanatisch Ketzer, Sünder und Heiden verfolgte und der es deshalb bis zum Großinquisitor der Heiligen Kirche gebracht hatte, unter dem Namen Pius V. zum Papst gewählt worden. Er behielt die Ordenstracht der Dominikaner, die weiße Soutane, bei, die seither von allen Päpsten getragen wird. Dieser Papst, auch gegen sich selbst streng, befand es aus religiösen Gründen für notwendig, das »verweichlichte« christliche Abendland gegen die Türken zu mobilisieren. Immerhin gelang es ihm, unter dem Namen Heilige Liga ein Bündnis des Kirchenstaats, Spaniens, Genuas und Venedigs zu schmieden. Für den übernatürlichen Beistand sollte jeden Tag um die Mittagsstunde die Gottesmutter angerufen werden.

Die Flotte unter dem Kommando Don Juans d'Austrias konnte am 7. Oktober 1571 die Osmanen bei Lepanto (Nafpaktos) im Golf von Korinth schlagen. Dieses Ereignis brachte weniger militärisch denn propagandistisch die Wende im Kampf des Abendlandes gegen die osmanische Expansion. Die Kirche trug hierzu bei, indem der Tag des Sieges von Lepanto der Gottesmutter Maria, deren überirdische Hilfe den Sieg geschenkt habe, gewidmet und als Feiertag festgelegt wurde. Dieser Feiertag wird bis heute als »Rosenkranzfest« am 7. Oktober begangen. Und die Glocken aller Kirchen läuten jeden Tag mittags zum Angelus-Gebet, bis heute. Die annähernd 37 000 Toten, die diese Schlacht auf beiden Seiten forderte, sind hingegen vergessen. Deus lo vult!

MIT SENFGAS GEGEN ÄTHIOPIEN: DER (VORLÄUFIG) LETZTE KREUZZUG

Die Kreuzzüge sind lange her. Fünfhundert und mehr Jahre sind vergangen, seit sich die Kirche an einem der wichtigsten Grundsätze ihres Gründers, dem Gebot der Feindesliebe, versündigte, seit sie sich als kriegerische, ganz diesseitige Macht in das blutige Spiel der Welt einmischte oder es sogar bestimmte, seit sie Leiden, Verfolgung und Tod vieler Hunderttausender Menschen verursachte. Kann man es also der Kirche heute noch vorwerfen? Doch, man kann und man muss, denn, um es mit Brecht zu sagen: »Der Schoß ist fruchtbar noch, aus dem das kroch.«

Noch im 20. Jahrhundert lebte der alte Geist der Kreuzzüge in der Kirche fort. Er ging Allianzen ein mit Kolonialisten und Diktatoren. Und wieder litten Hunderttausende, ja Millionen Menschen furchtbares Leid und kamen grauenhaft zu Tode. Ein nicht nur in Mitteleuropa weitgehend unbekannt gebliebenes Kapitel religiös verbrämter Kriegszüge ist der italienische Äthiopienfeldzug.

Benito Mussolini, der sich schon mit der Wahl der *Fasces*, der Rutenbündel, als Zeichen seiner Partei auf das alte Rom bezogen hatte, strebte die Wiederbelebung des antiken Imperium Romanum an. Die okkupierten Gebiete in Libyen wurden 1934 zur Kolonie erklärt, das am Roten Meer gelegene Eritrea besaß man bereits seit 1890. Von dieser Kolonie aus überfiel am 3. Oktober 1935 ein italienisches Heer unter der Führung des Generals Emilio De Bono, eines alten Kampfgefährten des »Duce«, mit gut 400 000 Mann das Kaiserreich Abessinien beziehungsweise Äthiopien. Neben Liberia war dies das einzige afrikanische Land, das niemals kolonisiert worden war.

Die Äthiopier kämpften tapfer, waren jedoch schlecht ausgerüstet, nicht einmal genug Stiefel gab es. Mussolini ging es trotzdem nicht schnell genug voran, er ersetzte General De Bono durch Pietro Badoglio, der vor keinem Kriegsverbrechen zurückscheute und nach fünf Monaten rücksichtsloser Kriegsführung am 9. Mai 1936 als Sieger durch Addis Abeba paradieren konnte. Obwohl durch das auch von Italien unterzeichnete Genfer Protokoll ausdrücklich verboten, setzte Badoglio massiv Senfgas ein, das von Flugzeugen abgeworfen wurde, nicht nur gegen Soldaten, auch großflächig gegen die Zivilbevölkerung. Ein Augenzeuge: »Geblendet, die schmerzverzerrten Gesichter von Blasen übersät, rissen sich die Menschen die Kleider vom Leib und steckten sich Stoff in die Nasenlöcher, ehe sie jämmerlich verbrannten.«

Das Rote Kreuz hatte den Italienern Kartenmaterial zur Verfügung gestellt, auf dem die zu schützenden Krankenhäuser markiert waren. Gerade diese Karten nutzte Badoglio, um seine Piloten gezielt diese Einrichtungen bombardieren zu lassen. Willkürliche Erschießungen von Gefangenen und Massaker an der Zivilbevölkerung waren übliche Mittel der italienischen Kriegsführung. General Rodolfo Graziani stand als Vizekönig des annektierten Kaiserreichs einem Terrorregime vor, dem weitere zehntausende Äthiopier zum Opfer fielen. Insgesamt beklagte Äthiopien 730 000 Tote durch den italienischen Angriff und durch Gewaltmaßnahmen der Besatzer, bis britische Truppen 1941 das Land befreiten.

Nun hatte Benito Mussolini seine politische Laufbahn als radikaler Sozialist und Antiklerikaler begonnen, auch die Faschistische Partei war im Grunde kirchenfeindlich, sodass die dargestellten Kriegsgräuel zunächst nicht der Kirche zugerechnet werden können. Aber die Kirche zog sich den Schuh an, sie bejubelte den Feldzug, rechtfertigte ihn, um sich beim Diktator lieb Kind zu machen. Nie wäre Schweigen einfacher gewesen, nie wäre Schweigen besser verstanden worden.

Springen wir noch einmal ein Stück zurück in die italienisch-äthiopische Geschichte, um einen pikanten Aspekt der Affäre verstehen zu können. Der Krieg von 1935/36 war nicht der erste Konflikt zwischen den Parteien. Schon einmal, eine Generation früher, hatten die Italiener versucht, die Äthiopier zu unterjochen, damals allerdings vergeblich. In der Schlacht von Adwa am 1. März 1896 hatte Kaiser Menelik II. die italienischen Aggressoren vernichtend geschlagen. Nach dieser Schlacht verbat sich Menelik II. ausdrücklich eine Siegesfeier: »Es gibt keinen Grund zu feiern an einem Tag wie diesem, an dem Christen Christen nach dem Leben trachteten.«

Die altorientalische Äthiopisch-Orthodoxe Kirche bildete sich bereits im 4. Jahrhundert heraus, sie steht in der Tradition der ägyptischen Kopten, einer der ältesten Glaubensgemeinschaften des Christentums. Um 1900 gehörten ihr etwa zwei Drittel der Äthiopier an, daneben gab es noch die kleinere, mit Rom unierte Äthiopisch-Katholische Kirche und in der Folge europäischer Mission in den Randgebieten des Landes auch Römische Katholiken, Anglikaner und Protestanten. Ein Viertel der Bevölkerung war muslimisch. Die Eliten des Landes, der Alltag, die Schulen und anderen Einrichtungen wurden aber von der alten Äthiopisch-Orthodoxen Kirche geprägt. Wie also stellte sich der Vatikan zu einem solchen Krieg gegen ein ausdrücklich christliches Land?

Papst Pius XI. hielt sich aus der Sache heraus. Als Sprecher in dieser Angelegenheit agierte Kardinal Alfredo Ildefonso Schuster, Mitglied des Benediktinerordens, seit 1929 Erzbischof von Mailand und damit der zweitwichtigste Prälat der Kirche in Italien nach dem Papst. Am Tag von Badoglios Siegesparade in Addis Abeba, am 9. Mai 1936, segnete der Kardinal die italienischen Soldaten und vereinnahmte Mussolinis Krieg für die Kirche: »Wir arbeiten mit Gott zusammen in dieser nationalen und katholischen Mission des Guten – vor allem in diesem Augenblick, in dem auf den Schlachtfeldern Äthiopiens die Fahne Italiens im Triumph das Kreuz Christi vorwärtsträgt.«

Schon zu Kriegsbeginn hatte Kardinal Schuster den neuen »Kreuzzug« enthusiastisch bejubelt. Am Vorabend des Angriffs hielt er einen Dankgottesdienst ab und erklärte, Gott werde die Truppen beschützen, denn sie leisteten einen Beitrag zur Verbreitung des Christentums auch in Ländern, die noch nicht christianisiert sind. Das war, wie wir gesehen haben, natürlich eine glatte Propagandalüge. Am 28. Oktober 1935 predigte Schuster im Mailänder Dom: »Gott schütze die Truppen, die die Türen Äthiopiens für den Katholischen Glauben und für die Römische Zivilisation öffnen.« In diesem Gottesdienst wurden die Fahnen nach Äthiopien abgehender Truppenteile gesegnet. Die Soldaten wurden von mehr als hundert Militärkaplänen betreut, die alle im besetzten Äthiopien vorgefundenen Marienstatuen einsammelten, um sie durch solche Bildnisse zu ersetzen, die von der italienischen Bevölkerung eigens zu diesem Zweck gespendet worden waren. Äthiopische Kirchen und Klöster wurden rücksichtslos zerstört, das altehrwürdige Kloster Debre Libanos wurde dem Erdboden gleichgemacht, nachdem italienische Soldaten alle 320 Mönche erschossen hatten.

Der Wert der moralischen Unterstützung für Mussolinis Krieg durch die Kirche, ja für Mussolinis Stellung in Italien überhaupt, darf nicht unterschätzt werden. In einem grundsätzlich erzkatholischen Land, wie es Italien damals war, galt die Kirche auch nach dem Verlust der weltlichen Macht des Papstes viel, und wer über den Rückhalt in der Kirche verfügte, besaß auch die Unterstützung durch die öffentliche Meinung. Die Kirche hat Mussolinis Krieg gebilligt, sie hat ihn gefördert und ihn im Grunde zu ihrer eigenen Angelegenheit gemacht. Zwar war der Erzbischof von Mailand nicht der Papst. Aber die Unterstützung des Äthiopienkriegs war nicht nur ein Irrweg eines einzelnen Würdenträgers, von dem die Kirche zumindest später hätte Abstand nehmen können.

Im Gegenteil: Offenbar war über diesen Teil der Aktivitäten des Kardinals nach dem Urteil der Kirche schon 1957 genügend Gras gewachsen, denn nur drei Jahre nach seinem Tod eröffnete sein Nachfolger als Mailänder Erzbischof, Kardinal Montini, der spätere Papst Paul VI., den kirchenrechtlichen Prozess zur Seligsprechung. Am 12. Mai 1996, fast auf den Tag genau sechzig Jahre nach Badoglios Triumphzug in Addis Abeba, wurde Schuster von Papst Johannes Paul II. seliggesprochen.

Distanzierung, Trauer oder Scham über die Billigung des Äthiopienkriegs durch die Kirche ist bisher zu vermissen. Und viel zu viele Gruppen innerhalb der Kirche, vorwiegend an deren konservativen Ende, führen das Wort vom Kreuzzug gegen dies oder jenes zu flott im Mund, um nicht begründeten Argwohn zu wecken, dass hinter solchen Parolen immer noch der alte Geist des blutigen Kampfs gegen Andersgläubige oder sonstige Feinde der Kirche steht. Die Kreuzzugsidee ist nicht aus der Kirche verschwunden, sie schläft gewissermaßen, wie ein alter Vulkan, bei dem niemand sicher sein kann, dass er nicht doch eines Tages erneut ausbricht.

Gilt für jeglichen Glauben!

2. BETEN FÜR DIE JUDEN?

Am 16. April 2010 verurteilte das Amtsgericht Regensburg Richard Williamson wegen Volksverhetzung zu einer Geldstrafe von 10 000 Euro. Er hatte im November 2008 in einem Interview mit einem schwedischen Fernsehsender behauptet, es habe in den deutschen Konzentrationslagern keine Gaskammern gegeben und es seien nur zwei- oder dreihunderttausend Juden dem Holocaust zum Opfer gefallen. Der Brite Williamson ist Mitglied der von der Kirche abgefallenen, ultrakonservativen Priesterbruderschaft St. Pius X. und wurde 1988 trotz des päpstlichen Verbots zum Bischof geweiht. Solch »illegale« Bischofsweihe führt für die Beteiligten automatisch, also ohne dass es eines ausdrücklichen Urteilsspruchs oder gar eines vorherigen Verfahrens bedürfte, zur Kirchenstrafe der Exkommunikation, das heißt, der Betroffene darf am kirchlichen Leben nicht mehr teilhaben.

Erzbischof Marcel Lefebvre, der Gründer der Piusbruderschaft, der seinerzeit die Weihe durchgeführt hatte, starb 1991. Knapp zwanzig Jahre später, am 21. Januar 2009, begnadigte Papst Benedikt XVI. jedoch Williamson und die drei anderen unerlaubt geweihten Bischöfe der Piusbrüder. In unmittelbarem zeitlichen Zusammenhang damit berichteten die Medien weltweit über die antisemitische Entgleisung Williamsons in dem Fernsehinterview zwei Monate zuvor. Insbesondere bei Vertretern des Judentums, aber auch innerkirchlich und in der übrigen Öffentlichkeit löste die Aufhebung der Kirchenstrafe durch den Papst Empörung aus. Der Kirche wurde vorgeworfen, damit die antisemitische Haltung Williamsons gebilligt zu haben. Der Papst und die zuständigen Kardinäle erklärten, sie hätten von nichts gewusst. Im Übrigen, so berichtete die *Neue Zürcher Zeitung* unter Berufung auf katholische Theologen, beziehe sich die Exkommunikation auf die eigenmächtige Bischofsweihe ohne päpstliche Zustimmung und bestrafe nicht antisemitische Einstellungen des abtrünnigen Traditionalisten.

Diese Erklärung stieß in der Öffentlichkeit auf Unverständnis. Es steigerte sich noch, als der Bischof von Stockholm, Anders Arborelius, erklärte, den Vatikan schon im November 2008 nach der Ausstrahlung des Interviews mit Williamson im schwedischen Fernsehen über den Vorfall informiert zu haben. Offenbar war diese Information irgendwo in den Kanälen des Vatikans hängen geblieben oder es hatte niemand ihre Brisanz erkannt.

Nun war die Erklärung der Kirche für den Vorgang kirchenrechtlich vollkommen korrekt, Exkommunikation ist nur für ganz spezielle Delikte als Strafe vorgesehen, antisemitische Äußerungen gehören nicht dazu. Auch nach dem Recht Schwedens und vieler anderer Staaten wäre die inhaltlich falsche und dumme Äußerung Williamsons nicht strafbar gewesen. Nach deutschem Recht handelt es sich um strafbare Volksverhetzung, Williamson ist, wie erwähnt, deshalb inzwischen auch rechtskräftig zu einer Geldstrafe verurteilt worden.

Warum also die große Empörung über die Entscheidung des Papstes? Die Kirche hatte schlicht verkannt, dass der kirchenrechtliche Aspekt die Öffentlichkeit nicht interessierte, sie hatte ignoriert, dass bei Juden der Eindruck entstehen konnte, sie sehe über Williamsons Antisemitismus großzügig hinweg. Damit wurden auf jüdischer Seite alte Ängste wieder genährt, die die Kirche seit der Zeit des Zweiten Vatikanischen Konzils zu überwinden versucht hatte. Ein wichtiges Thema dieses Konzils, zu dem sich zwischen 1962 und 1965 die meisten Bischöfe und Kardinäle sowie viele Theologen versammelten, war die Bestrebung, nach dem großen Verbrechen der Shoah und dem moralischen Versagen der Kirche, das Verhältnis zum Judentum auf eine neue Grundlage zu stellen. In der Theorie hat es da durchaus viele Fortschritte gegeben. Leider fehlt es auf jeder Ebene der Kirche und trotz der vielen Anstrengungen Einzelner immer noch an der notwendigen Sensibilität und dem Bewusstsein dafür, dass die Kirche aufgrund einer vielhundertjährigen Verstrickung in jüdisches Leiden eine Bringschuld gegenüber dem Judentum hat. Deshalb ist der Prozess der Versöhnung der Kirche mit dem Judentum bis heute nicht so weit gediehen, wie er vielleicht sein könnte, es ist eben kein Gras über die Schuld der Vergangenheit gewachsen und kleine, ja kleinste Anlässe können erhebliche Irritationen auslösen und diesen Prozess ins Stocken bringen. Einen solchen Anlass mit der unsensiblen Handhabung der Sache Williamson geschaffen zu haben, das ist der mindeste Vorwurf, den man der Kirche und dem Papst machen muss.

KIRCHLICHE JUDENFEINDLICHKEIT SEIT DER SPÄTANTIKE

Es ist klar, dass die Kirche den Völkermord an den Juden durch die Nationalsozialisten nicht befürwortet hat und nicht an seiner Organisation beteiligt war. Ebenso ist klar, dass einzelne Mitglieder der Kirche und etliche kirchliche Institutionen verfolgten Juden geholfen haben. Und mutige Kirchenführer haben vor dem Antisemitismus gewarnt, auch das muss man nicht eigens betonen. Doch es ist nun einmal so, dass eine der Bedingungen, die die fast vollständige Vernichtung des europäischen Judentums in der Mitte des 20. Jahrhunderts ermöglichten, in Handlungen und Unterlassungen der Kirche liegt, mit denen sie über Jahrhunderte lang Juden gegenübergetreten ist. Und weil auch diese unselige Tradition noch nicht ausgestorben ist, sondern in vielen Winkeln der Kirche fortlebt, muss davon gesprochen werden.

Um den spezifischen Anteil der Kirche am jüdischen Schicksal, an Verfolgung und Massenmord während der nationalsozialistischen Herrschaft zu verstehen, ist ein kurzer Blick in die Geschichte erforderlich. Bis weit ins Mittelalter hinein war das Verhältnis von Christen und Juden jedenfalls im Gebiet des heutigen Mitteleuropa frei von blutigen Konflikten. Überall im früheren Römischen Reich lebten Juden, auch im heutigen Deutschland existierte seit spätestens 321 in Köln eine jüdische Gemeinde. Eigene Rechtsvorschriften für Juden, die diskriminierenden Charakter aufwiesen, wurden im Jahr 438 von dem oströmischen Kaiser Theodosius II. erlassen. Aufgrund dieser Bestimmungen wurden viele Synagogen zwangsweise in Kirchen umgewandelt. Theodosius stand dabei unter dem Einfluss seiner älteren Schwester Aelia Pulcheria, einer fanatischen Christin. Der *Codex Theodosianus*, so der Name der kaiserlichen Rechtssammlung, erlangte Geltung im Oströmischen beziehungsweise Byzantinischen Reich und dann auch bei den Westgoten. Als die Westgoten in der Völkerwanderungszeit ins nördliche Spanien zogen, hatten sie diese Gesetzessammlung im Gepäck. Die Juden auf der Iberischen Halbinsel, die sogenannten Sepharden, hatten somit von vornherein einen schwereren Stand als ihre in Mitteleuropa lebenden Glaubensbrüder, die Aschkenasen, deren Zentren sich in den alten Römerstädten am Rhein – in Speyer, Worms und Mainz – herausgebildet hatten. Dort lebten Juden zunächst unangefochten unter der Herrschaft der jeweiligen Bischöfe.

Christliche Kirchenväter und Theologen hatten indes schon seit Jahrhunderten die Meinung begründet und verbreitet, die Juden seien insgesamt als Volk am Kreuzestod Jesu schuld. Daher habe sie Gott zur Strafe aus ihrem Land vertrieben und zu einem unsteten Wanderleben verdammt. Von da war der Schritt nicht mehr weit, auch jeden einzelnen Juden als Christusmörder zu diffamieren und ihm einen grundsätzlich veruchten Charakter zuzuschreiben. Über Generationen wurde von der Kirche dieses Bild vermittelt. Kein Wunder, dass sich ein ungemein populäres Vorurteil von »dem Juden« als zwielichtigem, mit dem Bösen im Bunde stehendem Menschen herausbildete, gegenüber dem Misstrauen angebracht sei. Zu einem ersten großen Gewaltausbruch kam es im Vorfeld des Ersten Kreuzzuges. Die Prediger, die die Massen ins »Heilige Land« treiben sollten, stießen dabei auch kräftig in das judenfeindliche Horn. Die Scharen aus ungebildeten Bauern und armen Rittern, die sich im Jahr 1096 quasi als Vorhut des Kreuzzuges in Deutschland zusammenrotteten, waren davon so aufgehetzt, dass die Juden in Speyer, Worms, Mainz, Köln, Magdeburg, Regensburg und an anderen Orten zum ersten Mal ein Pogrom erlitten und viele von ihnen Geld, Gesundheit oder sogar das Leben lassen mussten. In Mainz allein gab es 600 Tote, einige tausend Opfer dürften es insgesamt gewesen sein. Freilich bestand damals für bedrängte Juden noch ein – freilich problematischer – Ausweg: die Taufe. Denn ein getaufter Jude wurde zum Christen, und damit endete die erklärte Feindschaft. Die religiösen Gefühle der Juden, die ihrer Religion treu bleiben wollten und für die eine Taufe unter Zwang eine Schmach darstellte, zählten nicht. Auch die Anführer des Ersten Kreuzzuges teilten diese antijüdische Einstellung: Gottfried von Bouillon wird das Zitat zugeschrieben, er wolle nicht die Heimat verlassen, »ohne das Blut seines Gottes an dem Blut Israels zu rächen«.

HOSTIENFREVEL- UND RITUALMORDVORWÜRFE

Die ständige Wiederholung der antijüdischen Hetze in Predigten hielt die Vorurteile wach. Es entstanden immer ausgeschmücktere Legenden von Juden, die angeblich geweihte Hostien schändeten oder sogar christliche Kinder fingen, um sie in grauenhaften Ritualmorden umzubringen. Weitreichend diskriminierende Folgen hatte eine auf dem Vierten Laterankonzil (1215) beschlossene Vorschrift, die Juden das Tragen besonderer Hüte oder Abzeichen auferlegte. Sie wurden damit zu einer auch äußerlich klar ab- und ausgegrenzten Bevölkerungsgruppe, und Christen, die den Kontakt mit ihnen ohnehin beschränken sollten, konnten sich nicht mehr damit herausreden, sie hätten nicht gewusst, dass ihr Gegenüber Jude war. Im Laufe des Spätmittelalters mussten die Juden jederzeit damit rechnen, zum Sündenbock für unerklärliche Seuchen, Missernten und Teuerungen gemacht zu werden. Die Ausweisung unter Verlust des Vermögens war dann noch das Glimpflichste, was ihnen passieren konnte. Es gibt kaum eine jüdische Gemeinde in Mitteleuropa, die im späten Mittelalter nicht von Plünderung, Vertreibung oder Ermordung ihrer Mitglieder betroffen war. Viele der mittelalterlichen Synagogen wurden nach Ausweisung der ortsansässigen Juden abgebrochen, ihre Steine häufig zum Bau christlicher Kirchen verwendet. In vielen Städten findet man heute noch aus dem Spätmittelalter stammende Kirchen, meist der Muttergottes geweiht, die an der Stelle einer früheren Synagoge stehen. Das wohl bekannteste Beispiel ist die Frauenkirche in Nürnberg, die ab 1352 an dem Ort erbaut wurde, wo bis zum Pogrom des Jahres 1349 die Synagoge stand. Seit 1933 (!) eröffnet dort vom Dach der Vorhalle aus das »Christkind« den Christkindlesmarkt. Freilich wurden diese Verfolgungsmaßnahmen gegen Juden in aller Regel nicht von kirchlichen Stellen durchgeführt, dieser Vorwurf kann nicht erhoben werden. Teilweise versuchten Papst und Bischöfe sogar mit ausdrücklichen Anweisungen, solche Pogrome oder auch die Zwangstaufe jüdischer Kinder zu verhindern. Aber nie gab es eine Anweisung, das judenfeindliche Predigen einzustellen, oder gar eine theologische Revision der These vom jüdischen »Christusmord«. Jedenfalls nicht bis in die allerjüngste Zeit. Es bleibt der Vorwurf der geistlichen Legitimation solcher Verfolgungen, der geistigen Brandstiftung.

Denn die Legenden von Hostienschändungen und Kindermorden wurden von der Kirche durch die Einrichtung von Wallfahrten und mit »passenden« Heiligsprechungen noch kräftig popularisiert. In Deggendorf weihte man 1361 die neue »Kirche zum Heiligen Grab«, errichtet an der Stelle der früheren Synagoge. Gleichzeitig wurde die »Auffindung« angeblich von Juden geschändeter Hostien in einem Brunnen gefeiert. Die angebliche Hostienschändung war einige Jahre früher Anlass für die Enteignung und gewaltsame Vertreibung der ansässigen Juden gewesen. Es entwickelte sich eine florierende Wallfahrt, die »Deggendorfer Gnad«, zehntausende pilgerten jedes Jahr in der »Gnadenwoche« zu dem niederbayrischen Ort und gedachten des angeblichen Hostienfrevels. Dabei wurden dem gläubigen Volk Hostien in einer Monstranz gezeigt, die frisch aus der Bäckerei stammten. 1992 endlich beendete der zuständige Bischof von Regensburg, Manfred Müller, den Spuk mit der Begründung, »jetzt« (!) sei die Haltlosigkeit jüdischer Hostienschändungen auch für den Deggendorfer Fall endgültig bewiesen.

SYSTEMATISCHE VERTREIBUNG UNTER DEN »KATHOLISCHEN KÖNIGEN«

Der heute als Humanist gerühmte Papst Nikolaus V. war der Auffassung, die Verfolgung von Juden sei doch keine wirklich staatliche Angelegenheit, sondern müsste Sache der Kirche sein, schließlich gehe es dabei ja um ein religiöses Thema. Er legte die Judenverfolgung wieder in kirchliche Hände und ernannte gleich zu Beginn seiner Amtszeit im Jahr 1447 zu diesem Zweck eigene »Judeninquisitoren«. Der eifrigste und rhetorisch begabteste unter ihnen war der Mönch Giovanni da Capistrano. Der Franziskaner zog von Italien aus durch das Heilige Römische Reich bis nach Polen und predigte nicht nur gegen vermeintliche Ketzer und die Hussiten, sondern auch gegen die Juden. 1453 ließ er in Breslau erstmals Juden auf dem Scheiterhaufen verbrennen. Capistrano wurde übrigens 1690 heiliggesprochen und gilt heute als Patron der Juristen. Auch wird er von den Militärkaplänen der US-Army als Schutzheiliger verehrt.

Die päpstliche Inquisition als Mittel der Judenverfolgung verbreitete vor allem in Spanien Terror und Tod gegen die Juden, ja selbst getaufte Juden wurden ihr Opfer. Die »Marranen« (abgeleitet von *marrano* = Schwein) genannten Konvertiten wurden verdächtigt, heimlich noch ihrem alten Glauben anzuhängen. Die spanische Königin Isabella, genannt »die Katholische«, war im Zisterzienserinnenkloster Santa Ana in Ávila erzogen worden, und zwar zu einer durchaus selbstbewussten, kämpferischen Herrscherpersönlichkeit. Sie veranlasste Papst Sixtus IV. (1471–1484), ihren Beichtvater, den Dominikaner Tomás de Torquemada zum Großinquisitor zu ernennen. Parallel dazu benötigte sie jedoch ihren Hofrabbi Abraham Senior als Heiratsvermittler und später als Finanzier, der zusammen mit anderen wohlhabenden Juden den Kriegszug zur endgültigen Vertreibung der Mauren aus Spanien ermöglichte. 1492, im Jahr der Entdeckung Amerikas durch Isabellas Kapitän Christoph Kolumbus, war mit Granada das letzte Emirat gefallen, und die Königin wandte sich jetzt den Juden zu. Anfang des Jahres 1492 erging das Alhambra-Edikt, erlassen in der gerade eroberten Alhambra, der Stadtburg von Granada. Bis zum 31. Juli hatten sich alle spanischen Juden taufen zu lassen – oder sie mussten das Land verlassen. Das Edikt wurde radikal durchgesetzt, hunderttausend Juden mindestens waren es, die ihre Heimat verloren. Viele gingen zunächst nach Portugal, andere emigrierten in das Osmanische

Reich, vornehmlich nach Nordafrika und Griechenland. Kurioserweise nahm selbst Papst Alexander VI. (1492–1503) in Rom einige hundert sephardische Juden auf. Alexander VI., einer der berüchtigten Päpste aus dem Haus Borgia, siedelte die Juden nicht aus Nächstenliebe im Kirchenstaat an, sondern nur aus Rücksicht auf ihre Beiträge zur Finanzierung seiner Bedürfnisse. Derselbe Papst, ein Spanier, verlieh dem spanischen Königspaar im Jahr 1496 den Ehrentitel »Katholische Könige«. Eine weitere kirchliche Ehrung ist zumindest für Königin Isabella vorgesehen: 1974 wurde in Rom der kirchenrechtliche Prozess zu ihrer Seligsprechung eingeleitet. Das Alhambra-Edikt war übrigens erst sechs Jahre zuvor, im Jahr 1968, förmlich aufgehoben worden.

»... DASS MAN IHRE SYNAGOGEN MIT FEUER ANZÜNDE«

Das Ende des Mittelalters und der Anbruch der Neuzeit brachte den verfolgten Juden keine Entlastung. Die Neuerungen des Buchdrucks ermöglichten es, relativ rasch und kostengünstig große Auflagen von Pamphleten oder Holzschnitten zu veröffentlichen, womit das Geschäft der Verbreitung antijüdischer Vorurteile erleichtert wurde. Die Kunst der Predigt und damit auch der Beeinflussung großer Volksmengen war im 15. und 16. Jahrhundert eine Sache der Ordensgeistlichen, vor allem der Dominikaner, die ausdrücklich »Predigerorden« heißen, der Franziskaner und ihren Abzweigungen, wie den Kapuzinern, der Augustiner und anderer Bettelorden. Brüder dieser Orden nutzten die neuen Möglichkeiten des Buchdrucks eifrig und transportierten das antijüdische Gedankengut bis in die Neuzeit. Bekannt sind die judenfeindlichen Ausfälle des Augustinerpaters und späteren Reformators Martin Luther. Er beließ es nicht bei theologischen Überlegungen, sondern machte handfeste Vorschläge, wie mit Juden, die sich nicht bekehren wollten, umzugehen sei. 1543 schrieb er: »Erstlich, daß man ihre Synagogen mit Feuer anzünde und, was nicht verbrennen will, mit Erden überhäufe und zuschütte, damit kein Mensch einen Stein oder Schlacke davon sehe ewiglich. Und solches soll man tun, unserm Herrn und der Christenheit zu Ehren damit Gott sehe, daß wir Christen seien. – Zum zweiten, daß man auch ihre Häuser ebenso zerbreche und zerstöre.« Jüdische Bücher sollten verboten werden, Rabbiner nicht mehr lehren dürfen. Geld und Gut sei den Juden wegzunehmen, stattdessen sollten sie mit niedriger Arbeit ihr Brot verdienen müssen.

Ein anderer Augustinermönch wurde ein besonders berühmtes Glied in der Kette der antijüdischen Tradition: Abraham a Sancta Clara, der in Wien als Prediger wirkte, seit 1677 sogar als kaiserlicher Hofprediger. Sein Nachruhm beruht auf seiner gekonnten Sprachgestaltung in blumig-derbem Barockstil. Leider nutzte er diese Fähigkeit auch zur Verbreitung und Verfestigung der Vorurteile gegen die Juden, die »durch den Tod, welchen sie dem wahren Messias und Heiland der Welt angetan, verschuldet haben, daß sie Gott mit gleicher Münze bezahlt«. Eine Million Juden habe Gott durch Pest, Hunger und Schwert umkommen lassen. Und der Augustinermönch fährt fort: »Es ist auch […] zu merken, daß alle Nachkömmlinge derjenigen Juden, durch deren Hände der Herr Jesus gelitten, noch bis zum heutigen Tag mit gleicher Münz bezahlt werden.« Heutige Verteidiger dieser geistlichen Herrn erklären deren Antijudaismus gern mit dem Zeitgeist. Freilich, diese Einstellung war Teil des Zeitgeistes. Aber sie vergessen, dass dieser Zeitgeist seit hunderten von Jahren von christlichen Theologen und Predigern aufgebaut worden war.

WERNER, SIMON UND ANDERL – HEILIGENVEREHRUNG UND JUDENHASS

Wie zäh sich dieser antijüdische Geist hält, wie schwer es ist, einmal verwurzelte Vorurteile aus den Köpfen und Herzen zu bekommen, zeigt sich auch am kirchlichen Umgang mit Opfern vermeintlicher Ritualmorde. Der älteste heute noch bekannte Fall im deutschen Sprachraum ist der des Werner von Oberwesel, nach dem die heute noch bestehenden Wernerkapellen in Bacharach und in Oberwesel benannt sind. Der Jugendliche wurde am Ostersonntag des Jahres 1287 tot aufgefunden, und rasch wurde das Gerücht gestreut, die örtlichen Juden hätten sein Blut zur Passahfeier genutzt. Es kam zu regionalen Judenpogromen, und schon 1289 errichtete man die erste Wernerkapelle. Der Kult wurde im 15. Jahrhundert kirchlich anerkannt und verbreitete sich bis nach Frankreich. Erst 1963 strich der Bischof von Trier den heiligen Werner aus dem Festkalender des Bistums.

Hartnäckig hielt sich auch der Kult um den kleinen Simon von Trient, ein Kind, das auch zu Ostern 1475 aufgefunden wurde – wieder fiel der Verdacht auf die Juden. Der Bischof von Trient, Johann Hinderbach, ließ 14 Juden hinrichten und ihr Vermögen zu seinen Gunsten einziehen. Für Simonino wurde im Trientiner Dom eine eigene Kapelle eingerichtet, und 1584 wurde dessen Kult von Papst Gregor XIII. (1572–1585) anerkannt. Die Aufhebung des Kultes erfolgte erst 1965. In der schönen Altstadt von Trient findet sich noch heute ein altes Relief an einer Hauswand, das den angeblichen Ritualmord darstellt.

Wie die Geschichten von den Hostienschändungen, die fast gleichlautend in über 100 Orten Mitteleuropas erzählt wurden, wanderte auch der Kult um von Juden angeblich geschändete Kinder. In Hall im Inntal wirkte im frühen 17. Jahrhundert der aus

Trient stammende Arzt und Hobbytheologe Hippolyt Guarinoni. Er publizierte ein Buch über einen ganz ähnlichen Fall wie den des Simonino, der sich justament im gegenüber von Hall auf den Bergen über dem Inn gelegenen Weiler Rinn zugetragen haben soll. Der Tod des Anderl (Andreas) von Rinn, der sich angeblich schon 1462 ereignet hatte, war zwar längst vergessen. Doch aufgrund des Buches entwickelte sich eine alljährliche Wallfahrt zum »Judenstein« nach Rinn; 1755 nannte Papst Benedikt XIV. (1740–1758) Anderl einen Seligen und gewährte den Wallfahrern einen Ablass. Nach dem Zweiten Weltkrieg strich der Innsbrucker Bischof die Wallfahrt zum »Judenstein« und den Festtag des Anderl von Rinn 1953 aus dem Diözesankalender. Aber der im Volk stark verwurzelte Kult wurde trotzdem weiter gepflegt. 1994 ließ Bischof Reinhold Stecher die Anderl-Verehrung ausdrücklich verbieten. Gleichwohl pilgern bis heute ultrakonservative katholische Kreise zum Judenstein nach Rinn.

VOM ANTIJUDAISMUS ZUM MODERNEN ANTISEMITISMUS

Der Kult des Anderl von Rinn kann als eine Art Angelpunkt betrachtet werden: Hier verbindet sich Ende des 19. Jahrhunderts der aus uralten theologischen Gedanken im frühen Mittelalter geformte, durch die Kirche bis ins 20. Jahrhundert transportierte Antijudaismus mit modernen Ideen, wird zu einem direkten Vorläufer des Antisemitismus und begünstigt letztendlich die Entwicklung, die zur Shoah führte. Es war der Wiener Pfarrer Joseph Deckert, der die Legende des Anderl von Rinn, erweitert um einige ähnliche Vorgänge, 1893 unter dem Titel *Vier Tiroler Kinder, Opfer des chassidischen Fanatismus. Urkundlich dargestellt* erneut publizierte.

Er behauptete, mit seinem Buch eine wissenschaftliche Fundierung seiner Darstellung vorzulegen – was gar nicht möglich war, gab (und gibt) es doch keine authentische Urkunden über den Tod des Anderl von Rinn im Jahr 1462. Pfarrer Deckert verfasste noch etliche antisemitische Werke, aber bedeutsamer als seine Schriftstellerei ist die Rolle, die er damit in der Politik spielte. Seine antisemitische Publizistik bereitete den Boden für die von vielen niederen Geistlichen unterstützte »christlichsoziale Bewegung«, deren theoretische Grundlage der Wiener Professor für Moraltheologie Franz Martin Schindler formulierte. Karl Lueger, der spätere Wiener Oberbürgermeister, gründete aus der Bewegung 1893 die Christlichsoziale Partei, die anfangs sogar unter dem Namen »Antisemiten« firmierte. Das Parteiprogramm sah die traditionell angenommene »jüdische Verworfenheit« jetzt in Gestalt skrupelloser jüdischer Bankiers, Großhändler und Fabrikanten verwirklicht, die die anständigen christlichen Handwerker, Taglöhner und Bauern betrogen und um ihre Existenz brachten. Dass Lueger den Antisemitismus vornehmlich als Agitationsmittel einsetzte, wie er später selbst sagte, und damit einigen Erfolg hatte, ist bezeichnend dafür, wie rasch »die Juden« wieder in die Rolle der Sündenböcke verwiesen werden konnten – dieses Mal hinsichtlich der sozialen Missstände.

1892 war in Passau das Werk eines Geistlichen erschienen, das aus dem gleichen theoretischen Umfeld stammt. Der Autor argumentiert zwar gegen den rassentheoretisch begründeten Antisemitismus, erhebt aber andererseits die Forderung, den »unsittlich-heidnischen Erwerbstrieb« durch eine Besinnung auf christliche Lebensgrundsätze zu überwinden. Das Buch breitet auf neunzig Seiten reichlich Beispiele für wirtschaftliches Fehlverhalten, Betrug und Wucher aus, die alle von Juden zu verantworten seien. Die seiner Auffassung nach typisch jüdische Haltung charakterisiert der Autor so: »Der jüdische Erwerb ist charakterisiert durch zwei Erscheinungen: 1. Ohne produktive Tätigkeit durch Ausbeutung der Arbeit Anderer, 2. durch Spiel und Spekulation auf die Differenz der Werte zu Reichtum zu gelangen. Die christliche Auffassung ist bekanntlich gerade entgegengesetzt.« Und er wird noch deutlicher: »Mit kalter Berechnung wird das christliche Volk ausgebeutet. Aus den biblischen Begriffen des alten Testaments leiten die Juden ab, daß alle Nationen der Welt nur bestimmt seien, als Fußschemel für die Macht des auserwählten Volkes zu dienen. [...] Das Judentum muß im Erwerbsleben die Schranken der christlichen Lehre anerkennen, oder, es wird sich mit Notwendigkeit ein Ausscheidungsprozeß dieses Volkes ergeben. Das Parasitentum im Erwerbsleben kann ebensowenig geduldet werden, wie die Parasiten im Naturleben.« Der Autor dieses Werks mit dem Titel *Jüdisches Erwerbsleben* hielt es für ratsam, unter dem Pseudonym »Robert Waldhausen« aufzutreten. Es handelte sich dabei um Georg Ratzinger (1844–1899), Kaplan in Landshut und Landtagsabgeordneter des Bayerischen Bauernbundes. Er hat den »Ausscheidungsprozess« nicht erlebt und auch nicht die Geburt seines Großneffen Joseph, des heutigen Papstes.

Man kann weder Georg Ratzinger unterstellen, dass er die Shoah gewollt habe, noch dem heutigen Papst, dass er quasi familiär mit Antisemitismus infiziert sei. Aber dieses Beispiel zeigt in besonderer Weise, wie nahe der Kirche diese unselige antijüdische Tradition immer noch ist. Die Päpste haben sich bewegt; spätestens seit Johannes XXIII. (1958–1963) ist der Irrweg in der Beurteilung des Judentums erkannt und wurde seither in vielen Dokumenten verurteilt. Das Kirchenvolk folgt dem nur langsam und teilweise, und in etlichen Ländern Europas, im Süden, im Osten, in den Nachfolgeländern der Donaumonarchie und auch in Südamerika hält man noch fest am alten negativen Judenbild. Auch manche Bischöfe unterstützen immer noch die althergebrachte

Linie, deutlich wird das in Polen, wo der kirchennahe Radiosender Radio Maryja antijüdische Parolen verbreiten darf. Dieser Sender gehört dem Redemptoristen-Orden und genießt deshalb nach den Bestimmungen des polnischen Konkordates Steuerfreiheit. Die polnische Bischofskonferenz konnte sich zu einem energischen Vorgehen gegen diesen Sender bisher nicht durchringen. Es wird noch Generationen dauern, bis das antijüdische Gedankengut aus den Köpfen aller Kirchenführer und einfacher Gläubigen verschwunden ist. Und auch das wird nur gelingen, wenn eindeutige, klare Signale aus Rom dazu gesendet werden. Jedes Zögern, jedes Wackeln schadet da und weckt zugleich unter Juden berechtigterweise neues Misstrauen.

»DIE WELT KANN NICHT RICHTER DER KIRCHE SEIN«

Die theologische Bewertung des Judentums hängt auch mit einem weiteren Problemkreis zusammen, das das Verhältnis der Juden zur Kirche bis heute belastet. Es geht um die Frage, ob die Kirche Juden missionieren und taufen soll. Vor allem die Taufe jüdischer Kinder sorgte häufiger für Ärger. Zwar hatte die Kirche schon im Mittelalter verboten, jüdische Kinder ohne ausdrückliche Zustimmung ihrer Eltern zu taufen, aber es gab Ausnahmen davon und immer wieder auch Übereifer von christlicher Seite. War ein jüdisches Kind erst einmal getauft, selbst wenn das Sakrament verbotswidrig gespendet worden war, verlangte die Kirche seine christliche Erziehung – und das bedeutete die Trennung vom Elternhaus. Große öffentliche Empörung, durchaus vergleichbar mit der des Jahres 2010 anlässlich des Kindesmissbrauchs in kirchlichen Einrichtungen, löste vor anderthalb Jahrhunderten der Fall Edgardo Mortara aus. Seine Familie lebte in Bologna, das bis 1860 zum Kirchenstaat gehörte. Ein christliches Dienstmädchen der Familie taufte das Kleinkind im Jahr 1851 heimlich, angeblich weil es schwer erkrankt war. Davon erfuhr der zuständige Inquisitor, Pier Gaetano Feletti, ein Dominikanermönch. Er ließ das Kind von der Polizei des Kirchenstaats bei den Eltern abholen, das Kind wehrte sich und schrie, zwei Polizisten mussten den Sechsjährigen bändigen und ihm den Mund zuhalten. Edgardo wurde in ein kirchliches Internat in Rom gesteckt, wo ihn seine Eltern – nur unter Aufsicht – gelegentlich besuchen durften. Pikanterweise kamen bei der Geistlichkeit jetzt Zweifel an der Taufe des Kindes durch das Dienstmädchen auf und Edgardo musste noch einmal offiziell in der Kirche getauft werden. Die politische Öffentlichkeit protestierte, die Presse tobte wegen des unmenschlichen Umgangs mit dem Kind. Ein Kardinal goss noch Öl ins Feuer, indem er sich mit der Bemerkung zitieren ließ, die Welt habe noch nie Richter der Kirche Jesu Christi sein können. Das Ereignis führte zu einer substanziellen Verschlechterung des Ansehens von Papst Pius IX. (1846–1878), die mit Ursache dafür war, dass sich kaum eine Stimme für die Erhaltung des Kirchenstaates erhob, den die Italiener zunächst 1860 erheblich verkleinern und dann 1870 vollständig annektieren konnten. Das war vor 150 Jahren, hat die Kirche daraus gelernt?

GEHT ES NUR UM WORTE?

Ein Stein des Anstoßes für die Juden stellte immer die katholische Karfreitagsliturgie dar, deren Thema das Sterben Christi ist. Dabei werden seit frühester Zeit Fürbittgebete für alle möglichen Gruppen gesprochen. Eine dieser Fürbitten gilt speziell den Juden. Der seit dem 16. Jahrhundert gebräuchliche Text lautet in deutscher Übersetzung: »Lasset uns auch beten für die treulosen Juden, dass Gott, unser Herr, wegnehme den Schleier von ihren Herzen, auf dass auch sie erkennen unsern Herrn Jesus Christus.« Es folgte dann noch ein Absatz, in dem von der Verblendung und Finsternis die Rede ist, in der die Juden steckten. Insbesondere in dem Adjektiv »treulos« sahen die Juden eine Bestärkung der umlaufenden antisemitischen Vorurteile.

Es regte sich Widerstand gegen diese Formulierung der Fürbitte, auch in der Kirche. 1926 hatte sich auf Initiative von zum Katholizismus konvertierten Juden eine Reformvereinigung gebildet, der schließlich über 3000 Priester, Bischöfe und Kardinäle angehörten. Der Vorstoß zu einer Änderung des Gebetstextes führte aber zu nichts, der einflussreiche Kardinalstaatssekretär Rafael Merry del Val erreichte sogar, dass Papst Pius XI. (1922–1939) die Reformvereinigung, die unter dem Namen »Amici Israel« bekanntgeworden war, verbot. Kardinal Merry del Val war ein konservativer Spanier, der es früher schon abgelehnt hatte, die jüdische Siedlungsbewegung nach Palästina zu unterstützen. Erst Papst Johannes XXIII. setzte das Thema wieder auf die Tagesordnung, indem er 1959 das Wort »treulos« aus der Fürbitte strich. In mehreren Etappen wurde dann erst nach dem Zweiten Vatikanischen Konzil, das 1965 endete, eine Formulierung gefunden, die seit 1974 in Gebrauch ist: »Lasst uns auch beten für die Juden, zu denen Gott, unser Herr, zuerst gesprochen hat: Er bewahre sie in der Treue zu seinem Bund und in der Liebe zu seinem Namen, damit sie das Ziel erreichen, zu dem sein Ratschluss sie führen will.« Dieser Text entsprach dem Geist, der die Beziehungen zwischen Judentum und Kirche seit 1965 prägen sollte. In diesem Jahr wurde die päpstliche Konstitution *Nostra aetate* (»In unserer Zeit«) erlassen, die den Juden eine gleichrangige Position mit den Christen zuwies.

Aber schon damals besaß der Kurswechsel Gegner. Zum einen die konservativen Kräfte, die jede Reform als solche ablehnten; dazu gehörten Kardinal Amleto Giovanni Cicognani und Erzbischof Marcel Lefebvre, der später die Piusbruderschaft gründete und von der Kirche exkommuniziert wurde. Dagegen sträubten sich aber auch Vertreter des arabischen Christentums, vor allem der melkitischen griechisch-katholischen Kirche, die mit der römisch-katholischen Kirche unter dem Papst vereint ist. Patriarch und Kardinal Maximos IV. Sayegh, ihr damaliges Oberhaupt, und Erzbischof Joseph Tawil befürchteten, dass jedes Entgegenkommen gegenüber Juden in der arabischen Welt als Stellungnahme für den Staat Israel ausgelegt werden würde und damit die Situation der christlichen Araber erschweren müsste.

Schon im Jahr 1984 hatte Papst Johannes Paul II. bestimmten konservativen katholischen Vereinigungen erlaubt, die Messe wieder nach dem alten Messbuch von 1962 zu lesen. Damit war in diesen Gruppen seither karfreitags gebetet worden: »Lasset uns auch beten für die Juden, dass Gott, unser Herr, wegnehme den Schleier von ihren Herzen, auf dass auch sie erkennen unsern Herrn Jesus Christus.« Papst Benedikt XVI. erweiterte die Erlaubnis und verfügte 2008, dass der Text der Fürbitte bei der Verwendung des alten Messbuchs nun lautet: »Lasst uns auch beten für die Juden, auf dass Gott, unser Herr, ihre Herzen erleuchte, damit sie Jesus Christus erkennen, den Retter aller Menschen.« Damit gab es nun eine Neuformulierung, die in Widerspruch steht mit dem Wortlaut, der von den meisten Katholiken gebetet wird. Müssen die Juden erst Jesus anerkennen – und sich damit von ihrem Judentum abwenden –, wenn sie nach christlicher Auffassung zum Seelenheil gelangen wollen, oder können sie ihrer Religion treu bleiben und doch selig werden? Diese Frage stellt sich zwangsläufig angesichts dieser unterschiedlichen Formulierungen. Problematisch ist aber nicht nur dieser theologische Widerspruch. Schwerer wiegt – zumindest in der öffentlichen Wahrnehmung – der Eindruck, die Kirche verabschiede sich von ihrer 1965 neu gefundenen Haltung dem Judentum gegenüber. Viele Juden und Christen belastet die Sorge, dass eine Kehrtwendung erfolgen könnte, an deren Ende wieder das vorurteilsbeladene Wort von den »treulosen Juden« steht. Es mag sein, wie Kardinal Walter Kasper wortreich erklärte, dass beide Versionen theologisch irgendwie doch unter einen Hut zu bringen sind. Die Irritationen, die Sorgen, ja sogar Ängste vieler Christen und vor allem Juden beseitigt ein solcher Versuch der Beruhigung nicht – nicht nach einer so verlaufenen jahrhundertealten Vorgeschichte. Gerade wenn es so wäre, dass beide Texte letztlich doch die gleiche theologische Bedeutung trügen, gäbe es keinen Grund, durch eine missverständliche Neuformulierung einen Dialog zwischen Kirche und Judentum zu gefährden, der in einer nach Kirchenmaßstäben recht kurzen Zeitdauer von erst 45 Jahren gewachsen ist.

HEILIGES LAND ODER ERETZ ISRAEL

Im Verhältnis zwischen Kirche und Judentum gibt es also reichlich Konfliktstoff, der auf historischem Ballast und dogmatischen Festlegungen beruht. Zusätzliches Krisenpotenzial birgt die politische Situation im früheren Palästina, dem heutigen Israel, Jerusalem und den Palästinensergebieten. Die Kirche ist dort mit dem Lateinischen Patriarchat von Jerusalem vertreten, einem Bistum, dem nur noch etwa 78 000 meist arabische Gläubige angehören. Auch die mit dem Papst unierten kleinen katholischen Kirchen der Melkiten, Maroniten, Armenier, Syrer und Chaldäer besitzen eigene geistliche Hierarchien und Strukturen. Und das Verhältnis gerade der arabischen Christen zu den jüdischen Israelis ist nicht spannungsfrei, emotional stehen sie ihren muslimischen Landsleuten in aller Regel näher. So kämpft der melkitisch-katholische Erzbischof im Ruhestand, Hilarion Capucci, bis heute weiter für die Sache der Palästinenser, zuletzt gehörte der inzwischen 88-Jährige zu der Schiffsbesatzung der Mavi Marmara, die den Palästinensern im Gaza-Streifen Hilfsgüter liefern wollte. Er wurde zusammen mit anderen von den Israelis verhaftet und am 1. Juni 2010 aus dem Gefängnis Beersheba abgeschoben.

Viele für das christliche Selbstverständnis wichtige Kirchen und Gedenkstätten sind seit 1342 der »Kustodie des Heiligen Landes« unter dem Franziskanerorden anvertraut. Andere Orden und Gemeinschaften unterhalten ebenfalls zahlreiche Pilgerheime, Schulen und Krankenhäuser. 1973 errichtete die Kirche in Bethlehem eine Universität. Alle Aktivitäten der Kirche sind traditionell steuerfrei. Seit 2002 verlangt der Staat Israel jedoch auch von kirchlichen Einrichtungen die Entrichtung von Steuern. Der Vatikan hat dagegen angeordnet, dass bis zur Billigung des schon 1993 unterzeichneten Grundlagenvertrags zwischen dem Heiligen Stuhl und dem Staat Israel durch die Knesset, das Parlament Israels, nichts bezahlt wird. In diesem Grundlagenvertrag verpflichtet sich die Kirche übrigens auf die in der Erklärung *Nostra aetate* festgelegten Grundsätze und auch dazu, sich aus weltlichen Konflikten – gerade im Zusammenhang mit umstrittenen Gebieten und nicht festgelegten Grenzen – neutral zu verhalten. Sowohl für den konservativen Flügel der Kirche als auch für arabische Christen gibt es also Motive, die sie veranlassen könnten, mit Störmanövern die Billigung des Abkommens durch das israelische Parlament zu verzögern oder gar zu verhindern.

PAPST PIUS XII. – EIN HEILIGER?

Papst Pius XII. (1939–1958), der letzte wirkliche »Römer« auf dem Papst-Thron, hatte vielleicht einfach nur Pech. Gerade in seiner Amtszeit wurde der Zweite Weltkrieg von Deutschland begonnen, ein Land, das der Papst gut kannte und sehr mochte und wo er von 1917 bis 1929 als päpstlicher Nuntius gelebt hatte. Schlimmer noch als der deutsche Angriffskrieg war der Umgang der deutschen Besatzer mit den Menschen der besetzten Gebiete. Zuerst traf es die Polen, in der Mehrzahl Katholiken, aber auch viele polnische Juden. 2600 polnische Geistliche wurden Opfer schlimmster Verfolgungsmaßnahmen, viele davon kamen zu Tode, auch fünf polnische Bischöfe starben in deutschen Konzentrationslagern. Öffentlicher Widerspruch des Papstes, der von den Alliierten angemahnt und von den Polen erwartet wurde, blieb aus. Der Vatikan blieb »neutral« – so »neutral«, dass der Tod des polnischen Bischofs Leon Wetmanski im Oktober 1941 zwar im *Osservatore Romano*, der offiziellen Zeitung des Vatikans, gemeldet, dabei aber der Umstand unterschlagen wurde, dass der Bischof im KZ Auschwitz von einem Aufseher erschlagen worden war. Von der Shoah und ihren nach Millionen zählenden Opfern erfuhr der Vatikan zeitig, wohl schon im März 1942, also nur zwei Monate nach der Wannseekonferenz, in der die systematische Vernichtung der europäischen Juden geplant worden war. Einzelne mutige Bischöfe stellten sich gegen die Judenverfolgung und Pius wurde von ihnen, wie auch von jüdischen Organisationen, mehrfach bedrängt, die Massenmorde öffentlich anzuprangern. Der Papst schwieg jedoch, so lautet zumindest die weit verbreitete Auffassung. Rolf Hochhuths Theaterstück *Der Stellvertreter*, 1963 uraufgeführt, popularisierte die Meinung, dass Pius XII. aus Kaltherzigkeit den Völkermord an über sechs Millionen Juden mit Stillschweigen übergangen hätte.

Der Ruf des Papstes war damit in weiten Kreisen ruiniert und ist es bis heute, obgleich die These längst widerlegt ist. Pius XII. hat nicht geschwiegen, er hat den Mord an »hunderttausenden Unschuldiger nur wegen ihrer Nation oder Rasse« in seiner Ansprache zu Weihnachten 1942 deutlich angeprangert. Ist der Fall Pius XII. damit geklärt, sind die Kritiker dieses Papstes, gerade die von jüdischer Seite, widerlegt, und steht dem weiteren Verlauf des Verfahrens zur Seligsprechung, das derzeit in Rom läuft, also nichts mehr im Weg? So einfach ist die Sache leider nicht. Denn es bestehen noch etliche Unklarheiten, die das Verhalten von Pius XII. in Angelegenheiten betreffen, die jüdische Interessen berühren. Was hat etwa der Papst persönlich getan oder unterlassen im Zusammenhang mit der »Razzia« gegen die in Rom lebenden Juden vom 16. Oktober 1943 durch die SS? Kein Ruhmesblatt für die Kirche stellt auch das Verhältnis zur faschistischen Regierung unter Mussolini dar, beispielsweise hinsichtlich der mangelnden Kritik an deren antisemitischen Maßnahmen.

Unklar ist zudem, wie sehr Pius XII. in die Fluchthilfeaktionen eingeweiht oder involviert war, die nach dem Krieg zugunsten von Kriegsverbrechern der kroatischen Ustascha und deutscher Nationalsozialisten systematisch von kirchlichen Stellen betrieben wurden. Auf diesen »Rattenlinien«, wie sie der US-Geheimdienst später nannte, gelangten tausende von ihnen zunächst nach Spanien und von dort nach Argentinien oder in andere südamerikanische Länder, darunter auch Adolf Eichmann, einer der Hauptorganisatoren der systematischen Deportation in die Vernichtungslager, und der berüchtigte KZ-Arzt Josef Mengele, der in Auschwitz grausame Experimente an Menschen durchgeführt hatte. Der kroatische Ex-Diktator Ante Pavelić, der hunderttausende von Toten, vor allem orthodoxe Serben und Juden, zu verantworten hatte, konnte sich zwei Jahre lang in einem römischen Kloster verstecken, ehe auch er nach Südamerika floh. Viele Prälaten der Kirche hielten es für gottgefällig, dass diese Personen nicht dem irdischen Richter zugeführt wurden, sondern sich in ihrem weiteren Leben noch als Kämpfer gegen den Kommunismus nützlich machen konnten. Es mag sein, dass Pius XII. persönlich auch von diesen Verdächtigungen am Ende freigesprochen werden kann. Eine solche Entlastung scheitert im Moment aber daran, dass viele Akten über die Zeit nach 1939 immer noch im vatikanischen Geheimarchiv unter Verschluss liegen und wohl erst in den nächsten Jahrzehnten für Forscher zur Verfügung stehen werden. Gerade aus der wichtigen Periode von 1939–1945 ist bisher nur eine Auswahl publiziert, die Freigabe der übrigen Akten ist für die nächsten Jahre angekündigt.

Es sollte deshalb niemanden überraschen, dass ein schlimmer Verdacht im Raum steht: Soll deshalb die Seligsprechung von Papst Pius XII. schnell erfolgen, weil die Akten noch nicht offengelegt sind? Und: Wird mit der dennoch beabsichtigten Selig- und einer darauf folgenden Heiligsprechung bewusst eine Sollbruchstelle im Verhältnis der Kirche zu den Juden genutzt? Denn es muss jedem Katholiken klar sein, dass die Seligsprechung dieses Papstes jetzt oder in naher Zukunft den meisten Juden als Provokation erscheinen muss. Es spielt dabei keinerlei Rolle, ob sich Pius XII. im Zusammenhang mit dem Holocaust tatsächlich irgendwie persönlich schuldig gemacht hat, was viele ihm vorwerfen, oder ob er nach Kräften bemüht war, gegen die Nationalsozialisten vorzugehen und den verfolgten Juden zu helfen, wie seine Verteidiger argumentieren. Denn für die Juden trug er in den entscheidenden Jahren nach 1939 die Verantwortung im Namen der Kirche, die insgesamt ihr Versagen vor dem Holocaust schon bekennen musste. Der Verdacht, dass der Papst auch persönlich schuldig ist, hängt ihm an.

Die Kirche lässt sich für vieles lange Zeit; für ein solides Urteil über das Werk des 1642 verstorbenen Galileo Galilei zum Beispiel hat sie 350 Jahre gebraucht. Doch gerade bei Pius XII. muss es jetzt schnell gehen. Papst Benedikt XVI. hat erst am 19. Dezember 2009 einen wichtigen Schritt für den Gang des Verfahrens getan, indem er die Feststellung veröffentlichte, Pius XII. sei in heldenhafter Weise tugendhaft gewesen. Aber wie kann man das in diesem Fall feststellen, wenn die Akten aus einem wichtigen Lebensabschnitt des Papstes noch fehlen? Eine Seligsprechung auf unvollständiger Faktenbasis wäre unglaubwürdig und auch innerhalb der Kirche weitgehend nicht vermittelbar. Ein neuer Medien-GAU der Kirche wäre die sicher erwartbare Folge. Das hätte Papst Pius XII. eigentlich nicht verdient, wenn er wirklich heroisch tugendhaft gewesen ist. Warum hat es die Kirche hier so eilig?

3. INDIANER UND ANDERE HEIDEN

Etwa auf halbem Weg zwischen den brasilianischen Millionenstädten Rio de Janeiro und São Paulo liegt die Kleinstadt Aparecida. Dort war 1717 unter wundersamen Umständen eine Marienstatue aufgefunden worden und es hatte sich seither eine Wallfahrt entwickelt, kräftig gefördert von Prinzessin Isabella, der letzten Regentin des Kaiserreichs Brasilien bis zur Revolution von 1889. Aus Bayern gerufene Mitglieder des Ordens der Redemptoristen, die das Wallfahrtswesen aus Altötting kannten, brachten Aparecida gewissermaßen in Form. Für den Anstrom der Gläubigen wurde bis 1980 zu Ehren der inzwischen als Schutzpatronin Brasiliens ausgerufenen Madonna von Aparecida eine riesige Kirche erbaut, die 45 000 Gläubige aufnehmen kann; sie ist nach Sankt Peter in Rom die zweitgrößte Kirche der katholischen Welt.

Am 13. Mai 2007 eröffnete Benedikt XVI. dort eine Sitzung der lateinamerikanischen Bischofskonferenz. Der Papst hielt es für richtig, auf die Geschichte des Christentums in Südamerika einzugehen und erläuterte: »Welche Bedeutung hatte aber die Annahme des christlichen Glaubens für die Länder Lateinamerikas und der Karibik? Es bedeutete für sie, Christus kennenzulernen und anzunehmen, Christus, den unbekannten Gott, den ihre Vorfahren, ohne es zu wissen, in ihren reichen religiösen Traditionen suchten. Christus war der Erlöser, nach dem sie sich im Stillen sehnten. Es bedeutete auch [...] den Heiligen Geist empfangen zu haben, der gekommen ist, ihre Kulturen zu befruchten, indem er sie reinigte und die unzähligen Keime und Samen, die das fleischgewordene Wort in sie eingesenkt hatte, aufgehen ließ und sie so auf die Wege des Evangeliums ausrichtete. Tatsächlich hat die Verkündigung Jesu und seines Evangeliums zu keiner Zeit eine Entfremdung der präkolumbischen Kulturen mit sich gebracht und war auch nicht die Auferlegung einer fremden Kultur.«

Die Reaktion der brasilianischen Indianer und der Öffentlichkeit war vernichtend, in den Stellungnahmen wurde dem Papst Respektlosigkeit, Beleidigung, Geschichtsklitterung und Schönfärberei vorgeworfen. Die Reputation Benedikts XVI. in Südamerika – zumindest bei dem Bevölkerungsteil, der seine Wurzeln auf die ursprünglichen Einwohner des Landes zurückführt, und dieser Anteil ist erheblich – nahm immensen Schaden. Es ist dort nach wie vor nicht vergessen, dass sein Vorgänger im Amt die Untaten in der Zeit der *conquista*, der Eroberung Lateinamerikas durch Spanier und Portugiesen, wenigstens als solche bezeichnete. Johannes Paul II. hatte 1991 sich eigens mit Vertretern der brasilianischen Ureinwohner getroffen und betont, er kenne die Geschichte ihrer Völker, die von vielem Leiden, Streit und Tod geprägt war. Dieser warme Ton hatte dazu geführt, dass Johannes Paul II. breiteste Popularität auch in Südamerika genoss. Warum ist heute alles anders?

SÜDAMERIKA – DAS GESCHENK DES PAPSTES

Gerade an der Kolonisierung Südamerikas war die Kirche von Anfang an offiziell beteiligt. Schon kurz nach der Entdeckung durch Christoph Kolumbus 1492, der seine Fahrt im Auftrag der spanischen Königin Isabella der Katholischen unternommen hatte, war Papst Alexander VI. mit dem neuen Land, das man noch nicht als eigenen Kontinent einordnete, befasst. Er vermittelte erfolgreich zwischen den beiden größten katholischen Seefahrernationen Portugal und Spanien, die sich dann im Vertrag von Tordesillas von 1494 die Welt aufteilten. Im Ergebnis kam deshalb Brasilien in portugiesische Hände, wogegen die Spanier das übrige Mittel- und Südamerika erhielten. In welcher Rolle sich der Papst sah, geht aus dem Wortlaut seiner Erklärung dazu deutlich hervor: »... schenken, gewähren und übertragen Wir hiermit – [...] lediglich aus Unserer eigenen und alleinigen Großmut und sicheren Erkenntnis und aus der Fülle Unserer apostolischen Machtbefugnis, die durch den allmächtigen Gott, durch die Vermittlung St. Petri auf Uns übertragen worden ist, sowie auf Grund der Stellvertreterschaft Jesu Christi auf Erden – an Euch und Eure Erben und Nachfolger, [...] alle aufgefundenen oder aufzufindenden, alle entdeckten oder zu entdeckenden Inseln und Festländer, mitsamt allen Herrschaften, Städten, Lägern, Plätzen und Dörfern und allen Rechten.« Die Spanier formulierten aus diesem päpstlichen Privileg ein Papier, das sie allen Ernstes den Indianern vorlasen – übrigens in spanischer Sprache – und von ihnen verlangten, ihre Herrschaft in weltlichen Dingen und diejenige der Kirche in Religionsfragen anzuerkennen. Es folgte die Drohung: »Wenn ihr dies tut, werdet ihr gut tun und werdet ihr dasjenige tun, wozu ihr verpflichtet seid. Wenn ihr es aber nicht tut oder es in boshafter Weise aufschiebt, so tue ich euch kund, dass ich mit der Hilfe Gottes mit Gewalt eindringen werde gegen euch und euch bekriegen werde in jeder Art und Weise, wie ich kann, und euch unterwerfen werde unter das Joch und den Gehorsam der Kirche und ihrer Hoheiten. Und eure Personen und eure Frauen und Kinder werde ich gefangennehmen und zu Sklaven machen und als solche sie verkaufen und über sie verfügen, wie seine Hoheit es gebietet, und werde euch eure Güter nehmen und euch allen Schaden und Böse antun, wie ich kann.«

So gestaltete sich also die erste Begegnung der Indianer mit dem Christentum. Sehr schnell kam es zu ersten »Missionserfolgen«, 1511 errichtete Papst Julius II. (1503–1513) in Santo Domingo (heute Hauptstadt der Dominikanischen Republik) auf der Insel Hispaniola das erste Bistum in Amerika. Innerhalb weniger Jahre gab es in Südamerika schon ein ganzes Netz von Diözesen und Erzdiözesen. In aller Regel widmeten sich spanische Geistliche aus dem Dominikaner- und dem Franziskanerorden, später aus dem 1534 gegründeten Jesuitenorden, der Indianermission.

Zunächst war es unter christlichen Theologen umstritten, ob Indianer überhaupt Menschen seien und man sie taufen dürfe. Denn der heilige Augustinus hatte doch festgestellt, dass die Welt mit drei Erdteilen komplett sei und nur dort Menschen lebten – und überhaupt: Von welchem der drei Söhne Noahs sollten die Indianer denn abstammen? Papst Paul III. (1534–1549) entschied jedoch 1537 diese Frage und betonte, dass die Indianer nicht nur Menschen seien, sondern auch nicht versklavt werden dürften. Diese Entscheidung des Papstes war von den in Südamerika tätigen Missionaren schon vorweggenommen worden. 1530 hatte der Franziskanerpater Juan de Zumárraga sein Amt als erster Bischof von Mexiko-Stadt angetreten. Und schon im folgenden Jahr soll es auf einem Hügel nahe der Stadt zu einer Marienerscheinung gekommen sein, bei der die Gottesmutter sich – so wurde berichtet – mit brauner Hautfarbe gezeigt habe und der Marienstatue gleiche, die in der spanischen königlichen Abtei von Guadalupe verehrt wurde. Christoph Kolumbus soll nach seiner Entdeckungsreise von 1492 in den spanischen Wallfahrtsort gereist sein und sich für die Entdeckung »Indiens« bedankt haben.

Offenbar konnte diese schöne Geschichte viele Indianer überzeugen, denn in den Jahren zwischen 1532 und 1538 ließen sich alle erreichbaren Indianer von den Missionaren taufen. Damit entgingen sie freilich auch der ärgsten Willkür, die die stolzen Konquistadoren, die Eroberer im Dienst der Katholischen Könige, gegenüber der einheimischen Bevölkerung ausübten, galten ungetaufte Indianer doch als rechtlos. Die Alternative einer Taufe war schlicht das kleinere Übel. Und die Geschichte der Marienerscheinung bot wenigstens etwas Trost für den Verlust der eigenen Kultur und oft auch der eigenen Sprache. Immerhin sollten über zwei Jahrhunderte später, im Jahr 1801, mit der heiligen Maria von Guadalupe auf ihrer Fahne Indios den Kampf gegen die Kolonialherren beginnen. Aus der Heiligen der Eroberer war tatsächlich eine Identifikationsfigur der Kolonisierten geworden, ein Effekt, der von den Spaniern und wohl auch der Kirche nicht vorhergesehen worden war. Heute ist die *Nuestra Señora de Guadalupe* die viel verehrte Schutzpatronin Lateinamerikas. Zwanzig Millionen Gläubige besuchen im Jahr ihre Wallfahrtskirche: der größte Besucheransturm aller katholischen Wallfahrtsorte der Welt.

Eine Wallfahrt will gepflegt sein wie eine Marke. Das weiß die Kirche. Ein erster »Relaunch« der Jungfrau von Guadalupe fand 1648 statt, als in Europa gerade der Dreißigjährige Krieg zu Ende war. Ein spanischer Priester, Miguel Sánchez, veröffentlichte ein Buch über die angebliche Marienerscheinung und erfand noch etliche Details dazu. Erstmals wurde die Person benannt, die damals die Erscheinung gehabt haben soll. Ein getaufter Indianer namens Juan Diego sei es gewesen, und zum Beweis für die Echtheit der Erscheinung habe ihm die Madonna noch drei Rosen geschenkt, obwohl tiefster Winter war. Nachdem er die Rosen in seinem Mantel geschützt zum Bischof getragen habe, sei auf dem Mantel das Abbild der spanischen Marienstatue aus Guadalupe zu sehen gewesen. Der Kaplan des damals noch kleinen Heiligtums, Luis Laso de la Vega, brachte 1649 eine populäre Fassung der neuen Legende in der Indianersprache Nahuatl heraus, die sehr verbreitet war (nebenbei: Avocado, Schokolade und Tomate sind drei Nahuatl-Wörter, die jeder kennt), und schon zehn Jahre später waren die Einkünfte aus der Wallfahrt so bedeutend, dass der Kaplan zum Domkapitular befördert wurde. Der am Wallfahrtsort gezeigte »Tilma«, der Mantel mit dem Marienbild, von dem es heißt, es sei »nicht von Menschenhand geschaffen«, wurde zu einer sehr populären Ikone, überall in Südamerika wird das Bild reproduziert und ausgestellt.

Aufgrund dieser beiden »literarischen Quellen« nahm die Figur des Juan Diego gewissermaßen Fleisch an, und seine Existenz als historische Person wurde den lateinamerikanischen Gläubigen zur allgemeinen Gewissheit. Juan Diego wurde wie ein Heiliger verehrt. Gut dreihundert Jahre später versuchte die Kirche, dieser »ungeordneten«, gewissermaßen anarchischen Verehrung eines nicht von der Kirche anerkannten Heiligen einen Rahmen zu geben. So wurde der legendäre Indio 1990 seliggesprochen und durfte nun mit dem Segen der Kirche im Erzbistum Mexiko-Stadt verehrt werden. Doch seine Anhänger forderten einen »richtigen«, weltweit gültigen Heiligen. Die Kirche, diesmal in Gestalt des zuständigen Erzbischofs Edward Nowak von der Kongregation für Selig- und Heiligsprechungsprozesse des Vatikans, hatte schwere Bedenken. Nowak äußerte, man habe an der Existenz dieses Heiligen immer sehr gezweifelt. »Wir haben keine beweiskräftigen Dokumente, nur Indizien.« Das Verfahren der Heiligsprechung drohte ins Stocken zu geraten. Doch »wundersamerweise« tauchte 1995 ein bisher nicht gekanntes Dokument auf. Der Jesuitenpater Xavier Escalada präsentierte eine auf Tierhaut geschriebene und gemalte Urkunde, die aus dem Jahre 1548 stammen sollte. Und dieser *Codex Escalada* enthielt das, was zu beweisen war. Natürlich wurde die Echtheit des Codex von Wissenschaftlern, auch von profilierten katholischen Forschern wie Pater Stafford Poole, infrage gestellt, und selbst der Rektor der Basilika von Guadalupe, Guillermo Schulenburg Prado, erklärte, dass Juan Diego nur ein Mythos sei. Die Herkunft der überraschend aufgefundenen Urkunde blieb ungeklärt. Das alles spielte aber in Rom keine Rolle mehr, und am 31. Juli 2002 verkündete Papst Johannes Paul II. der Weltkirche Juan Diego als neuen Heiligen, den ersten Heiligen indianischer Herkunft. Keine Frage, diese Entscheidung löste bei Millionen Lateinamerikanern Jubel aus. Die Kombination der Muttergottes in Indianergestalt und ihres demütigen Verehrers aus dem indianischen Volk wird vielleicht viele Südamerikaner indianischer Abstammung zur Identifikation mit dem Katholizismus führen. Aber nimmt die Kirche die indianische Kultur und Tradition damit ernst? Oder wird sich dieser Umgang mit ihr eines Tages rächen?

Die Ordensleute, die im 16. Jahrhundert als Beschützer der Indianer auftraten, wussten, was gut für sie war. Sie hielten die amerikanischen Ureinwohner für »dumm, wild, gefräßig, der Trunkenheit ergeben, träg und raubsüchtig«, so Pater Pedro Lozano in seiner 1745 verfassten Beschreibung einer Reise durch Südamerika. Erst das Christentum würde sie recht eigentlich zu Menschen machen und zur Glückseligkeit führen. Dazu genügte nicht, dass die Indianer nach der Taufe ihre alten religiösen Traditionen aufgaben. Sie mussten auch ihr gewohntes Leben vollständig nach den Regeln der Kirche neu ausrichten. Die bisher meist halb nomadisch lebenden Indianer wurden in Dörfern angesiedelt, die um eine Kirche und die Missionsstation herum gebaut wurden. Unter der Aufsicht der Patres hatten sie Ackerbau und Handwerke zu erlernen und diese Berufe regelmäßig auszuüben. Auch das Familienleben unterlag streng christlichen Vorstellungen. Es gab durchaus Ansätze zur Selbstverwaltung, doch die wirklich wichtigen Entscheidungen behielten sich die Geistlichen selbst vor.

Wesentlich getragen wurde die Mission in Lateinamerika von dem noch recht jungen, erst 1540 vom Papst bestätigten Jesuitenorden. Die Jesuiten betonten von Beginn an ihren hohen intellektuellen Anspruch, und so ist es kein Wunder, dass sie das Werk der Missionierung auch theoretisch durchdrangen und in beinahe wissenschaftlicher Manier an der Verfeinerung ihrer Methoden arbeiteten. In der spanischen Stadt Salamanca war schon 1588 das Standardwerk zur Indianermission erschienen, verfasst von dem Jesuiten José de Acosta: *Die Verbreitung des Evangeliums bei den Barbaren, oder: Von der Sorge für das Heil der Indianer*. Bereits der Titel drückt klar aus, wer die Wahrheit besitzt, wer oben und wer unten ist. Immerhin blieben die Indianer, die in einer Ordenssiedlung lebten, vor Versklavung zur Bergwerks- oder Plantagenarbeit verschont und besaßen ein Minimum an sozialer Sicherheit. Gegen die von den Kolonialherren eingeschleppten Krankheiten, die bei den Indianern Epidemien mit tausenden Opfern auslösten, waren die Geistlichen freilich auch machtlos. Insgesamt stellte es für einen Indianer im Südamerika des 16. und 17. Jahrhunderts nicht die schlechteste Option dar, ein Leben in einer Jesuitenreduktion oder einer ähnlichen Siedlung eines anderen Ordens zu führen. Aber kann man wirklich behaupten, es sei mit der Verkündigung des Evangeliums nicht die Auferlegung einer fremden Kultur erfolgt, wie Papst Benedikt XVI. meint?

Die Eroberung und anschließende Missionierung Lateinamerikas brachte es mit sich, dass nach einer gewissen Zeit die Eroberer und die Eroberten eines gemeinsam hatten: Sie waren katholisch. Die Indianer hatten die Rolle demütiger Schafe bei ihren guten Hirten, den Franziskanern und Jesuiten, angenommen. Die Konquistadoren, ihre Nachfahren und Unterstützer hielten sich lieber an den gewöhnlichen Klerus in den Städten, und auch die Bischöfe, die in der Regel der Oberschicht entstammten, sympathisierten eher mit ihresgleichen. Hier war der Keim zu einer Spaltung angelegt, der erst viel später aufgehen sollte. Die Folgen dieser Entwicklung führten vierhundert Jahre später zu einer großen Krise der Kirche mit weltweiten Auswirkungen, der Entstehung der Befreiungstheologie und ihre Unterdrückung durch das konservative Establishment.

Im 18. Jahrhundert sahen sich die Portugiesen, Spanier und Franzosen hinsichtlich ihres absoluten Machtanspruchs in ihren Kolonien durch das Wirken insbesondere der Jesuiten mit Beschränkungen konfrontiert. Papst Clemens XIV. (1769–1774) knickte vor dem Druck dieser Mächte ein und hob 1773 den Jesuitenorden auf; dem Kirchenstaat wurden im Gegenzug Zugeständnisse in einem gerade schwelenden Territorialkonflikt gemacht. Ausgerechnet die Jesuiten, die ja bei Ablegung ihrer Ordensgelübde ausdrücklich dem Papst die Treue schwören müssen, wurden von diesem treulos behandelt. Dies bedeutete in Südamerika das Aus für die Jesuitenreduktionen, das Missionsexperiment wurde nach fast 200-jähriger Dauer quasi über Nacht beendet. Das weitere Schicksal der Indianer aus den aufgelösten Siedlungen war der römischen Kirche egal.

FOLTERKNECHTE UND BEFREIUNGSTHEOLOGEN

Die Französische Revolution von 1789 und ihre Folgen erschütterten die spanische und portugiesische Herrschaft in Lateinamerika, und nach 1810 erklärte eine Kolonie nach der anderen ihre Unabhängigkeit. Seitdem ringen die neuen Staaten um Stabilität, Diktaturen und Revolutionen lösen sich ab, eigentlich hat sich das bis heute nicht grundlegend geändert, ebenso wie die extrem ungleiche Verteilung des Eigentums. Die Kirche war in einigen Ländern zwar Opfer von Revolution und Enteignung, wie in Mexiko oder Kuba. Aber da, wo sich die Gelegenheit bot, sympathisierte die kirchliche Führung, die Prälaten und die Geistlichen aus den gehobenen Schichten, häufig mit Diktatoren und Militärs. Eine Kritik an den brutalen Methoden der Machtausübung und die Ausbeutung der armen Bevölkerung erfolgte von dieser Seite nicht.

Und es blieb nicht bei der Sympathie. Ein krasses Beispiel, das aber vielleicht nur die Spitze des Eisbergs zeigt, ist der Fall eines Priesters, der als Widergänger der alten Inquisition erscheint.

In Argentinien wurde erstmals ein Priester wegen seiner Teilnahme an Verbrechen der Militärjunta zwischen 1976 und 1983 verurteilt. Als Polizeikaplan war er damals auch zuständig für die Seelsorge in den Polizeigefängnissen. Er nutzte das Vertrauen vieler Häftlinge aus und gab Informationen unverzüglich an die Polizei und die Militärs weiter. Im Kampf gegen die marxistische Guerillabewegung schien ihm jedes Mittel recht. Nachgewiesen wurde ihm die Beteiligung an sieben Morden, 31 Folterungen und 42 Entführungen. Gerade die Entführungen, die meist mit der Ermordung des Opfers endeten, waren besonders perfide, ließ man doch die Angehörigen über das Schicksal der Verschleppten im Unklaren. Erst nach Ende der von den Generälen Videla und Viola geführten Militärdiktatur wurden grauenhafte Einzelheiten bekannt. So wurden viele Opfer mit dem Hubschrauber auf offene See geflogen und den Haien vorgeworfen, über 30 000 Menschen fielen dem Staatsterror zum Opfer.

Öffentliche Proteste waren lebensgefährlich. Dennoch organisierten die Mütter vieler »Verschwundener« einen wöchentlichen Schweigemarsch auf dem Hauptplatz von Buenos Aires – daher ihre Benennung als »Madres de la Plaza de Mayo«. Die Vorsitzende dieser Vereinigung, Tati Almeyda, begrüßte das Urteil, das erst über 30 Jahre nach dem Verschwinden ihres eigenen Sohnes erging. »Die katholische Kirche war eine Komplizin«, sagte sie und verwies damit auf die aktive Verdunkelung der Straftaten des Priesters durch die Kirche. Nach dem Ende der Diktatur »verschwand« auch der Polizeikaplan. Es stellte sich heraus, dass er von seinem Bischof in eine abgelegene Gemeinde versetzt worden war. Nachdem dort die Gefahr einer Entdeckung wuchs, wurde er mit neuen Papieren ausgestattet und ging unter falschem Namen nach Chile, wo er als Gemeindepfarrer eingesetzt wurde. Erst vor wenigen Jahren machte ihn ein Journalist ausfindig und es konnte dem Geistlichen in Argentinien der Prozess gemacht werden. Das Urteil lautete auf lebenslänglich.

Die argentinische Kirche hat die Ermittlungen gegen den Priester wie auch gegen andere Militär- und Polizeikapläne nicht unterstützt, und viele Prälaten halten ihn für das Opfer eines von marxistischen Kräften angezettelten Justizskandals. Nicht einmal die traurige Tatsache, dass die argentinischen Generäle auch dreißig Priester ermorden ließen, die sich gegen ihre Herrschaft gestellt hatten, stellte für die Kirche in Argentinien einen ausreichenden Grund dar, sich von der Junta eindeutig zu distanzieren. Es soll Gras über vieles wachsen, über Verstrickungen zwischen Kirche und argentinischer Oberschicht, die bis in die Zeit des Diktators Perón zurückreichen. Kardinal Jorge Mario Bergoglio, der seit 1998 Erzbischof von Buenos Aires und damit das Oberhaupt der Kirche von Argentinien ist, will an diese Dinge nicht rühren. Der Jesuit steht der geistlichen Bewegung Comunione e Liberazione (siehe Kapitel »Der fromme Klüngel«) nahe und nicht der Befreiungstheologie. Er hatte gute Chancen gehabt, 2005 zum Papst gewählt zu werden, aber es heißt, er habe sich zugunsten seines deutschen Kollegen Ratzinger zurückgezogen.

Die Anfänge der sogenannten Theologie der Befreiung liegen in den 1950er-Jahren. In Südamerika, und zuerst in den Großstädten Brasiliens, entstanden infolge der Landflucht der bettelarmen Landarbeiter riesige Slums, in denen nach wie vor hunderttausende von Menschen unter schlimmsten sozialen und hygienischen Bedingungen vegetieren. Es war der Erzbischof von Olinda und Recife, der 1999 verstorbene Dom Hélder Câmara, der sich dieser Armen annahm und lautstark für ihre Menschenrechte eintrat. Da es für die Seelsorge in den Slums nicht genug Geistliche gab, richtete er neue Priesterseminare ein, die direkt in die Armenviertel gebaut wurden. Câmara wollte Priester heranziehen, die die Armen aus ihrem traditionellen Fatalismus herausholen und sie stattdessen zur Verbesserung ihrer sozialen Situation anleiteten. Der Erzbischof erzielte Anerkennung für seine Bemühungen und gewann in großem Umfang Anhänger auch unter den südamerikanischen Bischöfen. Einer von ihnen, der 1973 zum Kardinal ernannte Paulo Evaristo Arns, hatte kurz nach seinem Amtsantritt als Erzbischof von São Paulo im Jahr 1970 den bischöflichen Palast verkauft und mit dem Geld Sozialstationen für Arme gebaut.

Während des Zweiten Vatikanischen Konzils hatte die südamerikanische Bewegung schon einigen Einfluss gewonnen und ihre Ideen in der Konstitution *Gaudium et Spes. Über die Kirche in der Welt von heute* (»Freude und Hoffnung«) eingebracht. Im Jahr des Aufbruchs 1968, auf der Sitzung des Rats der Lateinamerikanischen Bischöfe in Medellín, gelang den Reformkräften die Durchsetzung ihrer Anliegen. Die theoretische Fundierung dieser Bewegung legte der Dominikanerpater Gustavo Gutiérrez mit seinem Buch *Theologie der Befreiung* von 1972, das der neuen Richtung auch ihren Namen gab. Noch 1976 wurde ein weiterer Anhänger der Befreiungstheologie, Erzbischof Aloísio Lorscheider, zum Kardinal ernannt.

Aber die neue Bewegung radikalisierte sich. Schon nach der Konferenz von Medellín 1968 war ein militanter Flügel der Befreiungstheologie entstanden, deren Vertreter sozialistische Gruppen bildeten oder das Priesteramt verließen, um in die Politik oder gar in den bewaffneten Kampf zu gehen. Bekannte Namen sind Ernesto Cardenal, der Minister in der sandinistischen Regierung Nicaraguas wurde, oder Jean-Bertrand Aristide, der es 1990 sogar zum Präsidenten seines Heimatlandes Haiti brachte. Trotz dieser Entwicklung, die damals schon erkennbar war, nahm man die neue theologische Richtung in der Kirche ernst, und es wurden in den 1970er-Jahren noch viele Bischofs- und andere Kirchenämter an Männer vergeben, die sie vertraten. Der als »Erzbischof der Armen und Entrechteten« bekannte Kardinal Lorscheider war nach dem Tod von Papst Paul VI. im Jahr 1978 sogar ernsthaft als dessen Nachfolger im Gespräch.

Aber es kam alles anders. Das Blatt wendete sich mit der Wahl des Polen Karol Wojtyla zum Papst, der die nächsten fast 27 Jahre als Johannes Paul II. amtieren sollte. Er war bisher kein Teilnehmer an den römischen Kabalen gewesen, das hatte sein Gutes. Aber es gelang den innerkirchlichen Gegnern der Befreiungstheologie schnell, den Papst auf ihre Seite zu ziehen. Politische Mitverantwortung der Kirche war in Polen zur Zeit der kommunistischen Herrschaft nicht möglich gewesen, und das hatte Johannes Paul II. in seiner Überzeugung bestärkt, dass der Kommunismus der Hauptgegner des Christentums war.

Endlich sah das konservative Lager die Chance gekommen, der Entwicklung in Südamerika eine andere Richtung zu geben. Seine Vertreter behaupteten, die Befreiungstheologie stifte die Menschen nur zu gewalttätiger Verbesserung ihrer irdischen Lage an, statt sich um ihr Seelenheil zu kümmern. Sie sei eine gottlose Lehre, die dem Kommunismus Vorschub leiste. Revolution und Glaubensabfall wurden als unmittelbar drohende Gefahr an die Wand gemalt. Nun, so deutlich haben die Theologen das natürlich nicht gesagt, sie sind ja geübt in wolkiger Ausdrucksweise.

Aber die Tendenz war klar. Freilich wussten sie auch, dass es mit Worten allein nicht getan war: Die Strukturen, deren sich die Befreiungstheologen bedienten, mussten zerschlagen werden. Dazu strukturierte der Papst die Päpstliche Kommission für Lateinamerika um, sodass diese für die Verteilung von Geldmitteln wichtige Institution vollständig von der römischen Kurie beherrscht wurde. Missliebige Bischöfe wurden in ihrer Tätigkeit beschränkt, bei anderen wartete man das Ende ihrer Amtszeit ab, um sie durch konservative Kandidaten zu ersetzen. Kardinal Lorscheider verlor die Position als Vorsitzender der Lateinamerikanischen Bischofskonferenz, 1995 wurde er von seinem Erzbistum Fortaleza mit gut 2,4 Millionen Gläubigen versetzt nach Aparecida mit nur 84 000. Nachfolger von Hélder Câmara als Erzbischof von Recife wurde der ultrakonservative José Cardoso Sobrinho, der lange Jahre in Rom als Kirchenjurist gedient hatte. In Europa sollte er 2009 bekannt werden, als er die Eltern eines vergewaltigten neunjährigen Mädchens exkommunizierte, weil sie einer Abtreibung zugestimmt hatten. Die Tochter war in großer Gefahr gewesen, die Schwangerschaft nicht zu überleben. Cardoso Sobrinhos Vorgehen verdeutlicht auf extreme Weise die von der neuen beziehungsweise wiedererstarkten konservativen Richtung vertretene Position: Es geht darum, die Seelen zu retten, nicht die Menschen.

Kardinal Arns von São Paulo beschnitt man den Wirkungskreis, indem sein Erzbistum aufgeteilt und damit die Hälfte der bisherigen Diözese anderen, natürlich konservativen Bischöfen überantwortet wurde. Zu seinem Nachfolger wurde schließlich 1998 Cláudio Hummes bestellt. Die neuen Führungsmänner der südamerikanischen Diözesen sorgten dafür, dass die Befreiungstheologie aus den Priesterseminaren verschwand. Prominente Wissenschaftler, wie der aus Köln stammende Paulo Suess, wurden vom Lehramt entfernt, kritische Seminare ganz geschlossen und durch Neugründungen ersetzt, wobei konservative Orden für die Leitung dieser neuen Seminare zum Zuge kamen. Hummes, seit 2001 ins Kardinalskollegium aufgenommen, wurde übrigens 2006 vom Papst nach Rom gerufen, um der Kirche als Präfekt für die Kongregation für den Klerus zu dienen, eine Position, die enormen Einfluss auf Personalfragen mit sich bringt. Der brasilianische Kardinal folgte damit auf den altersbedingt in den Ruhestand versetzten, noch konservativeren Darío Castrillón Hoyos aus Kolumbien.

In Rom ist der Einfluss konservativer Prälaten aus Lateinamerika in den letzten Jahrzehnten stark gewachsen. Damit kommt der zahlenmäßige Anteil der dortigen Katholiken zum Ausdruck, etwa 483 Millionen Gläubige leben in Mittel- und Südamerika, das sind gut 40 Prozent aller Kirchenmitglieder. Nimmt man noch die Katholiken der ehemaligen Mutterländer Spanien und Portugal sowie die kulturell stark von ihnen geprägten früheren Kolonien, wie die Philippinen oder Angola, dazu, außerdem die Hispanics in den USA, so kommt man heute auf über 55 Prozent der Katholiken weltweit, die von lateinamerikanischer, spanischer oder portugiesischer Kultur geprägt sind. Es ist deshalb klar, dass die entscheidenden Auseinandersetzungen, die das Sein der Kirche in der Zukunft prägen werden, in diesem Kulturkreis stattfinden und nicht in Europa. Die Weichenstellungen am Ende des 15. Jahrhunderts, an denen der Renaissancepapst Alexander VI. entscheidenden Anteil hatte, haben sich für die Kirche ausgezahlt. Es wird sich zeigen, wie sie mit den Hypotheken umgeht, mit denen das Erbe des Borgia-Papstes belastet ist. Wenn es der römischen Kirche nicht gelingt, in Lateinamerika die Gegensätze zwischen Kolonisierten und Kolonisatoren, zwischen Superreichen und Ultraarmen glaubhaft zu überwinden, wird sie scheitern. Eine Komplizenschaft konservativer Kirchenoberer in Rom und in den Metropolen Südamerikas zur Sicherung der eigenen Machtpositionen – nach der es im Moment aussieht – führt in den Untergang.

SKLAVEN, GOLD UND KAUTSCHUK – DER PREIS FÜR DAS CHRISTENTUM

Der andere große Kontinent, der sich den Europäern und damit der Kirche zu Ende des 15. Jahrhunderts öffnete, oder besser: geöffnet wurde, war Afrika. Die Spanier waren im Wettlauf der europäischen Mächte erst als Zweite gestartet, die Nase vorn hatten ihre direkten Nachbarn, die Portugiesen. Und deren erstes Ziel war Afrika, genauer gesagt, das unbekannte Afrika südlich der Sahara. Das Kap Bojador, im Mittelalter auch als »Kap des Schreckens« bekannt, weil es mit damaliger Seefahrtskunst nicht bezwungen werden konnte, galt damals als Ende der Welt. Erst die portugiesischen Seeleute hatten es Mitte des 15. Jahrhunderts geschafft, mit den neu entwickelten großen Karavellen Sturm und Wellen zu trotzen, und sie waren die Einzigen, die wussten, wie es von dort aus weiterging – und natürlich hofften sie auf Gewinn. Also ließ sich der portugiesische König schon 1455 sehr weitblickend von Papst Nikolaus V. ein Patent ausstellen: die Bulle *Romanus Pontifex*. Sie besagte, dass alles Land hinter dem damaligen »Ende der Welt«, das im heutigen Staatsgebiet von Westsahara liegt, den Portugiesen gehörte. Ausdrücklich war ihnen gestattet, alle Heiden zu versklaven.

Die Portugiesen tasteten sich langsam entlang der afrikanischen Küste nach Süden vor, auch sie hofften, einen Seeweg nach Indien zu finden. 1483 erreichte eine Karavelle, der größte Schiffstyp der Zeit, ausgerüstet mit bis zu 60 Mann Besatzung und leichter Artillerie, die Mündung des Kongostromes. Die gewaltige Trichtermündung und die Breite des Stroms ließ die Seeleute glauben, dass hier der Weg entlangführen müsse. Sie folgten dem Strom weit ins Land durch unbekannte, tropische Urwälder, stießen aber nicht auf Indien, sondern auf ein gut organisiertes Königreich, das über

Sklaven und Gold verfügte und am Handel damit interessiert war. Den Herrscher hatten die Portugiesen beeindruckt, weil sie ihm gleich mit ihren Feuerwaffen im Kampf gegen seine Feinde geholfen hatten. 1491 ließ sich der König taufen und nannte sich seitdem João I, denn er wollte heißen wie der portugiesische König. Als er 1509 starb, musste sein Sohn Afonso I. Nzinga Mbemba, der als Nachfolger vorgesehen war, die Herrschaft erst mit seinem Bruder ausfechten. Afonso war zu einem frommen Katholiken erzogen worden, der Bruder blieb dagegen ungetauft. Der Fromme gewann die Schlacht, er war von den Portugiesen besser ausgerüstet worden, nämlich mit Feuerwaffen. Und zusätzlich, so berichtet es die Legende, habe er Hilfe von ganz oben erhalten: Der heilige Jakobus, früher als Maurentöter geschätzt, sei mit einer Reiterarmee am Himmel erschienen. In panischem Entsetzen sei die Armee des heidnischen Bruders geflohen.

Für so viel himmlischen Beistand war der fromme König dankbar und tat in seiner langen Regierungszeit alles, was das Wirken der katholischen Missionare unterstützte. Es wurden die ersten Kirchen gebaut, das Christentum zur Staatsreligion erklärt. Dies hatte auch zur Folge, dass die Untertanen des Königs ihre Steuern alljährlich am Sankt-Jakobus-Tag, am 25. Juli, abliefern mussten. Ein Sohn des Königs, Prinz Henrique Kinu a Mbemba wurde erster Bischof im Kongo-Reich, das Teile der beiden heutigen Kongo-Republiken sowie Angolas umfasste, allerdings erhielt er kein neu errichtetes Bistum, sondern war nur Weihbischof ohne eigenes Territorium. Er starb übrigens 1531, als er gerade eine Reise nach Europa unternehmen wollte.

Sein Vater, König Afonso I., musste erkennen, dass er sich hinsichtlich seines Status getäuscht hatte – war er doch der Meinung gewesen, als getaufter, christlicher Herrscher sei er dem portugiesischen König rangmäßig gleichgestellt. Mehrfach schickte er ungehaltene Briefe nach Lissabon, in denen er sich über portugiesische Händler beschwerte, die seine Untertanen in die Sklaverei führten, ohne dass er in dieser Sache gefragt worden wäre. Es hatte den König von Kongo eben niemand davon unterrichtet, dass auch sein Land den Portugiesen geschenkt worden war und die europäischen Herren mit päpstlicher Lizenz auf Sklavenjagd gehen durften. Da konnte Afonso Protestbriefe schreiben, so viel er wollte.

Für die Portugiesen stellte es zudem einen glücklichen Umstand dar, dass der Königssohn und Weihbischof Henrique sein europäisches Reiseziel nie erreichte. Denn dort wäre er womöglich darüber aufgeklärt worden, warum es bei ihm nur zum Weihbischof ohne eigenes Bistum gereicht hatte. Ein zweites päpstliches Privileg sprach dagegen. Nikolaus' V. Nachfolger, der Spanier Kalixt III. (1455–1458), hatte 1456 in der Bulle *Inter cetera* die geistliche Gewalt über die neuen portugiesischen Gebiete in Afrika dem Christusorden übertragen. Der Christusorden war eine Nachfolgeorganisation des portugiesischen Zweiges der Tempelritter und stand in militärischer Hinsicht im Dienst des Königs von Portugal. Einen starken Aufschwung nahm die Gemeinschaft, als seine Ritter 1496 vom Papst vom Zölibat befreit wurden, und erst recht, als 1505 auch die Pflicht zur Armut für die einzelnen Mitglieder entfiel. Als Orden insgesamt hatten die Christusritter schon früher ausgesorgt, seit ihnen nach 1457 ein Zwanzigstel der Einkünfte aus dem Guineahandel zugesprochen wurde. Guineahandel, das hieß Handel mit Sklaven und Gold. Der Prior, der geistliche Leiter der Christusritter, besaß aufgrund der päpstlichen Bulle von 1456 in ganz Schwarzafrika und bis nach Indien die volle bischöfliche Gewalt, konnte alle Geistlichen ernennen und über alle kirchlichen Einkünfte verfügen. Die guten Geschäfte der Christusritter sollten durch die Einflussnahme von Geistlichen, die im Land selbst verwurzelt waren, nicht gestört werden. Grund genug, Prinz Henrique nur Weihbischof werden zu lassen, ohne rechtlichen Einfluss auf die kirchliche Hierarchie.

Das Reich der Könige von Kongo zerfiel, und die Portugiesen wie auch andere Europäer verzichteten auf ein Vordringen in das afrikanische Binnenland, sondern blieben in Handelsstationen an der Küste. Der Einfluss der Kirche dort war gering, denn zum einen waren die Händler, Seeleute und Soldaten in den kleinen Küstensiedlungen eher selten fromme Menschen, und dann gewannen mit den vordringenden Briten und Niederländern auch deren protestantische Konfessionen an Boden. Anders als in Südamerika hatte die Kirche in Afrika schon früh Konkurrenz bekommen. Aber gerade im Kongo erhielt die Kirche eine zweite Chance.

Als Afrika schon fast verteilt war, gelang Leopold II., dem König der Belgier, auf Bismarcks Kongokonferenz in Berlin 1885 ein Schnäppchen. Das riesige Gebiet des Kongo wurde einer Gesellschaft übergeben, die sich im Privatbesitz des Königs befand. Leopold brauchte Arbeiter, die Kautschuk sammelten, und Soldaten, die die Disziplin aufrechterhielten. Nachdem auf der Kongokonferenz 1885 auch das endgültige Verbot des Sklavenhandels vereinbart worden war, ließ der König für die freigelassenen Sklaven »Schulkolonien« gründen und stellte diese unter die Leitung eines belgischen Missionsordens, der Kongregation vom Unbefleckten Herzen Mariens. Der Ordensgeneral Jeroom van Aertselaer übernahm diese Aufgabe gern, wollte er doch an den Schwarzen Gutes tun. Denn sie seien nicht in der Lage, sich »ihrer Feinde, ihrer selbst und ihrer verdorbenen Instinkte [zu] erwehren« und müssten erst zur Arbeit, zur Würde, zu tauglichen Familienvätern, Bürgern und Christen erzogen werden, ehe man sie wirklich in die Freiheit entlassen könne.

In den Schulkolonien waren jeweils mehrere hundert Jugendliche kaserniert, die von Unteroffizieren und Ordensgeistlichen gedrillt wurden. Früh um halb sechs wurde mit einem Trompetenruf geweckt, dann ging es zum Beten, Exerzieren, Gebet, Ausbildung, Gebet, Körperpflege, Arbeit bis abends um halb neun, dann zur Nachtruhe, natürlich auch erst nach dem Beten. Jeder Verstoß gegen die Disziplin wurde streng bestraft, anfangs mit Arrest, später auch mit körperlichen Züchtigungen. Besonders schlimm trieb es ein junger Ordensmann, Dominique Moretus, der am damaligen Verwaltungssitz der Kolonie in Boma tätig war. Nachdem sich tatsächlich Schüler bei der Kolonialverwaltung über den Pater beschwert hatten, weil er sie verbotenerweise mit Peitschenschlägen traktiert hatte, erließ die Kolonialgesellschaft im Jahr 1900 eine neue Regel bezüglich der Strafen. Die Ordensleute durften jetzt Strafarbeiten vergeben, Arrest bis zu 48 Stunden verhängen, die Delinquenten bis zu einem Tag in Handschellen und bis zu sechs Tagen in Ketten legen. Der Einsatz der Peitsche wurde ausdrücklich erlaubt, bis zu zehn Schläge für Jugendliche unter 16 Jahren und für ältere bis zu 20 Schläge.

Auch sexueller Missbrauch der Jugendlichen sowie Kinderprostitution waren an der Tagesordnung. Angehörige des Wachpersonals und »Kunden« von außerhalb der Schulkolonien beuteten die Schüler aus. Pater Moretus wollte die sexuellen Verfehlungen, als deren Ursache er die Zügellosigkeit seiner Schützlinge ausmachte, mit einem Schreckensregiment ausmerzen. Er ließ die Schulkolonie von der Polizei bewachen und verhörte die Schüler unter Anwendung von Foltermethoden, bis sie ihre »Verfehlungen« gestanden. Im Januar 1906 lagen 48 Schüler aufgrund solcher pädagogischen Maßnahmen im Hospital. Dennoch beantragte der Pater bei der Kolonialverwaltung sogar noch die Erweiterung seines Strafrahmens. Jetzt war für seine Vorgesetzten allerdings das Maß voll und sie benutzten dies als Anlass, Moretus zu versetzen. Denn durch die drastische Bestrafungsaktion und ihre aufsehenerregenden Folgen drohte auch ruchbar zu werden, dass in den Schulkolonien sexueller Missbrauch und Prostitution vorkamen. Pater Moretus verließ Boma im Februar 1906 und ging zunächst nach Léopoldville (heute Kinshasa) und dann nach Umangi, wo er nicht direkt unter den Augen der Kolonialverwaltung und damit diskreter für Sitte und Moral sorgen konnte. Die Methode der Ordensleitung, mit dem sadistischen Pater umzugehen und sich um die Opfer seiner Taten nicht zu kümmern, kommt einem heute noch sehr vertraut vor.

Freilich waren die Verhältnisse in den christlichen Schulkolonien in Belgisch-Kongo noch paradiesisch im Vergleich zu dem, was viele Kongolesen erlitten, die in »Freiheit« lebten. Ein Hauptprodukt der königlichen Kolonie war Kautschuk, den Leopolds Untertanen – eigentlich eher Privatsklaven des Königs – sammeln mussten. Die Miliz beaufsichtigte sie und organisierte das Einsammeln des Rohgummis mit unvorstellbarer Grausamkeit. Wer nicht genug Kautschuk ablieferte, dem wurden die Hände abgehackt. Die abgehackten Hände zeigten die Soldaten als Nachweis ihrer Tätigkeit in ihren Dienststellen vor. Sie wurden körbeweise eingesammelt. Damit die Soldaten die teure Munition nicht zur Jagd nutzten, hatten sie ihre verschossene Munition abzurechnen – und pro Patrone einen Eingeborenenschädel vorzuzeigen als Nachweis für deren korrekte Verwendung. Auch die Schädel wurden in Körben gesammelt.

Dieses Schreckensregime dauerte bis in die Zeit vor dem Ersten Weltkrieg, die Zahl der Opfer wird auf bis zu zehn Millionen Menschen geschätzt. Den Missionaren vom Unbefleckten Herzen Mariens wie auch denen anderer Orden muss der Vorwurf gemacht werden, die koloniale Obrigkeit und den belgischen König unkritisch und aktiv bei ihrer bestialischen Kolonialpolitik unterstützt zu haben. Die heutigen Ordensmitglieder, es sind über tausend, sind natürlich an diesen schrecklichen Vorgängen vor hundert und mehr Jahren nicht persönlich schuld. Aber es macht nachdenklich, wenn auf der aktuellen Homepage sehr ausführlich die Zeit der Chinamission dargestellt wird, aber kein Wort das entsetzliche und tieftraurige Kapitel der Schulkolonien im Kongo erwähnt. Alles vergeben und vergessen?

Die Kultur der Gewalt, die die europäischen Kolonialmächte in Afrika formten, hatte leider Auswirkungen bis in die jüngste Vergangenheit. 1994 wurde die Welt von den grauenhaften Nachrichten über die Massaker in Ruanda erschüttert. Militante Mitglieder der Bevölkerungsgruppe der Hutus massakrierten innerhalb von 100 Tagen Angehörige der Tutsis, den Gemetzeln fielen 800 000 Menschen zum Opfer. Angehörige des katholischen Klerus und Ordensleute, Männer wie Frauen, beteiligten sich aktiv an den Gräueln.

Die Kirche hatte – betrachtet man den geschichtlichen Hintergrund – ebenso wie die ehemaligen Kolonialmächte einen Anteil an der Entstehung des Konflikts. Die Kolonialherren im heutigen Ruanda, zunächst die Deutschen, ab 1919 die Belgier, stützten sich zunächst aus rassistischen Erwägungen auf die Gruppe der Tutsis, die von höherem Wuchs waren als die Hutus. Nach 1945 änderte sich der Kurs abrupt, jetzt wurden die Hutus gefördert, für sie wurden Schulen gebaut, und bald gab es erste Priester, die Hutus waren. Die Mission wurde vor allem vom Orden der Weißen Väter getragen. Die jetzt zurückgesetzte Gruppe der Tutsis wehrte sich und es kam zu Unruhen, die zwar unterdrückt, deren wirkliche Hintergründe aber nie beseitigt wurden. Der Gewaltausbruch im Jahr 1994 besitzt also eine lange Vorgeschichte.

Als nun die Hutus die Tutsis mit Schusswaffen und Macheten jagten, flüchteten sich viele Tutsis, zehntausende sollen es gewesen sein, in Kirchen und hofften auf Schutz. Viele Priester halfen, nur gab es auch viele, die ihre Identität als Hutus und den Hass auf die Tutsis höher hielten als ihre christliche Religion und Schutzsuchende den Hutu-Banden preisgaben. Eine Nonne, die als Krankenschwester tätig war, lieferte Tutsi-Patienten dem wütenden Mob aus und warf ein Tutsi-Baby in die Latrine, sie wurde zu 30 Jahren Haft verurteilt.

Die Weißen Väter schafften eilig Ordensmitglieder, denen nach den Massakern die Verfolgung drohte, aus dem Land, so wurden 28 Priester und vier Nonnen vor einem Gerichtsverfahren in Ruanda bewahrt. Ein Pater dirigierte die Milizen zu den von ihnen gesuchten Personen, so berichtete ein Augenzeuge. Nach den Massakern floh er nach Frankreich, wo ihm der Prozess gemacht werden sollte. Die für seine Verteidigung anfallenden Spesen übernahm die französische Kirche. Das Gericht erklärte sich für örtlich unzuständig und schlug die Sache nieder. Erst 2006 wurde der Pater von einem ruandischen Militärgericht wegen Vergewaltigung und Verbrechen gegen die Menschlichkeit in Abwesenheit verurteilt. Frankreichs Justiz verweigerte die Auslieferung und erklärte 2008, die Anklage zu prüfen.

Papst Johannes Paul II. hatte schon 1996 öffentlich erklärt, die Kirche trage für das Massaker in Ruanda keine Verantwortung. So einfach, wie das klingt, scheint es aber doch nicht zu sein. Ein wahrhaftiger Umgang mit der Missionsgeschichte in Afrika käme zu einem differenzierteren Urteil. Aber ein solcher steht nach wie vor aus.

4. DAS 6. GEBOT – KIRCHEN-MÄNNER AUF ABWEGEN

»Es ist eine große Krise: Niemand sollte versuchen, sie herunterzureden. Sie ist meiner Ansicht nach besonders schwer, weil Priester eigentlich gute Hirten sein sollten – und sie werden zum genauen Gegenteil, wenn sie Kinder missbrauchen und ihre Unschuld verletzen. Der Ausbruch dieser Krise hat die meisten von uns wohl überrascht; ein Bischof sagte mir: ›Das ist eigentlich nicht der Verein, dem ich beigetreten bin …‹«, so fasste Kardinal William Joseph Levada am 28. April 2010 ein Desaster in Worte, das die Kirche heute erlebt.

Kardinal Levada ist Präfekt der Kongregation für die Glaubenslehre, der früheren Heiligen Inquisition, und damit auch zuständig für die Beurteilung bestimmter »schwerer Verbrechen« von Geistlichen, zu denen der sexuelle Missbrauch an Kindern gehört. Er übernahm dieses Amt 2005, als sein Vorgänger Kardinal Ratzinger zum Papst gewählt worden war. Der US-Amerikaner Levada war zwischen 1982 und 2000 in mehreren Diözesen der Vereinigten Staaten als Bischof tätig gewesen. Das Überraschende an dem zitierten Statement des Kardinals liegt in der Behauptung, vom Ausbruch der Krise überrascht zu sein. Denn in den USA nahm sie ihren Anfang, wurde spätestens Anfang der 1980er-Jahre öffentlich und ist seither aufgrund ihrer moralischen und finanziellen Auswirkungen auf die US-amerikanischen Bistümer ein Dauerthema. Konnte der Kardinal wirklich annehmen, dass die Verhältnisse außerhalb der Vereinigten Staaten grundsätzlich anders seien?

VERTUSCHEN, VERSCHWEIGEN, VERDRÄNGEN

Für die Situation, die in den katholischen Bistümern der USA herrschte, ist der Fall von Kaplan Gauthe exemplarisch. In Lafayette, Hauptstadt des Staates Louisiana und Sitz eines kleinen katholischen Bistums mit gut 300000 Gläubigen, wurde 1972 der 28-jährige Gilbert Gauthe zum Priester geweiht. Der junge Kaplan fiel schon in seiner ersten Stelle unangenehm auf, weil er Ministranten sexuell belästigte. Zudem fanden es mehrere Ordensfrauen, die in der Pfarrei vom Heiligsten Herzen Jesu in der Kleinstadt Broussard tätig waren, seltsam, dass der Geistliche öfter kleine Jungen über Nacht mit in seine Wohnung nahm. Diese Geschichte wurde nicht weiter verfolgt, denn Kaplan Gauthe wurde versetzt nach New Iberia, eine etwas größere Kleinstadt mit eher armer Bevölkerung – ein relativ hoher Teil lebt unter der Armutsgrenze –, um dort in der Pfarrei Unsere Liebe Frau von der ewigen Hilfe zu arbeiten. 1974 wurde er dort mit einem jungen Mann in flagranti erwischt, woraufhin er von seinem Bischof ermahnt wurde. Gleichwohl ernannte dieser Gauthe 1975 zum Seelsorger der – ausgerechnet – Pfadfindergruppe des Bistums. Sechs Jungen, so wurde später bekannt, fielen dem sexuellen Missbrauch durch Gauthe zum Opfer.

In der nächsten Pfarrei, in der Gauthe von 1976 bis 1977 wirkte, St. Mary Magdalen in Abbeville, beschwerten sich Eltern beim Pfarrer über den Vikar, weil er ihre Jungen über das Gesicht geleckt hatte. Der Pfarrer gab die Information an den Generalvikar der Diözese weiter, der zwar eine psychiatrische Behandlung von Gauthe veranlasste, ihn aber nicht als Priester suspendierte. Gauthe wurde erneut versetzt und erhielt die Stelle als Pfarrer von St. John in Erath, einem Nest nahe der Küste des Golfs von Mexiko. Offenbar hoffte der Generalvikar, Gauthe könne in der winzigen Gemeinde mit nur 1000 Katholiken kein Unheil stiften. Aber der neue Pfarrer holte sich aus seinem alten Wohnort eine Gruppe von Jungen, die aus schwierigen sozialen Verhältnissen stammten, und ließ sie in seinem Pfarrhaus wohnen. Diesbezügliche Beschwerden von Gemeindemitgliedern beim Bischof verhallten ohne Resonanz.

Auch die Kinder aus der eigenen Pfarrei verschonte Gauthe nicht. 37 Opfer waren es in den sechs Jahren bis 1983, die teilweise vergewaltigt und anal penetriert wurden. Erst jetzt zeigte ein Vater den Pfarrer an, weil dieser seine Söhne sexuell belästigt hatte. Jetzt setzte der zuständige Bischof den Pfarrer ab und verbannte ihn in ein kirchliches Heim. Es kam zu einer Reihe von Zivil- und Strafprozessen, Gilbert Gauthe wurde 1985 zu 20 Jahren Haft verurteilt. Das war das erste Mal, dass ein Priester in den Vereinigten Staaten wegen sexuellen Missbrauchs Minderjähriger angeklagt und verurteilt wurde. Ebenfalls zum ersten Mal wurde ein Bistum deshalb zu einer erheblichen Schadensersatzzahlung verurteilt, 10 Millionen Dollar musste die Diözese an die Opfer bezahlen.

Im Rahmen der Ermittlungen in diesem Fall waren der Kirche die Fälle weiterer Priester bekannt geworden, die wegen sexuellen Missbrauchs von Kindern straffällig geworden waren. Der Dominikanerpater Thomas Doyle, in der Nuntiatur in Washington, der diplomatischen Vertretung des Papstes in den USA, tätig, hatte dienstlich von dem Fall erfahren und bildete mit dem Strafverteidiger von Pfarrer Gauthe und einem psychiatrisch geschulten Priester eine kleine Kommission, um die Ausbreitung von sexuellem Missbrauch von Kindern durch Priester, ihre Folgen und mögliche Gegenmaßnahmen zu untersuchen.

Im Jahr 1985 ging ein fast hundertseitiger Bericht an die Bischöfe in den USA. In der Bischofskonferenz wurde das Dokument kurz diskutiert, dann passierte nichts weiter. Offenbar hatten die zentralen Aussagen von Pater Doyle die Bischöfe so erschreckt, dass man es vermied, sich näher mit dem Thema zu befassen. Denn Doyle war zu dem Ergebnis gekommen, es müsse von einer geschätzten Größenordnung von 1000 pädophilen Priestern in den USA ausgegangen werden. Das finanzielle Risiko für die Heimatdiözesen dieser Priester schätzte der Dominikanerpater auf etwa eine Milliarde Dollar. Wir wissen heute, dass die bisher gezahlten Entschädigungsleistungen die Grenze von einer Milliarde Dollar längst weit überschritten haben. Freilich ist man hinterher immer klüger. Trotzdem hätte den US-amerikanischen Bischöfen schon 1985 klar sein müssen, dass eine Vogel-Strauß-Taktik nicht weiterhelfen würde. Noch schöner wäre natürlich gewesen, wenn sich die Bischöfe aus christlicher Verantwortung für die Opfer ihrer Priester zum schnellen Handeln entschlossen hätten.

Unter den Anwesenden bei dieser Konferenz war ein Bischof, der wegen vieler Frauengeschichten und weil er das Problem pädophiler Priester beharrlich ignorierte zurücktreten musste, ein anderer zahlte seinem früheren Geliebten 450 000 Dollar Schweigegeld aus der Bistumskasse und verlor deshalb 2002 sein Amt, ein dritter sollte als erster Bischof in den USA öffentlich des sexuellen Missbrauchs von Minderjährigen beschuldigt werden. Festzustellen ist, dass keiner der vielen Bischöfe aus den Vereinigten Staaten – ob konservativ oder liberal, ob selbst von sexuellen Anfechtungen betroffen oder im Einklang mit der Lehre ihrer Kirche lebend – es für notwendig befand, das Problem des sexuellen Missbrauchs von Kindern durch Geistliche ernst zu nehmen und diesem Missbrauch gegenzusteuern. Das Schicksal der Opfer ließ sie unbeeindruckt.

Zunächst schien die Strategie des Wegsehens, des Schweigens und Vertuschens erfolgreich zu sein. In den folgenden Jahren kam es hier und da zur Verurteilung eines Priesters und gelegentlich musste ein Bistum Schadensersatz leisten. Die Öffentlichkeit nahm davon kaum Notiz. Dennoch wurden neue schwerwiegende Fälle bekannt, die Anlass zu tieferen Untersuchungen gaben. In Kalifornien wurde 1993 eine Kommission eingesetzt, die Vorwürfe des sexuellen Missbrauchs von Zöglingen der Seminarschule des Franziskanerordens in Santa Barbara prüfen sollte. Ein Pater war 1989 angeklagt und verurteilt worden, aber es gab noch mehrere ungeklärte Verdachtsfälle, die die Kommission beurteilen sollte. Im November 1993 erhielt der damalige Provinzobere der Franziskaner, Pater Joseph P. Chinnici, Post von der Kommission. Auf 77 Seiten wurde ein Skandal aufgerollt, der alles, was bisher in der Kirche der USA über sexuellen Missbrauch von Kindern bekanntgeworden war, in den Schatten stellte.

Der Bericht stellte fest, es sei zwar nur ein kleiner Teil des Lehrpersonals darin verwickelt gewesen, dass aber »das Krebsübel in dieser Einrichtung existierte und seinen bösartigen Einfluss auf das Leben der Opfer und auch auf die Ordensprovinz der Franziskaner ausübte und noch weiter ausübt«. In Verdacht geraten waren zunächst zwei jüngere Franziskanerbrüder, der eine von ihnen hatte den Santa-Barbara-Knabenchor ins Leben gerufen und damit auch Zugang zu sehr jungen Chorsängern bekommen. Die Kommission schrieb alle 950 ehemaligen Schüler des Internats an und bat um Berichte über etwaige sexuelle Belästigungen. Es stellte sich heraus, dass die beiden in Verdacht geratenen Ordensbrüder keine Einzelfälle waren. Von den 44 Ordensleuten, die in einem Zeitraum von 23 Jahren an der Internatsschule wirkten, waren 11 zu Tätern an ihren Schülern geworden – jeder vierte Mönch in dieser Einrichtung ein Kinderschänder! 34 Opfer hatten sich gemeldet, viele von ihnen waren mehrfach missbraucht worden, manche waren auch mehreren Tätern zum Opfer gefallen.

Dem Franziskanerbruder, der es am ärgsten getrieben hatte, konnten 18 Opfer nachgewiesen werden. Das Spektrum der Missbrauchshandlungen reichte vom Herstellen von Nacktfotos, über sexuell motivierte Berührungen, Schläge auf das nackte Gesäß, Berühren der Genitalien, Masturbation bis zu Oral- und Analverkehr. Überall im Internat konnte sich der Missbrauch ereignen, in den Schlafsälen, in den Büros der Lehrer, auf der Krankenstation oder im Freigelände. Überall, wo die Schüler einzeln angetroffen werden konnten, mussten sie damit rechnen, Opfer ihrer pädokriminellen Lehrer zu werden. Etliche Schüler wurden mit der Drohung, sonst schlechte Schulnoten zu erhalten oder die Schule verlassen zu müssen, zum Mitmachen erpresst. Andere wurden mit kleinen Gefälligkeiten oder mit Geschenken von Zigaretten oder alkoholischen Getränken gefügig gemacht. Es kamen sogar regelrechte »Beziehungen« zwischen Lehrern und Schülern vor, die sich über eine längere Zeit erstreckten, in denen das »Paar« ständig gemeinsame Aktivitäten ausübte. In vielen Fällen motivierten die Ordensbrüder ihre Schüler zum Schweigen über die Vorfälle, indem sie ihnen Schuldgefühle einimpften. Dreiundzwanzig lange Jahre, in denen keiner etwas hörte, keiner etwas sah und keiner darüber sprach.

Zur Zeit der Untersuchung waren die Opfer zum Teil noch junge Männer im Studium, zum anderen Teil schon älter, viele waren verheiratet und hatten selbst Kinder. Die Auswirkungen des Missbrauchs auf ihr späteres Leben schätzten die Opfer unterschiedlich ein. Auffallend war jedoch, so der Bericht, dass die überwiegende Mehrzahl der Opfer der katholischen Kirche stark ablehnend gegenüberstand. Viele ehemalige Schüler berichteten, nicht gewusst zu haben, an wen sie sich hätten wenden sollen. Sie hatten das Gefühl, niemand würde ihnen glauben, erzählten sie jemandem von diesen, immerhin von einem Priester begangenen Taten. Andere Ex-Schüler berichteten über Probleme mit ihrer sexuellen Orientierung, sie glaubten, sie müssten homosexuell geworden sein.

Auch das Gefühl der Schwäche, des Sich-nicht-wehren-Könnens, nagte an vielen Opfern: »Wäre ich ein richtiger Mann gewesen, hätte ich mich wehren können«, drückte es ein früherer Schüler aus. Dies führte bei manchen zu übertrieben »männlichem« Verhalten, zu Gewalttätigkeiten, Ärger mit Behörden und Rebellion. In ihren Beziehungen zu Frauen empfanden viele Opfer die Schwierigkeit, Vertrauen aufzubauen, weil sie den erlebten Missbrauch unbewusst auf die Partnerin übertrugen. Und natürlich wurde auch die Sicht der Priesterrolle und der Kirche in der Regel irreparabel beschädigt. Mit Verwirrung und Furcht reagierten Opfer auch auf die Vorstellung, sie selbst könnten daran schuld sein, dass geweihte Priester so ihre Heiligkeit aufs Spiel setzten. Gerade für junge, gläubige Katholiken ist dieser Umstand oft der schwerste von allen: Der vom Kinderschänder hervorgerufene Vertrauensbruch betrifft nicht nur das Vertrauen zu einer konkreten Person, sondern zur Kirche insgesamt und damit auch zu Gott, der so etwas zulässt. Diese Spätfolgen zeigten sich bei den Opfern in unterschiedlichem Ausmaß, in Abhängigkeit von ihrer Persönlichkeit.

Dagegen war die Schwere der Spätfolgen nicht abhängig von der äußerlichen Schwere des Delikts selbst. Ob es sich »nur« um eine Berührung oder »nur« um ein Nacktfoto handelte oder ob ein erpresster Analverkehr das Delikt darstellte – der erlittene sexuelle Missbrauch konnte gleich schwere Wirkungen hervorbringen. Die Traumatisierung reichte bei etlichen Opfern so weit, dass sie Selbstmordgedanken hegten. In einem Fall hatte der betroffene Mann den Plan, sich umzubringen, schon fest gefasst, als der Brief der Untersuchungskommission ihn erreichte. Durch die damit begonnene Aufarbeitung seiner Geschichte schaffte er es, weiterleben zu wollen. Andere betroffene Schüler begannen Alkoholismus- und Drogenkarrieren wegen ihres negativen Selbstwertgefühls als Folge des erlittenen sexuellen Missbrauchs. Die Kommission stieß auch auf ein Phänomen, das sie als »Schwarze-Loch-Theorie« bezeichnete. Denn die früheren Opfer, die noch jünger als dreißig waren, schienen verhältnismäßig psychisch stabil und hatten offenbar den Missbrauch weitgehend verdrängt. Ältere Opfer fielen offenbar erst dann in ein »Schwarzes Loch«, als zufällige Ereignisse in ihrem Leben die Verdrängung durchbrachen und die erlittene Traumatisierung wieder zutage trat. Sofern die Eltern der traumatisierten Schüler in die Umstände des sexuellen Missbrauchs eingeweiht wurden, entwickelten sich bei ihnen ebenfalls lange Leidensgeschichten. Viele Eltern quälten Schuldgefühle, weil sie ihr Kind in die Internatsschule gesteckt oder weil sie ihr Flehen, die Schule wieder verlassen zu dürfen, schlicht ignorierten hatten. Auch das Vertrauen der Eltern in die Franziskanerpatres, die Schule und die Kirche war – meist unumkehrbar – zerstört.

Etliche kritische Punkte benannte der Kommissionsbericht, Probleme, die den sexuellen Missbrauch über eine so lange Zeit begünstigten. Eine Atmosphäre der Nicht-Kommunikation habe in der Klosterschule geherrscht, die das Verleugnen und das Wegsehen begünstigte. Dazu kam noch eine völlige Unkenntnis der Leitungsebene über die Ursachen und Erscheinungsformen von sexuellem Missbrauch an Minderjährigen. Wesentliche Normen und Regeln des Kirchenrechts über das Verhalten von Priestern waren ignoriert worden, Priester hatten die Wertschätzung ihrer Rolle ausgenutzt, um ihre Opfer zu isolieren, sie einzuschüchtern, zu verwirren und zu manipulieren, um ihre eigenen Machtansprüche und sexuellen Gelüste durchzusetzen und die Opfer ihrer Perversion zum Schweigen zu bringen. Niemand hatte den Schülern je gesagt, welches Verhalten sie von ihren Priestern und Lehrern erwarten dürften, und es gab keine vertrauenswürdige Person oder Stelle, bei der sich die Opfer hätten beschweren können. So konnten die Täter praktisch ohne das Risiko einer Entdeckung oder gar einer Strafe machen, was sie wollten.

Auch ganz schlichte praktische Regeln des täglichen Umganges zwischen Lehrern und Schülern wurden in der Klosterschule von Santa Barbara missachtet. Eigentlich hätte der Zutritt zu den

Privaträumen der Franziskaner für die Schüler tabu sein müssen. Aber die Täter holten sich die Schüler auch in ihre Zellen, Alkohol und Drogen wurden dort verabreicht, um die jungen Opfer gefügig zu machen. Manchmal übernachteten dort auch hausfremde Kinder. Es scheint, als wollte das niemand sehen. Es fiel offensichtlich niemandem ein, es für merkwürdig zu halten, wenn medizinisch völlig unkundige Ordensmänner anfingen, »medizinische« Untersuchungen am Körper und auch an den Genitalien der Schüler vorzunehmen. Auch an den von Lehrern »freundlich« verabreichten Ganzkörpermassagen nackter Schüler störte sich niemand. Die übliche Prügelstrafe könnte bei den Schülern das Gefühl gesteigert haben, den Ordensleuten ohnedies ausgeliefert zu sein und keine Rechte im Hinblick auf ihre körperliche Unversehrtheit zu haben. Dass in einer solchen Atmosphäre bald ältere Schüler, die zum Opfer ihrer Lehrer geworden waren, sich selbst jüngere Knaben suchten, um diese wiederum zu missbrauchen, nimmt nicht wunder. Die ganz jungen Zöglinge der Klosterschule waren das schwächste Glied, sie mussten nicht nur die Franziskanerpriester fürchten, auch die älteren Mitschüler waren eine ständige Bedrohung für sie.

Dreiundzwanzig Jahre lang hielt dieses Schreckenssystem. Die Internatsschule wurde 1987 geschlossen, aber nicht wegen der Missbräuche, sondern schlicht aus Geldmangel. Erst zwei Jahre später, 1989, hatte ein Opfer den Mut, seine Peiniger anzuzeigen. So lange hatte das Kartell des Schweigens gehalten. 34 Opfer sind bekannt geworden, sie hatten den Mut aufgebracht, sich zu outen. Damit gaben sie auch der Kirche in den USA eine zweite Chance, das Problem des sexuellen Missbrauchs von Kindern ernsthaft zu behandeln. Der Kommissionsbericht, den der Provinzial der Franziskaner im November des Jahres 1993 erhielt, erschöpfte sich nicht in der Beschreibung der Missstände und Verbrechen. Er enthielt fundierte Vorschläge, wie man zukünftig in kirchlichen Einrichtungen den sexuellen Missbrauch wenn nicht völlig verhindern, so zumindest erheblich erschweren und einschränken könnte. Es ist nicht bekannt, was Pater Joseph Chinnici mit dem Bericht gemacht hat oder wann er ihn wem zu lesen gab. Der Bericht wurde nicht geheimgehalten, die Kirchenpresse, der *National Catholic Reporter* berichtete schon im Dezember 1993 über wesentliche Inhalte der zugrunde liegenden Untersuchung. Dennoch schien in der Kirche der USA und auch weltweit erneut nichts zu geschehen, was dem dringenden Problem des sexuellen Missbrauchs von Kindern in kirchlichen Einrichtungen Einhalt gebieten könnte.

Der große Sturm brach über die Kirche der Vereinigten Staaten erst herein, als Reporter der Tageszeitung *The Boston Globe* 2001 begannen, über Strafprozesse gegen fünf Priester der Erzdiözese Boston zu berichten. Diese Priester hatten sich an insgesamt mehreren hundert Kindern vergangen, sie wurden alle zu Haftstrafen verurteilt. Besonders pikant war, dass einer von ihnen, Paul Shanley, als Aktivist von NAMBLA aufgetreten war, einer Organisation, die sexuelle Kontakte zwischen Männern und männlichen Jugendlichen förderte. Der zuständige Erzbischof musste zugeben, dass er die Priester bei Beschwerden einfach in eine andere Gemeinde versetzt hatte. Shanley zum Beispiel »verschwand« 1990 nach Kalifornien und wurde Pfarrer in einer dortigen Gemeinde. Gleichzeitig betrieb er zusammen mit einem anderen katholischen Priester eine Bed-&-Breakfast-Pension für Homosexuelle. Kardinal Law hatte dem zuständigen Bischof die speziellen Vorlieben seines Problem-Priesters verschwiegen. Dem Kardinal ist also – ähnlich wie vielen seiner Kollegen – vorzuwerfen, das Risiko, dass Paul Shanley erneut Opfer finden würde, die ihm als katholischem Priester besonderes Vertrauen schenkten, sehenden Auges in Kauf genommen zu haben, um – jedenfalls kurzfristig – das Ansehen der Kirche zu schützen.

Die fundierten Presseberichte, für die die Reporter von *Boston Globe* später den renommierten Pulitzer-Preis erhielten, schufen die Grundlage für eine sehr intensive Wahrnehmung des Skandals in der Öffentlichkeit. Überall meldeten sich jetzt neue Opfer, nicht nur in der Erzdiözese Boston, sondern im ganzen Land. Hunderte von Geistlichen wurden als Täter bekannt. Die Zahl der Strafprozesse gegen Priester nahm zu, aber auch die der Zivilklagen auf Schadensersatz gegen Bistümer und Ordensgemeinschaften, hier traf es zunächst vor allem die Jesuiten. Die ursprünglich einmal im Jahr 1985 geschätzte Schadenshöhe von einer Milliarde Dollar war schon 2002 überschritten worden. Genaue Zahlen über die bis heute angefallenen Summen liegen nicht vor, aber allein im Jahr 2007 zahlten katholische Institutionen in den USA 615 Millionen Dollar an Geschädigte und ihre Rechtsanwälte.

Kleinere Bistümer gerieten bei Beträgen in dieser Größenordnung schnell an die Grenze ihrer finanziellen Leistungsfähigkeit, und zwischen 2004 und 2009 mussten das Erzbistum Portland und sechs weitere Diözesen Bankrott anmelden. Dies bedeutet konkret, dass sie ihr Vermögen verkaufen müssen, um mit den Gläubigern Zwangsvergleiche finanzieren zu können. Das Bistum Davenport im Staat Iowa zum Beispiel ist mit 104 000 Gläubigen ein sehr kleines Bistum, doch es muss 156 Opfer entschädigen, die von vier Priestern zwischen 1960 und 1983 missbraucht worden waren. Die 37 Millionen Dollar dafür konnten jedoch nicht aufgetrieben werden. Am 10. Oktober 2006, zwei Tage ehe der neue Bischof Martin Amos berufen wurde, war die Diözese pleite. Bischof Amos musste sich eine Mietwohnung suchen, denn das bistumseigene Bischofswohnhaus wurde zwangsweise verkauft, wie auch das große Ordinariatsgebäude und weitere Immobilien. 22 Millionen

Dollar sind zusätzlich an Spenden zu beschaffen, bis Mitte 2010 hatten die Katholiken in Davenport 12 Millionen davon geschafft; es wird noch Jahre dauern, bis wieder normale finanzielle Verhältnisse in der Diözese einkehren werden. Der finanzielle Schaden der klerikalen Verbrechen ist leicht in Zahlen auszudrücken, vergessen wir aber darüber nicht das Leid, die seelischen Qualen der nach Tausenden zählenden Opfer, denen nicht nur die Kindheit gestohlen wurde, sondern deren Leben mit einer verbrecherischen Hypothek belastet ist. Ihr Vertrauen in die Kirche, oft auch ihr Glaube, ist dahin. Aber nicht nur das der direkten Opfer, auch das Vertrauen der Eltern, der Personen ihres privaten Umfelds, der Pfarrangehörigen, ja schließlich das Vertrauen aller Katholiken in ihre Kirche ist einer schweren Belastung unterworfen.

Erst auf ihrer Versammlung im Sommer 2002 in Dallas, Texas behandelten die Mitglieder der US-Bischofskonferenz das Thema des sexuellen Missbrauchs von Kindern durch Priester mit dem notwendigen Nachdruck: siebzehn Jahre nach dem Zeitpunkt, an dem man schon hätte handeln können und hätte handeln müssen! Die Bischöfe beauftragten das angesehene John-Jay-Institut für Kriminalwissenschaften der staatlichen Universität von New York City mit der Erstellung eines Berichtes. Dieser Bericht, bekannt als »John-Jay-Report«, wurde schon 2004 veröffentlicht und fasste die bekanntgewordenen Fälle zunächst statistisch zusammen. Die Untersuchung betraf den Zeitraum von 1950 bis 2002, es wurden Anzeigen gegen 4392 Priester erfasst, allerdings waren davon schon etwa 3300 Priester verstorben, gegen die keine weiteren strafrechtlichen Maßnahmen eingeleitet werden konnten. In 1021 Fällen trat die Staatsanwaltschaft in Aktion und erwirkte in 384 davon eine strafrechtliche Verurteilung des pädokriminellen Priesters. Die meisten Opfer, über 80 Prozent, waren Jungen, davon etwa 22 Prozent zehn Jahre alt oder jünger, 51 Prozent zwischen elf und vierzehn Jahren. 59 Prozent der Täter waren nur mit einem Fall bekannt geworden, dagegen erwiesen sich knapp 15 Prozent als Intensivtäter, die jeweils mehr als zehn Opfer geschädigt hatten. Es zeigte sich auch, dass die bekannt gewordenen Taten innerhalb des Untersuchungszeitraums nicht gleichmäßig verteilt waren. Die Zahlen stiegen Ende der sechziger Jahre an und erreichten ihren Höhepunkt in den siebziger Jahren. Dann fielen sie deutlich ab und lagen am Ende des Untersuchungszeitraumes wieder auf dem niedrigen Niveau der fünfziger Jahre. Was könnten die Gründe für diesen erstaunlichen Rückgang sein?

Wie gesagt, diese Ergebnisse beziehen sich auf die Zahl der bekannt gewordenen Fälle und nicht auf die Zahl der Fälle, die sich wirklich ereigneten. Wenn man der Theorie aus dem oben dargestellten Bericht über das Franziskaner-Internat in Santa Barbara folgt, nach dem die Opfer erst lange Jahre schweigen und verdrängen, bis sie dann in ihrem späteren Leben in eine Lebenskrise geraten, dann wäre zu erwarten, dass die Fälle aus den achtziger und neunziger Jahren meistens erst nach 2002 angezeigt wurden, das heißt, sie spielten bei der Datenerhebung für den John-Jay-Bericht keine Rolle. Aber auch andere Einflüsse könnten zu einer Veränderung geführt haben. Vielleicht sind potenzielle Täter vorsichtiger oder sehen von Taten ab, weil sie inzwischen mit Verfolgung rechnen müssen. Vielleicht nehmen die Gelegenheiten zur Tat ab, weil weniger Kinder in kirchliche Einrichtungen geschickt werden. Es könnte auch daran liegen, dass Kinder und ihre Eltern Machtansprüche von Priestern weniger akzeptieren als früher. Oder vielleicht – möglich wäre es ja – werden Priester inzwischen besser ausgewählt, ausgebildet und ihre Tätigkeit besser von den geistlichen Vorgesetzten überwacht?

GRÜNE INSEL – SCHWARZE SCHAFE

Offenbar war man in der Kirche zunächst der Auffassung, der sexuelle Missbrauch von Kindern durch Geistliche stelle ganz überwiegend ein Problem dar, das nur in den Bistümern der USA vorgekommen sei. Bis zum Jahr 2000 wurde weltweit von kirchlichen Instanzen ganz offensichtlich viel zu selten in kirchlichen Einrichtungen genau hingesehen, um Strukturen zu erkennen, die den sexuellen Missbrauch von Kindern begünstigten. Dabei wäre es nur eine Sache des gesunden Menschenverstands gewesen, das Vorkommen von solchen Übergriffen mit einer größeren Wahrscheinlichkeit überall dort zu vermuten, wo ähnliche Strukturen vorlagen wie in den Bistümern und kirchlichen Einrichtungen der Vereinigten Staaten. Aber statt auf gesunden Menschenverstand verließen sich die Bischöfe anscheinend weltweit auf andere beliebte Mittel: das Sankt-Florians-Prinzip und auf die Vogel-Strauß-Taktik. Auch wenn es in den US-Bistümern überall lichterloh brannte, die eigenen Häuser, so hoffte man gegen jede Vernunft, würden schon verschont bleiben. Und Vorkommnisse, die doch ruchbar wurden, die ordnete man als bedauerliche Einzelfälle ein, wie sie eben unvermeidlicherweise passieren. Dass im Verborgenen grundsätzliche, strukturelle Probleme schlummerten, wurde ebenso verdrängt wie die Existenz – aus Sicht der kirchlichen Ignoranten – längst tickender Zeitbomben in Gestalt tausender Missbrauchsopfer, die schließlich ihr jahrzehntelanges Verdrängen würden aufgeben müssen, um das erlittene Leid doch noch herausschreien zu können.

Ein Bischof, der im Südosten der Republik Irland gut hunderttausend Katholiken vorstand, musste im Zusammenhang mit bekannt gewordenen Missbrauchsfällen zurücktreten. Auch hier hatte es bei einschlägigen Fällen zu wenig Konsequenzen gegeben. Wenn in seinem Bistum ein Priester beschuldigt wurde, er habe sich an Kindern vergangen, blieb es bei einer Ermahnung des Bischofs und der Versetzung des Priesters in eine andere Pfarrei. Auf der katholisch geprägten Grünen Insel traute nicht einmal die Polizei einem Geistlichen zu, ernsthaft in Verbrechen oder Skandale verwickelt sein zu können. Und obwohl die Bischöfe behaupteten, über keine Kenntnisse hinsichtlich besonderer Probleme von sexuellem Kindesmissbrauch durch Priester zu verfügen, schlossen zwischen 1987 und 1990 alle 26 irischen Bistümer Versicherungen ab gegen das Risiko von Schadensersatzprozessen, die mögliche Opfer von sexuellem Missbrauch gegen die Diözesen anstrengen könnten. Ungewöhnlich war die Klausel in den Verträgen, dass als Schadensfall nicht der ursprüngliche sexuelle Missbrauch durch einen Priester gelten sollte, sondern erst das Geltendmachen von Schadensersatzansprüchen durch das Opfer. Mit dieser im Versicherungsgeschäft unüblichen Klausel wurde es möglich, auch schon längst eingetretene, nur noch nicht entdeckte »Schadensfälle« abzusichern. Ein Schelm, wer Böses dabei denkt! Die Versicherungen liefen zunächst bei der kircheneigenen Church & General Insurance Co., bis diese von der Allianz-Gruppe übernommen wurde und seither als Allianz Ireland firmiert.

Auch in Irland sollte es noch einige Jahre dauern, bis das Thema sexueller Missbrauch von Kindern durch Priester in aller Munde war. Der Stein kam erst 1995 ins Rollen, als ein junger Mann, der von Pfarrer Sean Fortune aus der Diözese Ferns seit seinem vierzehnten Lebensjahr über etliche Jahre hinweg quasi als dessen persönlicher Sex-Sklave gehalten wurde, sich nach langen inneren Qualen traute, in Dublin zur Polizei zu gehen und Anzeige zu erstatten. Daraufhin wurde erstmals in Irland gegen einen katholischen Priester wegen des sexuellen Missbrauchs Minderjähriger Anklage erhoben. 66 Fälle hatte die Staatsanwaltschaft ermittelt. Zu einem Strafurteil kam es nicht, Pfarrer Fortune nahm sich in der Untersuchungshaftzelle das Leben. Auch zwei seiner Opfer hatten Suizid begangen.

Der Fall Fortune führte in Irland zu einer staatlichen Untersuchung, weil sich herausgestellt hatte, dass mehrfach Polizeibeamte Anzeigen gegen den Priester nicht verfolgt hatten. 2005 wurde schließlich der »Ferns-Report« veröffentlicht. Dieser beschrieb, wie die Kirche und die Polizei auf 100 Anzeigen durch Opfer oder deren Eltern wegen sexuellen Missbrauchs durch Geistliche reagiert hatte. Die Vorwürfe richteten sich gegen 21 Priester, die zwischen 1966 und 2005 immer wieder Kinder missbraucht hatten. Ihre Opfer hatten sie unter den Schülern der bischöflichen Schule St. Peter's College oder unter den Ministranten ihrer Pfarreien gefunden. Der Pfarrer von Monageer, einem kleinen Nest bei Enniscorthy, James Grennan, hatte den Missbrauch von Schülerinnen während der Beichte regelrecht inszeniert: Die Mädchen saßen im Kreis im Altarraum der Kirche, wo der Geistliche auf einem Thronsessel Platz genommen hatte. Zu seinen Füßen mussten die Mädchen abwechselnd auf einem roten Samtkissen niederknien und die Beichte ablegen. Die anderen Schülerinnen sollten inzwischen mit geschlossenen Augen beten. Das beichtende Mädchen musste dem Priester die Hand geben, die er dann in seinen geöffneten Hosenschlitz führte. Auch diese schamlose Ausnutzung der Stellung als Priester zur sexuellen Ausbeutung von Schülerinnen führte im Bistum Ferns zu keiner Reaktion: Grennan blieb bis zu seinem Tod im Jahr 1994 als Pfarrer in Monageer tätig. Bischof Comiskey hatte dem Täter geglaubt, nicht den Opfern. Die Schülerinnen, die gegen den Pfarrer ausgesagt hatten, waren damit in der Öffentlichkeit als unglaubwürdig abgestempelt worden, eines der von Pfarrer Grennan missbrauchten Mädchen nahm sich später das Leben. Bischof Comiskey trat im April 2002 von seinem Amt zurück.

In Irland war es bisher üblich, dass der gesamte Bereich der Fürsorgeerziehung für Waisen, Kindern mit Erziehungsproblemen und straffällig gewordene Jugendliche in der Hand der Kirche lag. Diese Einrichtungen wurden in der Regel von Ordensgemeinschaften geführt und von der Kirche selbst kontrolliert. Die Aufsicht durch das staatliche Erziehungsministerium blieb Theorie. Wie fast zu erwarten war, bestätigte ein Bericht, der im Jahr 2009 erschien und als »Ryan-Bericht« bekannt wurde, die schlimmsten Befürchtungen. Die »Industrial Schools«, die Spezialschulen für Jugendliche mit Problemen, waren Horte des Grauens. Es herrschte ein sadistisches Klima des Strafens und der Unterdrückung. Sexueller Missbrauch der Schützlinge blieb nicht aus. Erschreckend war vor allem die Höhe der Zahl der ermittelten Täter, wenngleich der Untersuchung ein langer Zeitraum von 1914 bis 2000 zugrunde lag. Allein zwischen 1965 und 2000 waren etwa 800 Personen als Täter in katholischen Einrichtungen bekannt geworden. Die Zahl der Opfer geht demzufolge in die tausende. Die Reaktion der Kirche war zwiespältig. Der Erzbischof von Armagh, oberster Vertreter der Kirche in Irland, Kardinal Sean Brady, entschuldigte sich öffentlich bei den Opfern. Dagegen hatte ein Orden, aus dessen Reihen viele Täter kamen, die Aufklärung behindert und erreicht, dass die Namen von Ordensbrüdern im Ryan-Report nicht genannt werden durften. Die strafrechtliche Verfolgung von Ordensleuten scheiterte also daran, dass der Polizei diese Namen nicht bekannt wurden. Der Orden kaufte sich von der Strafverfolgung seiner Mitglieder mit der Verpflichtung frei, den Opfern einen Betrag von 161 Millionen Euro zur Verfügung zu stellen.

Das Jahr 2009 brachte für die irische Kirche noch einen weiteren schweren Schlag. Nachdem die irische Presse im Jahr 2002 ausführlich darüber berichtet hatte, dass in der Erzdiözese Dublin, dem größten irischen Bistum – etwa ein Viertel aller Katholiken des Landes leben hier –, der sexuelle Missbrauch von Kindern durch Geistliche von der Kirche vertuscht würde und dass auch staatliche Behörden sehr zögerlich bei der Verfolgung von pädokriminellen Priestern vorgingen, ließ das Justizministerium eine eigene Untersuchung durchführen. Es dauerte bis zum Ende des Jahres 2009, ehe die Ergebnisse vorlagen und unter der Kurzbezeichnung »Murphy-Report« veröffentlicht wurden. Sie stellten ein Desaster für die Kirche dar. Es bestätigte sich, dass in der Erzdiözese Dublin genau die gleichen Zustände herrschten, wie sie im Ferns-Report für die viel kleinere Diözese Ferns festgestellt worden waren. Und es bestätigte sich auch, dass verdächtige Priester vom Erzbischof durch Versetzungen, Stillschweigen und Absehen von Strafanzeigen systematisch geschützt worden waren. Da der in der kritischen Zeit verantwortliche Erzbischof Desmond Connell bereits 2003 in den Ruhestand gegangen war, mussten wenigstens die vier damals in Dublin wirkenden Weihbischöfe noch im Jahr 2009 zurücktreten. Der Bericht fasste die Erkenntnisse so zusammen: »Das Erzbistum Dublin war bis Mitte der neunziger Jahre bei Fällen von sexuellem Missbrauch von Kindern ausschließlich darum besorgt, die Geheimhaltung zu wahren, jeden Skandal zu vermeiden, den Ruf der Kirche und ihr Vermögen zu erhalten. Dem wurden alle anderen Erwägungen untergeordnet, auch die Frage des Wohlergehens der Kinder oder die Gerechtigkeit für die Opfer. Das Erzbistum hat sich nicht an kirchenrechtliche Regeln gehalten und hat nach Kräften versucht, die Anwendung staatlichen Rechts zu vermeiden.«

Als zynisches Bonmot könnte man formulieren, der Unterschied zwischen Kirche und Mafia liege darin, dass sich das organisierte Verbrechen zumindest an die eigenen Regeln hält. Doch selbst bei nüchternster Betrachtung der Affäre bleibt die Erkenntnis, dass die irische Kirche aus eigenem Antrieb und aus eigener Kraft den Weg aus dem Sumpf nicht gesucht hat und ihn wohl auch nicht gefunden hätte. Denn der Bericht zerlegt den Verteidigungsansatz des Bistums. Die Geistlichkeit argumentierte, sie habe bis Mitte der neunziger Jahre das Phänomen des sexuellen Missbrauchs von Kindern nicht begriffen, sie habe von Mal zu Mal dazugelernt. Das sei völlig unglaubwürdig, sagt der Bericht, schließlich sind die verantwortlichen Kirchenführer durchweg gebildete Leute, verfügen über Erfahrungen im Kirchen- wie im weltlichen Recht. Im 20. Jahrhundert habe der Vatikan zwei wichtige Dokumente zu diesem Thema veröffentlicht, nur leider seien diese in Dublin nicht beachtet worden. Nur zwei kirchenstrafrechtliche Verfahren gegen Priester habe es in dreißig Jahren gegeben. Das einschlägige Kirchenstrafrecht sei den meisten Verantwortlichen offenbar unbekannt geblieben, ganz im Gegensatz zu allen Vorschriften, die etwas über die Geheimhaltung von strafrechtlichen Vorwürfen aussagen.

Nach der Auflistung der vielen einzelnen Fehlentscheidungen der Bischöfe gegenüber pädokriminellen Priestern und ihren Opfern kommt der Bericht zu der Frage, wie denn Bischöfe für ihre Leitungsfunktion ausgewählt würden: »Die Ernennung von Erzbischöfen und Bischöfen scheint im Wesentlichen auf der Grundlage ihrer Rechtgläubigkeit erfolgt zu sein. Managerqualitäten waren offenbar kein relevantes Kriterium.« Die systematische Vertuschung pädokrimineller Handlung beruhte auf dem Prinzip der Nicht-Kommunikation. Wenn ein Weihbischof etwas wusste, sagte er es nicht dem Erzbischof, und umgekehrt. Pfarrer, die einen neuen Kaplan erhielten, wurden auf kritische Punkte in dessen Vorleben nicht hingewiesen. Eine Kultur des Schweigens pflegten vor allem kirchliche Ordensgemeinschaften, die über ihre Mitglieder nichts nach außen dringen ließen. Selbst wenn einmal ein Geistlicher zu einem Therapeuten geschickt wurde, erhielt dieser keine präzisen

Informationen über die pädokriminellen Verwicklungen seines Klienten. Natürlich waren die solcherart vom Therapeuten auf mangelnder Tatsachenbasis erhobenen Befunde wertlos. Und trotzdem wurden solche Therapieberichte von der Bistumsleitung verwertet, um die Weiterverwendung des »therapierten« Geistlichen zu rechtfertigen. Nicht einmal solche Priester, die den sexuellen Missbrauch von Kindern selbst eingestanden hatten, wurden in ihrer neuen Verwendung überwacht.

Aus den Feststellungen des Murphy-Reports lässt sich ableiten, dass mindestens in einem Zeitraum zwischen 1987 und 1996, also innerhalb von zehn Jahren, den irischen Bischöfen die Problematik des sexuellen Missbrauchs von Kindern durch Priester in Pfarreien, Schulen und Internaten genau bekannt war, ohne dass irgendetwas unternommen wurde, was der Sicherheit der Kinder vor weiteren Übergriffen gedient hätte. Opfer, die sich an die Kirche wandten, erhielten nur unzureichende Unterstützung, in etlichen Fällen wurden ihre Berichte pauschal als unglaubwürdig diskreditiert. Aber auch für den Zeitraum nach 2004, als erste kirchliche Maßnahmen gegen sexuellen Missbrauch von Kindern durch Geistliche schon wirksam waren, wurden der Murphy-Kommission noch 120 entsprechende Anschuldigungen bekannt. Der Dubliner Erzbischof Martin hatte also allen Grund, die Opfer um Entschuldigung zu bitten. Er sagte, er entschuldige sich für alles, was den Opfern geschah, er trauere darüber und er schäme sich: »Aber mir ist bewusst, dass kein Wort der Entschuldigung je ausreichend sein wird.« Mit diesem Statement konnte der Erzbischof nicht alle seine Priester erreichen, er steht seitdem unter heftiger Kritik, weil er den Murphy-Report nicht zurückgewiesen hatte. Obwohl der Papst seine Position stärkte, blieb die Erzdiözese Dublin bis jetzt innerlich zerrissen. Zahlreich sind die Kräfte in der Kirche, die das Thema des sexuellen Missbrauchs von Kindern durch Priester behandeln wollen, wie es früher immer gemacht wurde, nämlich nach Art der bekannten drei Affen: »nichts sehen, nichts hören, nichts sagen«.

DAS SCHWEIGEN DER HIRTEN

Nachdem die Entwicklung der großen Kindesmissbrauch-Skandale in USA und in Irland seit den achtziger Jahren der römischen Kurie und auch führenden Kirchenleuten in der ganzen Welt nicht verborgen geblieben ist, hätte man eigentlich hoffen können, dass die Oberhirten ihre Leitungsverantwortung wahrnehmen würden, um in der Kirche insgesamt, in jedem einzelnen Bistum vorsorglich zu untersuchen, ob hier nicht die gleichen Probleme noch unentdeckt schlummerten. Schließlich wurden in vielen Ländern immer wieder neue Fälle bekannt: Einzelfälle zwar, die aber so gravierend waren, dass sich die Erkenntnis eines dahinterliegenden strukturellen Problems geradezu aufdrängte.

Wie viele Opfer wären verschont geblieben, wenn schon vor zwanzig Jahren gehandelt worden wäre? Hunderte? Wohl eher tausende, zehntausende. Das ist sicher nicht übertrieben, denn die römische Kirche ist ein Weltkonzern in Sachen Bildung. Gut 6500 kirchliche Hochschulen gibt es und die Zahl der Primar- und Sekundarschulen beträgt über 200 000. Die Zahl der Schüler in katholischen Einrichtungen weltweit liegt zwischen 40 und 50 Millionen, genauere Angaben gibt es nicht. Wenn nur in jeder zehnten Schule ein einziger pädokrimineller Geistlicher unerkannt oder ungehindert seinen Neigungen nachgeht und vielleicht nur zwei Opfer jedes Jahr findet, wären das schon 40 000 Jungen oder Mädchen. Und die Zahlen der Kinder und Jugendlichen, die im Rahmen der normalen Pfarrseelsorge betreut werden, die Ministranten sind, Chorknaben oder Pfadfinder, ist noch weit größer, vielleicht

300 Millionen. Die Anwendung falscher Grundsätze im Umgang mit Kindesmissbrauch durch Geistliche birgt ein gewaltiges Schadenspotenzial in sich. Und es werden über die unmittelbaren Opfer hinaus ja noch mehr Menschen geschädigt, die Eltern, die Familienangehörigen, deren Vertrauen in die kirchlichen Einrichtungen mit Füßen getreten wird. Nicht zuletzt sehen sich die vielen Mitarbeiter dieser Schulen und Heime, die vielen Geistlichen, die einen verantwortlichen Umgang mit Kindern pflegen – und dies ist ja glücklicherweise der größte Teil von ihnen –, auf perfide Art in Mithaftung genommen; ihr Ansehen, das Vertrauen, das sie genießen, der Erfolg ihrer Arbeit, alles wird aufs Spiel gesetzt.

Um etwas darüber zu lernen, wie die Kirche mit straffällig gewordenen Geistlichen umgeht, deren pädokriminelle Neigungen und Aktivitäten ihren Vorgesetzten schon jahrzehntelang bekannt waren – oder zumindest bekannt sein konnten, hätte man bloß richtig und ohne Scheuklappen hingeschaut –, muss man nicht nach Irland oder in die Vereinigten Staaten schauen. Ein Blick vor die eigene Haustür genügt bereits. Stellvertretend nur ein Beispiel dafür aus Deutschland, aus dem Bistum Augsburg. In einem kleinen Dorf im Allgäu hatte ein Pfarrer zwischen 1966 und 1979 sieben minderjährige Mädchen sexuell belästigt; dies wurde im Ordinariat in Augsburg etliche Jahre später bekannt. Der Priester wurde 1979 versetzt. Schon 1982 wurde er wieder auffällig, er missbrauchte erneut mehrere Mädchen. Einer Zwölfjährigen flößte er Messwein ein, bis sie betrunken war. Dann machte er Nacktfotos von ihr, mit denen er sie in den folgenden Jahren immer wieder erpresste, mit ihm Geschlechtsverkehr auszuüben. Mindestens 45 einzelne Taten wurden ihm vom Landgericht Augsburg nachgewiesen, er wurde zu einer Freiheitsstrafe von vier Jahren verurteilt.

Das Ordinariat hatte mindestens seit 1984 von den Vergehen

gewusst, doch nichts unternommen. Dem Priester wurde angeblich sogar geraten, die strafrechtliche Verjährungsfrist der Delikte abzuwarten. Vor Gericht behauptete der damalige Generalvikar Dr. Eugen Kleindienst später, er habe die Personalakte des Pfarrers nicht gelesen und kenne deshalb die Vorwürfe nicht. Er wurde zwar 1993 von der Position als Generalvikar abgelöst, übernahm aber als Bischofsvikar die Finanzabteilung des Bistums. 2003 wurde er auf Vorschlag der Deutschen Bischofskonferenz von Joschka Fischer, dem damaligen Bundesaußenminister, in den diplomatischen Dienst berufen und ist seither als Geistlicher Botschaftsrat für die Deutsche Botschaft beim Heiligen Stuhl tätig.

Auch für die Zeit nach 1993 wurden in Deutschland jedes Jahr mehrere Fälle von Priestern bekannt, die Jungen oder Mädchen sexuell missbrauchten. Die öffentliche Wahrnehmung beschränkte sich in der Regel auf diejenigen Täter, die ein Strafverfahren durchliefen und verurteilt wurden. Bis auf zwei spektakuläre Fälle blieb es jedoch bei Gefängnisstrafen, die zur Bewährung ausgesetzt wurden. *Der Spiegel* berichtete zwar 1995 über etliche Fälle von priesterlichem Missbrauch an Ministranten, bei denen die Täter immerhin zu mehrjährigen Haftstrafen verurteilt worden waren, aber auch das schlug keine großen publizistischen Wellen. Ein Handlungsdruck entstand in den deutschen Ordinariaten somit nicht. Es blieb in der deutschen Öffentlichkeit noch ruhig, die Kirche befand sich quasi in einem heranziehenden Gewitter, in der Ferne zuckten schon die Blitze, noch herrschte Stille, nur gelegentlich stürmte ein einzelner Windstoß heran. Hier hätte man bereits reagieren können, die Bischöfe hätten einen Beitrag zur aktiven Aufklärung leisten, und auch die Oberen der geistlichen Orden, die Schulen, Internate und andere Einrichtungen für Kinder unterhielten, hätten gegensteuern müssen. Gerade sie hätten durch die Vorfälle in den USA und in Irland gewarnt sein müssen. In Deutschland hielt die Kirche lange, viel zu lange an der Illusion fest, pädokriminelle Priester stellten Einzelfälle dar, die man am besten nicht an die große Glocke hängt. Bei Beobachtern entstand der Eindruck, dass klerikale Kumpanei wichtiger war als die Sorge um die Opfer.

Erst 2002 – wohl ausgelöst durch den Skandal in Irland – recherchierten Journalisten des Südwestdeutschen Rundfunks 47 Fälle von sexuellem Kindesmissbrauch durch Priester in Deutschland seit dem Jahr 1972. Das Ergebnis wurde in der ARD in einem Film mit dem Titel »Tatort Kirche« vorgestellt. Der Befund war ganz ähnlich wie in Irland, es gab die gleichen Strategien kirchlicher Stellen, die Täter zu schonen und die Opfer möglichst zu ignorieren. Die priesterbezogene Wahrnehmung der Problematik durch die Bischöfe wurde in der Aussage eines verurteilten Pfarrers deutlich: »Meine stärkste Erfahrung war, dass die Kirche den Mantel der christlichen Nächstenliebe über meine Taten gedeckt hat.« Aber erneut blieb ein großer Aufschrei der Öffentlichkeit aus.

Die Deutsche Bischofskonferenz veröffentlichte Ende des Jahres 2002 auf der Grundlage neuer römischer Vorschriften eine eigene Richtlinie zum Umgang mit Vorwürfen gegen Priester wegen des sexuellen Missbrauchs von Minderjährigen, die für alle deutschen Diözesen verbindlich sein sollte. Aber diese Richtlinie beließ die Verantwortlichen in einer passiven Rolle. Erst wenn sich Opfer meldeten, war Anlass zur Aktion. Dabei wäre ein Weg gewesen, die vielen noch in der Anonymität des Schweigens steckenden Opfer anzusprechen. Oder sogar Altfälle aufzurollen und zu recherchieren, wo sich die schon einmal verdächtigten oder wegen solcher Delikte versetzten Priester gerade befanden. Nach allem, was man 2002 über das Dunkelfeld sexuellen Missbrauchs an Kindern durch Geistliche hätte wissen können, ja wissen müssen, war der Erlass dieser Richtlinie allein völlig unzureichend. Dass damit noch jahrelang weitere Kinder zu Opfern werden würden, war vorhersehbar. Und es gingen noch einmal fast acht Jahre ins Land, ehe eine grundsätzliche Änderung zumindest in den Bereich des Möglichen rückte. Acht lange Jahre, in denen es neue Fälle gab und in denen die bisherigen Opfer weiter auf eine Mauer des Schweigens und der Verständnislosigkeit stießen.

Der 28. Januar 2010, der Gedenktag des Heiligen und Kirchenlehrers Thomas von Aquin, war in Berlin ein grauer und kalter Wintertag mit Temperaturen nahe dem Gefrierpunkt. An diesem Tag sollte eine Entwicklung einsetzen, die das Vertrauen vieler Menschen, gläubiger und nichtgläubiger, in die katholische Kirche ebenfalls auf den Gefrierpunkt sinken ließ. Berlins Tageszeitung *Der Tagesspiegel* berichtete: »An dem von Jesuiten betriebenen Canisius-Kolleg in Tiergarten sind jahrzehntelang Schüler von Lehrern sexuell missbraucht worden. Das private Gymnasium gilt als Elite-Schule, die viele führende Politiker und Manager durchlaufen haben.« Die Zeitungsmeldung berichtete auch, dass die Missbrauchsfälle sich schon in den siebziger und achtziger Jahren ereignet hätten und dass es um zwei Täter gehe, die nach derzeitigem Kenntnisstand sieben Schüler missbraucht hätten. Aufgrund der mittlerweile vergangenen Zeitspanne und der recht detailarm dargestellten Ereignisse hätte man erwarten können, dass auch diese Fälle schnell wieder aus dem öffentlichen Interesse verschwinden würden.

Doch es kam anders. Vielleicht sorgten zwei Umstände dafür. Zum einen die Opfer, Angehörige der Oberschicht an einer »Eliteschule«, das klang interessanter, als wenn es nur Dorf-Ministranten oder Zöglinge eines Waisenhauses gewesen wären. Außerdem fiel die Reaktion der Schulleitung auf die Missbrauchsfälle auf eine völlig neue, bisher unerhörte Weise aus. Der Rektor, und damit der geistliche Leiter des Canisius-Kollegs, hatte endlich einen an ihn herangetragenen Verdachtsfall zum Anlass genommen, dem wirklichen Umfang des Missbrauchs auf den Grund zu gehen. Mit einem Rundschreiben an alle erreichbaren früheren Schüler bat er um Informationen über bisher unbekannt gebliebene Fälle. Am nächsten Tag war die Geschichte Thema in der gesamten deutschen Presse. Der *Stern* berichtete ausführlich und zitierte aus dem Brief von Pater Mertes an die Ex-Schüler: »Es gehört auch zur Erfahrung der Opfer, daß es im Canisius-Kolleg und im Orden bei solchen, die eigentlich eine Schutzpflicht gegenüber den betroffenen Opfern gehabt hätten, ein Wegschauen gab.«

Pater Mertes war übrigens seit 1994 Lehrer und seit 2000 Rektor des Berliner Canisius-Kollegs. Der Schritt in die Öffentlichkeit wird ihm nach so vielen Jahren nicht leichtgefallen sein. Offenbar hatte er sich schon länger mit der Problematik gequält und 2009 darüber ein Buch veröffentlicht: *Widerspruch aus Loyalität*. Darin geht es genau um die Frage, wann man die Gruppe, der man angehört, auch öffentlich kritisieren darf, ja unter Umständen sogar kritisieren muss. Damit stellte Mertes genau den Korpsgeist infrage, der in der Kirche bisher einen offenen Umgang mit den kriminellen Taten eines zwar kleinen, aber doch erheblichen Teils der Geistlichkeit verhinderte. Im Falle von Ordensgeistlichen wiegt dieser Korpsgeist sogar doppelt schwer: hinsichtlich der Loyalität zu seinem Orden und zur Kirche insgesamt. Wobei aus geistlicher Sicht Loyalität mit der »Kirche insgesamt« in der Regel nicht etwa alle 1,2 Milliarden Katholiken einschließt, sondern nur die Loyalität gegenüber ihren gut 400 000 »Mitbrüdern« bedeutet. Eine Loyalität mit, sagen wir, einem vierzehnjährigen Schüler aus einer brandenburgischen Kleinstadt, der als Einziger in seiner Klasse katholisch ist und der sonntags in die Kirche geht, statt mit den anderen auf den Fußballplatz, und der jetzt dafür ausgelacht wird und sich böse Verdächtigungen anhören muss, was er denn mit dem Pfarrer so anstelle, eine solche Loyalität ist in der Kirche nicht üblich. Das bezieht sich nicht auf Pater Mertes, sondern auf eine Beobachtung, die man leider häufig machen muss, wenn Geistliche über Kirche sprechen.

Pater Mertes hatte mit seinem Rundschreiben und etlichen Pressekonferenzen, die er im Februar gab, eine Entwicklung angestoßen, die dann beinahe alle katholischen Bildungseinrichtungen und Bistümer Deutschlands erfasste, vergleichbar einer Kette von fallenden Dominosteinen. Zunächst meldeten sich weitere Opfer von sexuellem Missbrauch im Berliner Canisius-Kolleg bei einer Rechtsanwältin, die der Jesuitenorden dafür beauftragt hatte. Es folgten Berichte über Missbrauchsfälle in anderen prominenten Jesuitenschulen, wie St. Ansgar in Hamburg, im Bonner Aloisius-Kolleg und in St. Blasien im Schwarzwald. Teils waren dieselben Täter nach ihrer Versetzung in einer anderen Schule erneut auffällig geworden. Besonders schwer wiegt, dass es Geistliche gab, die ihr Amt im Hinblick auf moralische Forderungen oder sogar ihre Tätigkeit als Beichtvater ausnutzten, um sich Schüler gefügig zu machen.

Der Zwischenbericht der Anwältin vom 18. Februar 2010 enthielt ganz ähnliche Erkenntnisse über das Verhalten der Täter und den Umgang der Vorgesetzten mit den beschuldigten und straffällig gewordenen Geistlichen, wie sie aus den Berichten in USA und Irland sattsam bekannt sind. Das heißt aber auch, dass das, was Pater Klaus Mertes im Januar 2010 mit seiner Aufklärungsaktion bewegte, von den verantwortlichen Bischöfen und Schulleitern schon seit 1985 hätte bewegt werden können. Sie haben es nicht getan, sie haben »Einzelfälle« diskret aus der Welt geschafft und geschwiegen. Gab es überhaupt ein Hinsehen, ein aktives Bemühen um Verhinderung weiterer Fälle?

Die große Beachtung, die das Missbrauchsthema jetzt im Jahr 2010 in den deutschen Medien fand, führte dazu, dass sich Opfer aus ganz Deutschland meldeten, nicht nur aus Jesuitenschulen, sondern aus Internaten der Pallottiner, der Salesianer, der Maristen, der Franziskaner und Kapuziner und der Benediktiner, deren Eliteschule im Kloster Ettal betroffen ist. Auch gegen Pfarrgeistliche wurden in fast allen deutschen Bistümern neue Vorwürfe öffentlich, die sich oft gegen längst verstorbene Priester richteten. Viele der Taten, deren Opfer sich jetzt melden, sind längst verjährt, sodass staatsanwaltliche Ermittlungen gar nicht erst aufgenommen wurden.

In den ersten Monaten des Jahres 2010 wurden schon über 20 Geistliche aufgrund von Missbrauchsvorwürfen von ihren Ämtern entbunden, neben einfachen Pfarrern waren auch leitende Geistliche betroffen, darunter einer, dem Kontakte in die Stricherszene nachgesagt wurden. Der Augsburger Bischof Walter Mixa bot im April 2010 wegen anderer Verfehlungen, des Vorwurfs finanzieller Unregelmäßigkeiten und der körperlichen Züchtigung von Kindern in seiner Zeit als Stadtpfarrer von Schrobenhausen, seinen Rücktritt an, der vom Papst schnell angenommen wurde. Zwischenzeitlich waren auch gegen Bischof Mixa Vorwürfe wegen sexuellen Missbrauchs Minderjähriger laut geworden, der Verdacht wurde allerdings ausgeräumt.

Man kann derzeit nicht sagen, ob inzwischen der tatsächliche Umfang des sexuellen Missbrauchs von Kindern durch Geistliche in Deutschland schon weitgehend bekannt ist, oder ob sich erst die Spitze des Eisbergs zeigte. Am 12. April stellte Thomas Pfister, der für die Klosterschule in Ettal zuständige Ermittler, seinen Bericht vor, in dem es heißt: »Meine Ermittlungen ergaben eindeutig, dass in dem Kloster Ettal über Jahrzehnte hinweg bis circa 1990 Kinder und Heranwachsende brutal misshandelt, sadistisch gequält und auch sexuell missbraucht wurden.« 15 Patres, so Pfister weiter, hätten Kinder und Heranwachsende misshandelt, gegen drei Patres ermittelt die Staatsanwaltschaft. Das Kloster Ettal muss sich zudem mit mehreren Fällen des sexuellen Missbrauchs von Kindern auseinandersetzen. Für andere Einrichtungen liegen solche Abschlussberichte bisher nicht vor. Die damit verbundene Ungewissheit ist für die Kirche in Deutschland bedrückend, und zwar für Bischöfe, Priester und die gewöhnlichen Gläubigen, die in Kirchensprache immer noch Laien heißen. Das Vertrauen in die Kirche wiederherzustellen bedeutet in erster Linie schonungslose Aufklärung der Wahrheit.

Das Verhalten der Mehrheit der deutschen Bischöfe ist bisher enttäuschend. Man hätte sich gewünscht, dass sie sich aktiver zeigen. Offenbar gibt es keine einheitliche Linie hinsichtlich des Umgangs mit dem Skandal, was auch die verschiedenen Äußerungen zum Thema durch einzelne Bischöfe deutlich erkennen lassen. Die Bischofskonferenz macht insgesamt den Eindruck eines aufgeschreckten Hühnerhaufens, und seit Kardinal Lehmann nicht mehr Vorsitzender ist, gibt es nicht einmal mehr einen, der die Autorität des Hahnes beanspruchen könnte. Bitter rächt sich jetzt, dass das Problem 25 Jahre lang verschlafen, ja verdrängt wurde.

Die große Konfusion erreichte inzwischen auch Rom. Am Ostersonntag des Jahres 2010 geschah auf dem Petersplatz bisher Unerhörtes. Unter dem Bruch aller liturgischen Vorschriften sprach Kardinal Sodano, als Dekan des Kardinalkollegiums der protokollarisch zweite Mann der Kirche, den Papst persönlich an und versicherte ihn der Solidarität aller Priester und Gläubigen gegen das »Geschwätz« der Presse in den Skandalen um sexuellen Missbrauch durch Geistliche. Wegen dieses Alleinganges wurde Sodano vom Wiener Kardinal Schönborn in der Presse heftig angegriffen, nicht ohne den Hinweis, es sei Sodano gewesen, der in der Vergangenheit Ermittlungen gegen den Wiener Erzbischof Groer, der 1995 wegen eines Missbrauchsvorwurfs sein Amt aufgeben musste, torpediert hatte. Der portugiesische Kardinal Martins drosch daraufhin auf seinen Kollegen Schönborn ein, da dieser mit seiner Kritik der Kirche keinen guten Dienst erwiesen habe.

Immer dringender wurde ein Wort des »Chefs« erwartet. Benedikt XVI. ließ die Kirche noch einige Wochen warten, am 11. Juni 2010 bat er in einer Predigt um Vergebung für das Verhalten der Kirche und versprach, dass »wir alles tun wollen, um solchen Missbrauch nicht wieder vorkommen zu lassen; dass wir bei der Zulassung zum priesterlichen Dienst und bei der Formung auf dem Weg dahin alles tun werden, was wir können, um die Rechtheit der Berufung zu prüfen, und dass wir die Priester mehr noch auf ihrem Weg begleiten wollen, damit der Herr sie in Bedrängnissen und Gefahren des Lebens schütze und behüte.« Ob damit ein Ende der Krise eingeläutet wurde? Es gibt in Rom und anderswo noch viele Prälaten, die glauben, die Krise sei nicht im Verhalten der Kirche begründet, sondern die Folge von Hetzkampagnen einer kirchenfeindlichen Medienwelt. Es ist deshalb Skepsis geboten bei der Beurteilung der Frage, welche Auffassung im Umgang mit der Krise sich durchsetzen wird – das Beharrungsvermögen der althergebrachten Strukturen ist groß.

5. UND GELD STINKT DOCH

Die Anfälligkeit der Kirche für die Überzeugungskraft des Mammons zeigte sich schon im vorigen Kapitel: Bisweilen hat es den Anschein, als habe die »Schadensbegrenzung« der Kirche in den Missbrauchsfällen nicht nur dem Schutz ihrer betroffenen geistlichen Mitglieder gegolten, sondern sei auch der Sorge um das liebe Geld entsprungen.

Nach dem Sexualleben ihrer Kleriker ist das Finanzgebaren der Kirche das zweite spannende Thema, das viele Menschen interessiert, wenn sie über die Kirche nachdenken, seien es Christen oder Nichtchristen. Denn beide Punkte, so verschieden sie auf den ersten Blick erscheinen, haben etwas Wichtiges gemeinsam: Sie eignen sich bestens, um subtil Macht auszuüben. Und in beiden Fällen lässt sich die Effizienz der Machtausübung noch gewaltig steigern, wenn man mithilfe religiöser Ideen beim frommen Gottesvolk den Eindruck erweckt, eine bestimmte Handlung beziehungsweise eine Unterlassung einer definierten Sünde oder eine Zahlung oder Verwendung von Vermögen sei zur Erlangung des Ewigen Heils unbedingte Voraussetzung.

Es ist in einer Gesellschaft, die sich der Geldwirtschaft einmal geöffnet hat, völlig in Ordnung, wenn gesellschaftliche Organisationen, wie sie die Kirche eine ist, über Geld und Vermögen verfügen und am Wirtschaftsleben teilnehmen. Dieser Umstand als solcher verdient keinerlei Kritik. Aber wie sie es seit Jahrhunderten macht, die Kirche mit ihrem Geld, sei es zur Vermehrung ihrer Einnahmen, sei es wofür sie ihr Geld ausgibt oder wo sie es anlegt, das ist kritikwürdig. Und wie ihre Finanzinstitutionen bis in die jüngste Zeit der Verfolgung zweifelhafter politischer Machenschaften gedient haben, das stinkt förmlich zum Himmel.

SOLL UND HABEN EINES »MONSTRUMS«

Jesus hatte es noch einfach mit dem Geld, er hielt einen Denar des Kaisers Tiberius zwischen den Fingern und erklärte, dass dieser dem Kaiser gehöre, der darauf abgebildet war. Vor dem Hintergrund dieser biblischen Geschichte muss den Bürger, der heute im Geltungsbereich des Euro lebt, ein mulmiges Gefühl überkommen, wenn er seinen Geldbeutel öffnet und auf vielen Münzen fromme Symbole, Heilige und Kirchen, ja – sehr selten, aber immerhin vorkommend – den Papst abgebildet sieht. Eine mehrdeutige Symbolik jedenfalls, die da ungewollt entstanden ist.

Ehe jetzt Einnahmen, Ausgaben und das Verhalten kirchlicher Finanzinstitutionen näher beleuchtet werden, muss geklärt sein, wer mit »Kirche« in diesem Zusammenhang eigentlich gemeint ist. Die Außenseite der Kirche, wie sie dem unbedarften Fernsehzuschauer etwa zu Ostern oder an Weihnachten bei der Übertragung des päpstlichen Segens erscheint, sieht einfach aus: An der Spitze steht der Papst, dann etliche tausend Bischöfe in Bistümern, die alle Gebiete der Erde erfassen, darunter dann Pfarrer mit ihren Schäflein in den Pfarrgemeinden, alles in allem sollen es 1,2 Milliarden Menschen sein, die zur Kirche zählen. Genau weiß es keiner außer Gott (und in Deutschland das Finanzamt), eine zentrale Mitgliederkartei gibt es nicht. Mit Erich Fromm ließe sich vielleicht diese Betrachtungsweise von Kirche als diejenige des »Seins« bezeichnen.

Hier geht es dagegen um die Ebene des »Habens« – und diese Ebene ist erheblich komplexer. »Die« Kirche gibt es auf dieser Ebene nicht, wir haben es mit einer mindestens sechsstelligen Zahl von »Rechtsträgern« zu tun, von Institutionen, Stiftungen, Körperschaften, Vereinigungen und Unternehmen, die nach kirchlichem und/oder weltlichem Recht organisiert sind. Da die Kirche sich aus guten und auch aus schlechten Gründen angewöhnt hat, über ihre Finanzen und die damit verbundenen Fragen einen Mantel des Schweigens zu legen, sind Transparenz und Publizität hier Fremdwörter geblieben. Es gibt also nirgends veröffentlichte Übersichten der finanziellen und der wirtschaftlichen Aktivitäten und Verflechtungen oder Listen der speziellen Finanzinstitutionen in Kirchenbesitz. Manche Bistümer veröffentlichen immerhin seit einigen Jahren ihre Haushaltspläne, wenngleich diese nur sehr grob gegliedert sind und keine Vermögensübersicht enthalten.

Man kann nur auf Umwegen versuchen, in das Dickicht eine Bresche zu schlagen, und ganz gelegentlich hilft ein kleiner oder großer Skandal, ein wenig Licht in das Dunkel dringen zu lassen. Überhaupt keine brauchbaren Ergebnisse bringen pauschale »Berechnungen«, veröffentlicht von manchen Kirchenkritikern, die einfach die geschätzten Werte von kirchlichem Grundvermögen, Besitz an Aktien und anderen Geldanlagen und von Kunstschätzen in Kirchen und Museen addieren und daraus etwa ableiten, die Kirche besitze mindestens 270 Milliarden Euro Vermögen, das sie am besten den Armen stiften solle. So etwas ist blanke Polemik, der Kirchenbesitz als solcher ist nicht das Problem, und die Kunstschätze waren in Kirchenhand allemal besser aufgehoben als in jeder weltlichen Institution.

Wer also sind diese vielen Rechtsträger, die das Kirchengeld einsammeln und wieder ausgeben? Beginnen wir in Rom. Der jeweilige Papst besetzt den »Heiligen Stuhl«. Damit ist weniger der goldene Thronsessel im Petersdom gemeint, sondern eine rechtliche Klammer, die Funktionen und Rechte des Papstes in sich vereint; Juristen nennen das »Rechtssubjekt«. Da der Heilige Stuhl von den meisten Staaten der Welt als gleichrangige Organisation anerkannt ist, ist er auch »Völkerrechtssubjekt« und unterhält mit 180

Staaten diplomatische Beziehungen. Der Heilige Stuhl verwaltet eine andere wichtige Größe, den Staat der Vatikanstadt. Das ist ein zwar winziges, aber völkerrechtlich von den meisten anderen Staaten anerkanntes Staatswesen. Weiterhin ist der Papst auch noch Bischof der Diözese Rom; diese ist wie jede andere Diözese Träger eigenen Vermögens und hat, wie viele Diözesen auch, ein Domkapitel. Dabei handelt es sich – extrem vereinfachend formuliert – um eine Art Verein wichtiger Priester, der eigene Rechte besitzt. Nicht nur ein Domkapitel, auch die Dignitäten, also die besonderen Ämter innerhalb eines Kapitels, können eigenes Vermögen besitzen. Von all diesen Ebenen können Stiftungen abhängen, also Vermögensmassen, die einem besonderen Zweck dienen (sollen). Das sind häufig Stiftungen, die die laufenden Kosten einer Pfarrei oder einer anderen Einrichtung bestreiten müssen, aber es existieren auch rein wohltätige Stiftungen oder solche, die zu ganz anderen Zwecken gegründet wurden, oft schon vor Jahrhunderten.

Die Pfarreien, also die untere Ebene der Seelsorge, sofern ihr Vermögen nicht in einer eigenen Stiftung organisiert ist, verfügen ebenfalls über eigenen Besitz. In Deutschland gibt es 27 Diözesen und ein gewissermaßen virtuelles Bistum für die Militärseelsorge. Ihrer Größe und finanziellen Potenz nach ist die absolute Nummer eins das Erzbistum Köln, das sich etwas prahlerisch »weltweit zu den Bistümern mit dem größten Haushaltsvolumen« zählt. Allein der Jahreshaushalt des Erzbistums der 2,1 Millionen Kölner Katholiken weist ein Volumen von 863 Millionen Euro auf (in 2010). Das kleinste Bistum Deutschlands mit nur ca. 30 000 Gläubigen hat seinen Sitz in Görlitz, arm, aber solide bewirtschaftet; das jährliche Haushaltsvolumen liegt bei 14,6 Millionen Euro (in 2010). Dagegen brachten es die Verantwortlichen in Aachen und in Berlin fertig, ihre Bistümer im Jahr 2003 beinahe in die Pleite zu treiben.

Die Einnahmen der deutschen Bistümer setzen sich zunächst zusammen aus Erträgen des eigenen Vermögens, also Mieten, Pachten und Zinsen, dann aus Spenden und aus Einnahmen für erbrachte Leistungen im sozialen Bereich. Insoweit ist das nichts Besonderes, das ist bei jedem größeren Verein so. Zwei Einnahmepositionen gibt es jedoch, die spezifisch kirchlich und durchaus eine kritische Würdigung wert sind.

Da wäre zunächst die Kirchensteuer. Etwa 4,8 Milliarden Euro im Jahr (hier: 2007) erhalten die 27 Bistümer insgesamt von den staatlichen Finanzämtern überwiesen, die das Inkasso – übrigens entgeltlich – betreiben. Der einzelne Gläubige hat je nach Region zwischen 8 und 9 Prozent seiner festgesetzten staatlichen Einkommensteuer an die Kirche zu berappen. Für die Bistümer stellt die Steuer die Hauptquelle ihrer Finanzen dar, in den größeren Bistümern liegt der Anteil der Kirchensteuer an den laufenden Einnahmen bei 65 Prozent und mehr. Es ist klar, dass die Kirche deshalb das Wort »Steuerreform« höchst ungern hört, denn jede Entlastung des Steuerbürgers führt automatisch bei der Kirche zu einer Einnahmenminderung.

Die Verquickung zwischen kirchlichen und staatlichen Aufgaben und Sphären, die mit der Kirchensteuererhebung verbunden ist, löst inzwischen auch innerkirchlich Kritik aus, die freilich aus einem ganz speziellen Grund folgenlos bleiben dürfte. Denn mit der Umstellung auf ein alternatives Beitragssystem oder gar mit dem Vertrauen auf entsprechend hohe freiwillige Spenden ihrer Mitglieder würde auch eine für die Kirche finanziell hochinteressante Regelung des Steuerrechts in die Diskussion und damit in Gefahr geraten. Es handelt sich um den Sonderausgabenabzug für bezahlte Kirchensteuer, der in Deutschland in § 10 Abs. 1 Nr. 4 des Einkommensteuergesetzes geregelt ist. Der steuerpflichtige Gläubige darf die bezahlte Kirchensteuer vom Gesamtbetrag der zu versteuernden Einkünfte abziehen und zahlt deshalb an den Staat weniger Einkommensteuer. Dies führt beim Staat (Bund und Ländern) jährlich zu einem Steuerverlust in einer Größenordnung von 1,5 Milliarden Euro. Dieser Steuerverlust stellt anders betrachtet eine Subvention an die Kirche dar, die somit wirtschaftlich von allen Steuerzahlern getragen wird.

Eine zweite, speziell in Deutschland anzutreffende Einnahmequelle der Kirche sind die sogenannten »Staatsleistungen«, zu denen sich die meisten Bundesländer vertraglich verpflichtet haben. Diese beruhen letztlich noch auf Entschädigungen für die Vermögensverluste, die die Kirche durch die Säkularisierung im Jahr 1803 erlitten hat. Eigentlich sollten diese Leistungen nach der Weimarer Verfassung von 1919 längst durch eine Kapitalablösung erledigt sein, doch weder Staat noch Kirche hatten seither wirklich ein Interesse an einer endgültigen Regelung. Der Gesamtbetrag der Staatsleistungen, den alle Bundesländer an die 27 Bistümer transferieren, liegt in einer Größenordnung von etwa 350 Millionen Euro im Jahr. Baden-Württemberg zum Beispiel zahlt an die Bistümer Freiburg und Rottenburg-Stuttgart je ca. 25 000 000 Euro als jährliche Pauschale. Die Bayern rechnen genauer, da wird für jede Bischofs-, Prälaten-, ja selbst Mesnerstelle ein eigener Betrag gezahlt; insgesamt erhalten die sieben bayerischen Diözesen knapp 66 Millionen Euro jährlich (in 2010). Diese Beträge sind in der Regel inflationsgesichert vereinbart, das heißt, sie werden laufend angepasst.

Um nicht den falschen Eindruck zu erwecken, die Kirche sei heute alleinige Nutznießerin solcher Privilegien: Spätestens seit der Einführung des Grundgesetzes haben alle anderen konstituierten Religionsgemeinschaften ähnliche Zahlungstitel erhalten, selbst wenn ihnen nie etwas vom Staat weggenommen worden war. Auch andere finanzielle Privilegien der Kirche, wie die weitgehende Steuerbefreiung und die Freiheit von vielen öffentlich-rechtlichen Gebühren, kommen inzwischen allen Religionsgemeinschaften zugute, die als Körperschaften des öffentlichen Rechts organisiert sind. Unter gleichheitstheoretischen Gesichtspunkten stellten diese Privilegien also kaum ein Problem dar – würde nicht heute schon ein Drittel der in Deutschland lebenden Bevölkerung, noch dazu mit steigender Tendenz, keiner religiösen Körperschaft angehören. Und dieses Drittel hat von den Staatsleistungen nichts, muss sie aber mit finanzieren.

Innerhalb der Kirche gibt es weiterhin eine riesige Zahl von Einrichtungen, die nicht entlang der geistlichen Hierarchieebenen organisiert sind. Die älteste Form dieser Einrichtungen bilden die Orden und die ordensähnlichen Gemeinschaften. Fast alle ihre Mitglieder leben nach dem aus dem Evangelium abgeleiteten Ideal der persönlichen Armut. Das führte allerdings dazu, dass viele Klöster und die Orden in ihrer Gesamtheit betrachtet reich, mitunter sehr reich geworden sind. Christliche Bruderschaften und Laienvereinigungen zu frommen und sozialen, gelegentlich auch politischen Zwecken stellen eine andere Kategorie von Vermögensträgern dar. In neuerer Zeit sind die karitativen Tätigkeiten der verschiedenen kirchlichen Ebenen in diözesanen und nationalen Vereinigungen zusammengefasst worden. In Deutschland ist dies die Caritas. Viele einzelne Einrichtungen werden in gesellschaftsrechtlich organisierter Form betrieben, meist als »gemeinnützige GmbH« (gGmbH). Allein der Umstand, dass die organisierte Sozialtätigkeit der Kirche in Deutschland mit etwa einer halben Million sozialversicherungspflichtig Beschäftigter betrieben wird, zeigt deutlich, dass »die Kirche« auch ein Wirtschaftsfaktor ersten Ranges ist.

Nicht vergessen darf man den Bereich der Bildung, wo die

verschiedensten kirchlichen Ebenen und Organisationen überall zu finden sind, es gibt Grundschulen, weiterbildende Schulen, Akademien und Hochschulen. Zwar mehrt dies nicht die finanzielle Stärke der Kirche, denn auch hier kostet Bildung in erster Linie Geld, aber die damit verbundenen Finanzströme stärken das kirchliche Wirtschaftsgeflecht.

Zunächst für eigene Zwecke wurde die Kirche früh aktiv im Druck- und Medienbereich, hier reicht das Spektrum heute vom Druck frommer Schriften bis zur einflussreichen Mediengruppe Weltbild, die alles verkauft, womit sich Geld verdienen lässt, egal ob die Produkte inhaltlich christlichen oder kirchlichen Ansprüchen genügen. Weltbild machte zuletzt mit annähernd 7000 Mitarbeitern einen Umsatz von knapp zwei Milliarden Euro im Jahr und gehört zu den zehn größten deutschen Medienkonzernen. Eigentümer der Gesellschaft sind fünfzehn deutsche Diözesen mit unterschiedlich hohen Anteilen. Den größten Anteil am Gewinn, nämlich 17 Prozent, erhält Kardinal Lehmann für sein Bistum Mainz. Eine große katholische Mediengruppe gibt es auch in Frankreich, die Groupe Bayard, die dem Männerorden der Assumptionisten gehört und immerhin in einer Größenordnung von 500 Millionen Euro Jahresumsatz macht. Die größte Zeitschrift Italiens, die *Famiglia cristiana*, die drei Millionen Leser erreicht, erscheint in einem Verlagshaus der Gesellschaft vom heiligen Apostel Paulus, einem katholischen Männerorden. Gegen die dort erzielten Umsatzgrößen muten die klassischen Aktivitäten der Klöster, beispielsweise das Bierbrauen oder das Herstellen von traditionsreichen Spirituosen, wie Brauchtumspflege aus Liebhaberei an. Die wohl größte noch in Klosterbesitz befindliche Brauerei in Deutschland, die Andechser Brauerei der Benediktinerabtei St. Bonifaz, gibt zwar keine Umsätze, aber immerhin den Bierausstoß von jährlich 100 000 Hektolitern bekannt.

Schließlich gibt es die kirchlichen Finanzinstitute, Versicherungen und Banken, kleinere, größere und die, die im Dunstkreis des Vatikans stehen, die weltweit aktiv sind. Wie wir noch sehen werden, passt der ohnedies schon diskrete und verschwiegene Stil weltlicher Bankiers bestens zu den Gepflogenheiten des kirchlichen Finanzwesens. Zu diesen Einrichtungen zählen die in Deutschland tätigen kirchlichen Genossenschaftsbanken, etwa die Pax-Bank mit Sitz in Köln. Die fünf größten Banken dieser Art weisen zusammen eine Bilanzsumme von gut 18 Milliarden Euro auf, ihren Anteilseignern versprechen sie eine Rendite von 7 Prozent pro Jahr und den Kunden, die ausschließlich aus kirchlichen Einrichtungen und deren Mitarbeitern bestehen, die Geldanlage nach katholischen Moralvorstellungen. Waffenhandel, Pornographie oder Verhütungsmittel sollen nicht finanziert werden, ein ehrbarer Ansatz, der früher im kirchlichen Bankwesen nicht gepflegt wurde. Freilich ist die Frage, ob der hohe Anspruch angesichts der weltweit immer komplexeren Verflechtung der Wirtschaft überhaupt realisierbar ist.

FROMME UNTERNEHMER, BANKER UND BETRÜGER

Gerade die karitative Tätigkeit der Kirche ist immer mal wieder für Skandale gut. In keinem anderen Tätigkeitsbereich der Kirche in Deutschland wird so viel Geld bewegt wie hier. Fehlende oder inkompetente Aufsichtsorgane, größenwahnsinnige Manager und der Nimbus des frommen und sozialen Wirkens führen zu Misswirtschaft und Betrug. Die Vorgänge um den Deutschen Orden sind noch in schlechter Erinnerung. Am Beispiel dieses relativ übersichtlichen, einfach strukturierten Skandals lässt sich das Ineinandergreifen der typischen Elemente kirchlicher Finanzskandale gut erkennen. Es braucht zunächst einen gerissenen Unternehmer – das kann im Einzelfall auch ein cleverer Geistlicher sein –, der vertraut ist mit frommem Gebaren und sich im kirchlichen Milieu bewegt wie ein Fisch im Wasser. Dann braucht es wirtschaftlich inkompetente Geistliche, die sich im vermeintlichen »Erfolg« des Unternehmers sonnen, seinen Schmeicheleien und Spenden für gute Werke auf den Leim gehen und bereitwillig kirchliche Einrichtungen für das vermeintlich segensreiche Wirken zur Verfügung stellen. So kann der Unternehmer einen weitgehend von staatlicher und finanzamtlicher Kontrolle freien Raum erlangen und seine Geschäftspartner mit der dargestellten Kirchennähe blenden. Eitle Politiker, die sich durch kirchliche Ehrungen oder wählerwirksame Privataudienzen beim »Heiligen Vater« – vermittelt von dem Unternehmer – einseifen lassen, können dann nützlich eingesetzt werden, um den Geschäftsgang zu befördern oder Schwierigkeiten im Verkehr mit Behörden zu umgehen.

Der Deutsche Orden, ein kleiner Priesterorden mit nur wenigen Mitgliedern, aber aufgrund seiner Gründung zur Zeit der Kreuzzüge mit traditionsreicher Vergangenheit, begann Mitte der neunziger Jahre, ein großes Rad zu drehen. Der damalige Vorsteher der deutschen Provinz, Pater Gottfried Keindl, ein früherer Polizeiseelsorger, lieh sich 250 000 D-Mark von einem Geschäftsführer der Caritas. Und dann ließ Pater Keindl seine Beziehungen spielen und kaufte ein. Als Ordensmann besaß er gute Kontakte zu vielen karitativ tätigen religiösen Gesellschaften, meistens weiblichen Krankenpflege-Gemeinschaften, bei denen aufgrund des anhaltenden Mitgliederschwunds die Unterhaltung vieler ihrer Krankenhäuser und Heime längst über ihre Kräfte ging. Das zweite Beziehungsgeflecht verband den Pater mit Spitzen der Gesellschaft, Politikern, Bankern, die es für eine große Ehre hielten, dem erlauchten Kreis der Familiaren des Deutschen Ordens anzugehören, einer Art Freundeskreis mit der Berechtigung, einen tiefschwarzen Ordensmantel mit dem silbernen Ordenskreuz zu tragen.

Zunächst hatte Pater Keindl mit dem geliehenen Geld eine Deutsch-Ordens Hospitalwerk GmbH gegründet. Damit konnte er von den Kölner Armen Schwestern vom Heiligen Franziskus zunächst deren florierendes St.-Franziskus-Hospital, das gut 25 Millionen D-Mark wert war, übernehmen. Mit diesem Vermögen im Hintergrund erwarb er in wenigen Jahren insgesamt 120 Sozialeinrichtungen aller Art in Deutschland. Die florierenden Einrichtungen mussten Verlustbringer querfinanzieren. Das konnte nicht lange gut gehen, bald war die Kreditwürdigkeit der GmbH erschöpft, das Finanzamt forderte ausstehende Steuerzahlungen, es drohte der Konkurs.

In der Presse wurden nun verschiedene Lösungen heiß diskutiert. Es wirkte sich daher günstig aus, dass der Orden seinen Sitz ins bayerische Weyarn verlegte und von den bayerischen Behörden den Status einer Körperschaft des öffentlichen Rechts verliehen bekam. Die bayerische SPD witterte später, dass Ministerpräsident Edmund Stoiber, auch er ein Deutschordensritter, die Entscheidung durch seinen Beistand ermöglicht hätte. Die Deutsch-Ordens Hospitalwerk GmbH wurde mit der neuen Körperschaft vereinigt und damit der Geltung von Konkurs- und Steuerrecht entzogen. Die aufgelaufenen Verbindlichkeiten, die bis 2002 etwa 200 Millionen Euro erreicht hatten, mussten zum großen Teil von den Gläubigerbanken abgeschrieben werden. Staatsanwaltliche Aktivitäten gegen die Mitglieder der Ordensleitung wurden nicht bekannt, und auch ein Untersuchungsausschuss des Bayerischen Landtags kam letztlich zu keinem Ergebnis.

Zur gleichen Zeit saß übrigens einer der Geldgeber von Pater Keindl bereits im Gefängnis. Er hatte unter den Augen des aufsichtsführenden Bischofs die Caritas Trägergesellschaft um 20 Millionen Mark erleichtert. Im Prozess erklärte der Bischof, er habe von nichts gewusst. Er habe dem Geschäftsführer vertraut und fest geglaubt, alles gehe nach Recht und Ordnung. Auch habe er sich auf den Gesamtvorstand sowie auf die Rechts- und Finanzabteilung des Bischöflichen Ordinariats verlassen. Die leitenden Mitarbeiter des Ordinariats entschuldigten sich für ihr Nicht-Handeln damit, dass sie nur in vom Bischof abgeleiteter Kompetenz tätig würden und damit ja selbst nicht verantwortlich seien. Diese seltsame Trennung von Befehlsgewalt und Verantwortlichkeit gehört zum Strukturprinzip kirchlicher Organisation, das zeigt sich nicht nur in Finanzfragen. Eine bischöfliche Verwaltung gleicht hinsichtlich ihrer Struktur eben keiner modernen Verwaltung, sondern einer vormodernen Kanzlei: Die Dienstleute hängen alle persönlich von der Macht ihres Dienstherrn ab, sie sind dessen verlängerte Organe und handeln nicht wie moderne Staatsbeamte in eigener Verantwortlichkeit im Rahmen eines sachlich definierten Auftrags. Es ist deshalb kein Wunder, das die seit dem Zweiten Vatikanischen Konzil geforderte Einführung einer eigenen kirchlichen Verwaltungsgerichtsbarkeit nicht umgesetzt wurde.

Ein ganz ähnlich gearteter Finanzskandal ereignete sich in den Neuen Bundesländern; er fand im Dezember 2007 mit einem für die Kirche günstigen Urteil des Bundesgerichtshofes (Az.: II ZR 239/05) ein vorläufiges Ende. Ausgangspunkt war hier das Kolpingwerk, ein katholischer Sozialverband, der sich eigentlich vor allem um die Ausbildung von benachteiligten Menschen kümmert. Die Diözesanverbände des Kolpingwerks in ostdeutschen Bistümern gründeteten 1990 das Kolping-Bildungswerk Sachsen e.V. Im Laufe der Jahre hatte der Verein seine Betätigungsfelder erheblich erweitert und nahm zuletzt eine reine Holdingfunktion wahr. Die Aktivitäten des Vereins wurden in mehr als 25 Tochter- und Enkelgesellschaften ausgelagert. Niemandem fiel auf, dass die Leitung des Vereins mit ihrer Aufgabe überfordert war und längst ein viel zu groß gewordenes Rad drehte. Ausbildungsstätten, Ersatzförderschulen, Lehrlings- und Studentenwohnheime, Gaststättenservice, aber auch ein Reisebüro, eine Tagespflegeeinrichtung, ein Call-Center, eine Werbeagentur und ein veritables Schloss bei Leipzig gehörten zu den Aktivitäten des kleinen Konzerns. Im Jahr 2000 kam die Pleite, 200 Millionen D-Mark betrug der Gesamtschaden für die Gläubiger. Auch hier fand binnen weniger Jahre der kometenhafte Aufstieg einer Unternehmensgruppe statt, der nur auf dem Ticket »Kirchlicher Sozialverband« möglich war. Sonst hätten die »Unternehmer« weder Geld geliehen bekommen, noch hätten sich ihnen die Möglichkeiten zum Erwerb von über 70 Standorten eröffnet. Ein Lieblingssatz des Geschäftsführers Stephan Michalke lautete: »Hinter uns steht der älteste Konzern der Welt.« Der kirchliche Status des Kolping-Bildungswerks Sachsen e.V. löste sich jedoch in dem Moment in Wohlgefallen und Weihrauch auf, als nach Aufsicht und Verantwortlichkeit gefragt wurde.

Die heutigen Prälaten verstecken sich gern hinter dem Nimbus, die Finanzgeschäfte, die Untergebene in ihrem Namen ausführen oder die sie zumindest beaufsichtigen sollten, interessierten sie nicht wirklich, es handele sich nur um weltliche Lästigkeiten. Andererseits nehmen sie Geld in durchaus barocker Manier als gegeben und ihnen zustehend in die Hand. Gerne auch völlig unbeeindruckt von bürokratischen Formalitäten, staatlichen Steuer- oder Zollgesetzen. Das gilt zumindest für Walter Mixa, bis Frühjahr 2010 Bischof von Augsburg, zuvor von Eichstätt. Schon vor seiner Zeit als Bischof liegt ein Vorfall, der seine legere Einstellung zeigt. Im Pfarrhof von Schrobenhausen, wo Mixa seit 1975 Stadtpfarrer war, wurden nach einer Sanierung Möbel gebraucht. Es sollte dann schon etwas Repräsentatives sein, und so kaufte der Stadtpfarrer Antiquitäten und Bilder für 70 000 D-Mark. Nur bekam er das Geld nicht aus der Pfarrstiftung, die das eventuell hätte bezahlen müssen, sondern entnahm es aus der Waisenhauskasse, deren Zweck nun mal nicht »Schöner Wohnen im Pfarrhaus« war. Die Angelegenheit wurde von der Kirche geradegebogen, als Mixa Bischof wurde.

Den Spitznamen »Mixa Bargeld« (in Anlehnung an den Avantgardemusiker Blixa Bargeld) handelte sich der Bischof mit einer anderen Aktion ein. Zu Ende des Jahres 2001, also kurz vor der Einführung des Euro als Zahlungsmittel, war der Bischof der mazedonischen Hauptstadt Skopje, Joakim Herbut, in Nöten. Er hatte nämlich nicht verwendete Zahlungen diverser kirchlicher Hilfswerke zum Aufbau einer »grauen Kasse« verwendet, ihr Inhalt bestand aus D-Mark-Scheinen. Zufällig war Bischof Mixa zur Stelle, in seiner Eigenschaft als Militärbischof besuchte er die Bundeswehreinheiten, die gerade für die KFOR in Mazedonien im Einsatz waren. Der wollte gern behilflich sein, holte das Geld persönlich bei seinem Amtsbruder ab, packte die 400 090 D-Mark, meist in großen Scheinen, ins Handgepäck – und dann wurde er vom Zoll bei der Ausreise erwischt. Auch diese Affäre wurde dem Bischof Mixa von der Kirche verziehen, obwohl er sich hinsichtlich der beabsichtigten Verwendung des Geldes in Widersprüche verwickelt hatte. Aber in Rom saß man selbst im Glashaus, was den Umgang mit Geld aus grauen und schwarzen Kassen anbelangt, und zwar so sehr, dass die Geschäfte des damaligen Eichstätter Bischofs dagegen »peanuts« waren.

RÖMISCHE FINANZEN –
PETRI NACHFOLGER FISCHEN IM TRÜBEN

Schon sehr früh hatte die Kirche für ihren Kirchenstaat eine eigene Bank gegründet. Unter Paul V. (1605–1621) war der Banco di Santo Spirito aufgebaut worden, der bis 1992 selbstständig war und heute Teil der Unicredit Banca di Roma ist. Doch der alte Wohlstand der römischen Kirche ließ sich nach der Französischen Revolution nicht retten, die langen Kriegsjahre bis 1813 taten ein Übriges. Schon vor seinem Untergang durch die italienische Annexion im Jahr 1870 war der alte Kirchenstaat finanziell schlecht fundiert gewesen und konnte sich nur mit Krediten, die teilweise von den jüdischen Bankiers der Familie Rothschild gewährt wurden, sowie den Einnahmen aus dem Peterspfennig über Wasser halten. 1835 hatte die Funktion der päpstlichen Staatsbank die Banca Romana übernommen, die aber wie der übrige Besitz des *Stato pontificale* 1870 an das Königreich Italien fiel. Der nun (beinahe) besitzlose Papst war zur Erhaltung seines ihm verbliebenen Hofstaates auf Spenden und auf den Peterspfennig angewiesen.

Der Peterspfennig wird seit 1860 als freiwillige Abgabe weltweit von den Gläubigen erbeten. Die Situation des Papstes als »Gefangener im Vatikan« beflügelte die Spendenfreude der Christen, so entstand ein Vermögen von fünf Millionen Lire, entsprechend etwa 1,5 Tonnen Feingold, das den Grundstock für weitere Geldanlagen bildete. Papst Leo XIII. (1878–1903) gründete 1887 ein Finanzinstitut unter dem seinen wirklichen Zweck verschleiernden Namen Amministrazione per le Opere di Religione (»Verwaltung für die Werke der Religion«). Zusätzlich beteiligte sich der Heilige Stuhl mit 50 Prozent der Anteile an der bisher privaten Banca di Roma (nicht mit der Banca Romana zu verwechseln) und einer Bauträgergesellschaft, der Società Generale Immobiliare. Vor allem über die Banca di Roma, deren Gründer und Aufsichtsratsvorsitzender Ernesto Pacelli war, der Onkel des späteren Papstes Pius XII., engagierte sich die Kirche in größerem Umfang in Spekulationen an europäischen Börsen. Ökonomisch war die Kirche damit in der Moderne angekommen.

Die Banca Romana, die alte päpstliche Staatsbank, gehörte zwar nach 1870 nicht mehr dem Kirchenstaat, aber ihre persönlichen und finanziellen Verflechtungen mit dem Vatikan waren trotz des Eigentümerwechsels erhalten geblieben. Diese Banca Romana ging 1893 in einem Bankskandal unter, der die europäische Finanzwelt erschütterte. Seit 1887 waren hohe Verluste durch leichtsinnige Immobilienfinanzierungen entstanden, und um diese auszugleichen, ließ die Bank einfach illegal in London Geld drucken. Das war möglich, weil sie als ehemalige Bank des Kirchenstaates zu den sechs italienischen Notenbanken zählte, die grundsätzlich das Recht hatten, Banknoten auszugeben. Aber natürlich unter Aufsicht des Staates und vor allem mit einer Rückdeckung in Gold oder Wertpapieren, so sollte es zumindest sein. Der damalige Bankdirektor Bernardo Tanlongo verfiel auf die Idee, die Nummern der Banknoten doppelt zu belegen und so vorzuspiegeln, dass nicht mehr Noten ausgegeben würden, als Goldreserven zu ihrer Deckung vorhanden waren. Es war natürlich nur eine Frage der Zeit, bis dieser Schachzug publik wurde, denn die Banca Romana musste ihre Noten, die ihr von den anderen Banken vorgelegt wurden, ja immer wieder gegen deren Noten einlösen.

1893 war es so weit, die Deckungslücke betrug inzwischen ca. 75 Millionen Lire. Es kam zum Skandal, zu Durchsuchungen und Anklagen. Direktor Tanlongo wurde nicht bestraft, der Strafprozess gegen ihn wurde eingestellt. Es zeigte sich, dass die Banca Romana vielen Politikern, Presseleuten und anderen einflussreichen Personen große Kredite ohne Sicherheiten gewährt hatte. Friedrich

Engels schrieb am 3. Februar in der sozialdemokratischen Zeitung *Vorwärts*: »Tanlongo ist ein in allen Wassern gewaschener, durch und durch geriebner alter Italiener, kein grüner Neuling im Schwindel [...]. Tanlongo ist ein frommer Mann, der jeden Morgen um 4 Uhr in die Messe ging, wo er die Geschäftchen abmachte, deren Träger und Vermittler – blamier mich nicht, mein liebes Kind – er nicht in seinem Bankkontor zu sehen wünschte. Tanlongo stand auf vortrefflichem Fuß mit dem Vatikan, und nach dem für die italienische Polizei unantastbaren Vatikan soll er ein Kästchen in Sicherheit gebracht haben, das diejenigen Dokumente enthält, die ihn sicherstellen gegenüber seinen mächtigen Freunden und Gönnern, diejenigen Dokumente, die er der Justiz nicht voreilig anzuvertrauen wünscht. [...] Und Tanlongo hielt gewisse Aktenstücke, die ihn verteidigen und den wahren Sachverhalt klarstellen sollen, für sicher nicht beim italienischen Untersuchungsrichter, sondern nur im Vatikan.«

Tanlongos Verbrechen kann man natürlich nicht »der Kirche« anlasten. Über Mitwisser und Hintermänner aus dem Vatikan ist nichts bekannt geworden und vermutlich gab es sie auch nicht. Aber es zeigt sich hier erstmals eine Schwäche, die der römischen Kurie, der päpstlichen Verwaltung, in den folgenden Jahrzehnten immer wieder unterlaufen sollte: Mit der Auswahl von Vertrauenspersonen und Geschäftspartnern nahm man es nicht so genau. Vor zweifelhaften Praktiken verschloss man die Augen. Und schließlich ließ man es zu, dass der fromme Ruf und die juristische Exterritorialität des Vatikans von Kriminellen zur Sicherung ihrer Beute und zur Strafvereitelung genutzt wurden. Der Fall Tanlongo hätte eine Warnung sein können.

UNSAUBERE HÄNDE

Ein grundlegender finanzieller Neubeginn war für die römische Kirche erst 1929 möglich, als man sich mit Mussolini über den neuen Vatikanstaat geeinigt hatte. Der Lateranvertrag sah für das 1870 verlorene Vermögen eine Entschädigung in Höhe von 1,75 Milliarden Lire vor. Die Lira war trotz zwischenzeitlicher Abwertung immer noch eine schwergewichtige Währung, und der Milliardenbetrag entsprach gut 79 Tonnen Feingold oder 92 Millionen US-Dollar. Dieses Geld wurde zum Teil von einer eigens gegründeten Behörde, der Amministrazione Speciale della Santa Sede, verwaltet und ansonsten bei der Amministrazione per le Opere di Religione angelegt. In den vierziger Jahren wurde die zweite Verwaltung zu einer richtigen Bank ausgebaut und in Istituto per le Opere di Religione (IOR) umbenannt. Papst Pius XI. (1922–1939) gewann als Direktor der Amministrazione Speciale della Santa Sede den Bergbauingenieur Bernardino Nogara, der einer Familie entstammte, die der Papst seit Jahrzehnten kannte und die mehrere Prälaten hervorgebracht hatte; zwei Brüder Nogaras waren Erzbischöfe.

Nogara, ein loyaler und fähiger Finanzfachmann, nahm die Position an, allerdings stellte er die Bedingung, dass er in seiner Tätigkeit nicht durch religiöse oder kirchliche Lehren behindert werden dürfe. Der Papst ging darauf ein, obwohl er damit in Widerspruch zu seinen eigenen wirtschaftsethischen Forderungen geriet, die er kurze Zeit später, 1931, in seiner Enzyklika *Quadragesimo anno* (»Im vierzigsten Jahr«) formulierte. Nogara gelang es zunächst, das Vermögen des Papstes über den Börsencrash des Jahres 1929 zu retten, indem er auf Gold und Immobilien setzte. Danach finanzierte er Mussolinis Kriegszug nach Äthiopien, der im ersten Kapitel beschrieben ist, und weitete das Engagement des Vatikans in der italienischen Wirtschaft aus. Die Beteiligung an der Società Generale Immobiliare, der größten italienischen Baufirma, wurde erhöht und ein großer Anteil am Versicherungskonzern Assicurazioni Generali erworben.

Über ein geschickt aufgebautes System von Holdinggesellschaften gelang es Nogara in der Vorkriegs- und Kriegszeit, Geschäfte mit beiden Kriegsparteien zu machen, sowohl mit den Achsenmächten als auch mit den Alliierten. Dazu dienten in Luxemburg die Fa. Grolux und in der Schweiz die Fa. Profima S.A., über die im November 1941 der Banco Sudameris, ein Komplex von acht selbstständigen Bankhäusern in südamerikanischen Staaten, erworben wurde. Diese Aktivität wurde von Amerikanern und Briten sehr kritisch gesehen, weil diese Bankengruppe gute Beziehungen in das faschistische Italien hatte. Ob die Unternehmen, an denen sich der Vatikan beteiligte, mit Waffen handelten oder von der Enteignung der Juden profitierten, war dem Bankier des Papstes egal. Der US-amerikanische Historiker Michael Phayer mutmaßt, dass über die Geschäftsbeziehungen des Vatikans nach Portugal – in denen es um den Handel mit kriegswichtigem Wolframcarbid ging, das die Achsenmächte dringend zur Produktion panzerbrechender Munition benötigten – auch deutsches Raubgold aus besetzten Ländern, ja sogar Zahngold, das in den Vernichtungslagern von den ermordeten Juden erbeutet worden war, in den Welthandel eingeschleust wurde. Nogara wollte Geld verdienen und dem Vatikan eine solide finanzielle Basis verschaffen, gleich welche Partei den Krieg gewinnen würde und ohne Rücksicht auf die moralische Qualität der eingesetzten Mittel.

Ein besonders dunkles Kapitel der Ära Nogara bildet die angebliche Beihilfe des Vatikans zum Goldschmuggel der Ustascha, der kroatischen Faschistenbewegung. Nach der Entstehung des jugoslawischen Staates unter Tito nach 1945 gelang es dem Ustascha-

Führer Pavelić nicht nur, selbst in Rom Unterschlupf zu finden, er brachte einen Teil der Goldreserve mit, die das Regime dem Vorkriegs-Jugoslawien geraubt hatte. Wie viel es war, möglicherweise Münzen im Wert von 200 Millionen Schweizer Franken, und wohin der Schatz ganz oder teilweise gelangte, ob vielleicht nach Argentinien oder ob noch ein Teil in Rom liegt, ist bis heute unklar. Immer noch läuft vor dem District Court in San Francisco eine Klage von Holocaustopfern auf Herausgabe des Goldes. Gegen den Vatikan wurde die Klage abgewiesen, denn aufgrund seiner Eigenschaft als auch von den USA seit 1984 anerkannter Staat hielt sich das Gericht für unzuständig. Bei der Verteidigung gegen den Anspruch hatte der Vatikan es vermieden, Angaben zur Sache zu machen. Der Rechtsstreit wird derzeit noch gegen den Franziskanerorden wegen dessen starker Verflechtung mit dem Ustascha-Regime weitergeführt, der Ausgang ist offen. Zu Ende seiner Amtszeit im Jahr 1954 konnte Nogara seinem Nachfolger ein Vermögen übergeben, das nach seriösen Schätzungen mindestens zwei Milliarden US-Dollar umfasste. In 25 Jahren hatte es Nogara geschafft, aus dem anfangs vorhandenen Grundstock das Zwanzigfache zu machen. Der Papst war reich. Und Geld stinkt bekanntlich nicht.

Aber schon fünfzehn Jahre später sah die Finanzlage des Vatikans wieder trüb aus, die Ausrichtung des Zweiten Vatikanischen Konzils hatte richtig Geld gekostet – und auch Popularität bei vielen konservativen Spendern, denen die Diskussionen und Ergebnisse des Konzils nicht gefielen. Paul VI. war nicht so populär wie sein Vorgänger Johannes XXIII., der Papst mit der herzlichen Ausstrahlung. Die Einnahmen des Heiligen Stuhls sanken. Dazu geriet das Steuerprivileg für kirchliche Unternehmensbeteiligungen, das Nogara unter Mussolini hatte durchsetzen können, ins Wanken und wurde

1963 zunächst abgeschafft. Bis 1968 hoffte der Vatikan, durch Verhandlungen mit der italienischen Regierung das Privileg aufrechtzuerhalten, war allerdings nicht erfolgreich, und Ministerpräsident Giovanni Leone, obgleich Christdemokrat, forderte die seit 1963 angefallenen Steuern ein. Die Kirche hatte damals den größten Teil ihrer Anlagen in Italien getätigt und damit enormen Einfluss auf die italienische Wirtschaft gewonnen, weite Bereiche des italienischen Bankwesens standen unter kirchlicher Kontrolle, Stahl- und Energiekonzerne, Bau- und Immobilienfirmen gehörten zum heiligen Finanzimperium. Beim Bau des neuen römischen Flughafens in Fiumicino war schon Bestechung im Spiel; sowohl beim Verkauf von Grund und Boden als auch bei den Baumaßnahmen machten Firmen in Vatikanbesitz ihre Profite. Der wirtschaftliche Einfluss der Kirche wurde politisch durch die italienischen Christdemokraten abgesichert, der entstandene Filz aus Politik- und Finanzinteressen musste zweifelhafte Charaktere geradezu magisch anziehen.

Papst Paul VI. (1963–1978), der das schwierige Erbe seines sehr beliebten Amtsvorgängers Johannes XXIII. (1958–1963) angetreten hatte, wollte die starke Fixierung der kirchlichen ökonomischen Interessen auf Italien abbauen. Er vertraute deshalb das Amt des Präsidenten der Vatikanbank IOR einem US-amerikanischen Geistlichen an, mit dem er bereits seit 1953 persönlich befreundet war, dem späteren Erzbischof Paul Marcinkus. Marcinkus stammte aus einer armen Familie litauischer Einwanderer, hatte in den Vereinigten Staaten die Priesterausbildung durchlaufen und dann in Rom Kirchenrecht studiert. Vom Bankgeschäft verstand er nichts. Der Papst bestellte deshalb zusätzlich einen weltlichen Manager, den aus Sizilien stammenden Banker Michele Sindona, den er ebenfalls schon lange privat kannte.

Sindona, ursprünglich Rechtsanwalt, hatte seit 1946 in Mailand aus dem Nichts ein beeindruckendes Konglomerat von Banken und Industriebeteiligungen erworben, er verfügte über beste Kontakte in die USA, wo ihm die Franklin National Bank mehrheitlich gehörte. Schon Mitte der fünfziger Jahre freilich hatte er mit der Mafia zusammengearbeitet, er half der »Familie« des in New York lebenden Carlo Gambino, einem der erfolgreichsten Oberhäupter der Cosa Nostra, bei der Geldwäsche der Erträge aus dem Heroingeschäft. Später wurde er Mitglied der Freimaurerloge »Propaganda Due« von Licio Gelli, zu der hunderte von hochrangigen Militärs, Polizisten, Politikern und Bankern gehörten. Die P2-Loge wurde bereits Anfang der siebziger Jahre vom italienischen Dachverband der Freimaurer ausgeschlossen, weil ihre Ziele im Widerspruch zu den freimaurerischen Idealen standen. 1982 wurde sie aufgelöst und verboten.

Es ist unbekannt, ob überhaupt und wenn ja wie viel von diesen kriminellen Verstrickungen Sindonas dem Papst bekannt war. Erzbischof Marcinkus werden sie nicht lange verborgen geblieben sein, denn schon 1971, also kurz nach seiner Ernennung zum Chef der Vatikanbank IOR, ermittelten US-Staatsanwälte gegen ihn, weil er für 14,5 Millionen US-Dollar gefälschte Wertpapiere in den Vatikan gebracht hatte. Aber dieser Vorfall zeitigte keine Konsequenzen, das Gespann Sindona-Marcinkus konnte seine Betrugsmanöver weiter verfolgen. Nützlich für den Vatikan war, dass die bisher in Italien gehaltenen – und damit steuerpflichtigen – Unternehmensbeteiligungen verlagert wurden und in einem undurchsichtigen Geflecht von Holdinggesellschaften und Banken, die alle in Steueroasen ansässig waren, verschwanden.

Ob sich Sindona dabei auch persönlich bereichert hat oder ob er die Vatikangeschäfte nur als willkommene Tarnung für die Mafia-Geldwäsche nutzte, ist ungeklärt. Bekannt ist dagegen, dass über Sindona und die Vatikanbank viel Geld an die italienischen Christdemokraten, insbesondere an Giulio Andreotti, Ministerpräsident von 1972 bis 1973, floss. Andreottis Einstellung zur Kirche könnte man am ehesten als »pragmatisch« bezeichnen, hat er sie doch selbst so erklärt: »Wenn ich in die Kirche gehe, spreche ich nicht mit Gott, nur mit dem Priester, denn Gott geht nicht wählen.«

Das Trio infernale der vatikanischen Hochfinanz wurde komplettiert durch Roberto Calvi. Calvi war seit 1947 im Bankgeschäft tätig, zunächst als Angestellter der Banco Ambrosiano in Mailand, schließlich 1971 als Direktor dieses Bankhauses, das der Vatikanbank IOR gehörte. Seine fachlichen Qualitäten wurden seit 1967 von Michele Sindona für dessen Geldwäscheaktivitäten genutzt, Sindona warb ihn auch als Mitglied der Geheimloge Propaganda Due. Dem stramm antikommunistischen Programm dieser Loge entsprechend, unterstützte Calvi mit Geld der Banco Ambrosiano später die Contras in Nicaragua wie auch die Gewerkschaftsbewegung Solidarność in Polen. Das Geflecht vatikanischer Interessen wucherte, Calvi gründete in Nassau/Bahamas die Cisalpine Overseas Bank, die als Tochter des IOR und der Banco Ambrosiano vatikanischen Immobilienbesitz in Nord- und Südamerika verwaltete, sowie eine größere Zahl von Briefkastenfirmen in Panama und anderen Steuerparadiesen, über deren Konten Waffen- und Drogengeschäfte abgewickelt wurden.

Sindonas Stern sollte bald sinken. Infolge der Ölkrise von 1973 und der von ihr ausgelösten Finanzkrise konnte er den Liquiditätsbedarf seines betrügerisch finanzierten Imperiums nicht mehr decken, im Herbst 1974 gingen seine wichtigsten Firmen, die Banca Privata Italiana und die Franklin National Bank, in Konkurs. Sindona floh in die USA. Für Erzbischof Marcinkus und Bankier Calvi war es kein Problem, sich trotz des Skandals das Vertrauen von Papst Paul VI. zu erhalten; frech erklärte der Erzbischof, die Kirche habe beim Zusammenbruch des Sindona-Konzerns nichts verloren.

Das war die glatte Unwahrheit, es gab Verluste, die in einer Größenordnung von mindestens 30 Millionen Dollar lagen. Die päpstlichen Finanzverwalter bemerkten dies aber erst Jahre später. Die Banco Ambrosiano war in Sindonas Geschäfte so stark verstrickt, dass der wirtschaftliche Zusammenbruch von dessen Banken dort eine Finanzlücke von bis zu 1,2 Milliarden US-Dollar erzeugt hatte.

Nach dem Tod Pauls VI. am 6. August 1978 wurde der Ernst der Lage auch größeren Kreisen der Kirchenführung bekannt; bis zuletzt hatte der Papst seine schützende Hand über die von ihm protegierten Finanzleute gehalten. Dann begann das kurze Pontifikat von Johannes Paul I., einem Gegner des Gespanns Marcinkus-Calvi. Der neue Papst hatte sich in seinem früheren Amt als Patriarch von Venedig erbittert, aber vergeblich gegen den Verkauf von Geschäftsanteilen an der Banca Cattolica del Veneto von der Vatikanbank IOR an Calvis Banco Ambrosiano gewehrt. Doch der frühe Tod von Johannes Paul I. am 28. September 1978 nach nur 33-tägigem Pontifikat verhinderte zunächst jede Maßnahme hinsichtlich des Istituto per le Opere di Religione. Schnell kam das Gerücht auf, der Papst sei vergiftet worden, nachdem er Kardinal Jean Villot von seiner Absicht informiert hatte, das IOR zu reformieren. Mit dem Erzketzer Giordano Bruno (1548–1600) kann man dies kommentieren: »Se non è vero, è ben trovato« (»Wenn es nicht wahr ist, so ist es doch gut erfunden«).

Calvi konnte noch eine Weile sein Treiben fortsetzen, doch der Untergang des Mailänder Bankhauses war nicht mehr aufzuhalten. Erzbischof Marcinkus und Calvi versuchten, die Banco Ambrosiano mit Geldern und einer Kreditgarantie des IOR zu retten. Diese Kreditgarantie wurde von Calvi seinen Geldgebern vorgezeigt, nicht aber ein vom gleichen Tag stammendes Papier, in dem die Banco Ambrosiano erklärte, sie werde IOR von allen Verpflichtungen aus dieser Garantie freistellen. Die Garantie war also nichts wert, sondern wohl vorsätzlich in der Absicht erstellt worden, die Gläubiger der Bank zu täuschen. Die Rettung der Banco Ambrosiano misslang schließlich, weil eine Forderung der Banca d'Italia über 1,3 Millarden US-Dollar nicht beglichen werden konnte. Roberto Calvi floh vor der italienischen Polizei nach London und wurde dort am 18. Juni 1982 tot aufgefunden, erhängt unter der Black Friar's Bridge mit Ziegelsteinen in den Taschen seiner Kleidung und 15 000 US-Dollar in bar. Zunächst ging die englische Polizei von einem Selbstmord aus, dann wurde wegen Mordes ermittelt. Der Logenmeister Licio Gelli, der Mafiaboss Giuseppe Calò und andere wurden 2005 in Rom wegen Mordes an Calvi angeklagt, aber 2007 mangels Beweisen freigesprochen.

Der Tod Calvis, des »Bankiers Gottes« wie er genannt wurde, und seine skurrilen Umstände schlugen in der internationalen Öffentlichkeit ein wie eine Bombe. Aber im Vatikan passierte – nichts. Erzbischof Marcinkus, der letzte aus dem kriminellen Trio verbliebene Vatikanbanker, denn Sindona saß ja schon in den USA im Gefängnis, durfte unter Papst Johannes Paul II. (1978–2005) weitermachen wie zuvor. Als hilfreich erwies sich für Marcinkus zunächst, dass der »polnische« Papst ihm gewogen war, hatte der Erzbischof doch den Transfer von vielen Millionen Dollar an die Solidarność gemanagt. Auch als Reisemanager und persönlicher Leibwächter besaß Marcinkus das Vertrauen des Papstes und vor allem ständigen Zugang zu ihm, was seine Stellung im Vatikan enorm festigte. Aber durch den Zusammenbruch der Banco Ambrosiano musste das IOR nicht nur den Wert seiner Beteiligung an der Mailänder Bank abschreiben, es drohten auch Bürgschaftsrisiken in einem Volumen bis zu 1,2 Milliarden Dollar, die die Existenz des Instituts ernsthaft infrage stellten. Zudem wurde die Verstrickung der Vatikanbank in die dunklen Geschäfte Sindonas offenkundig.

Dem Außenminister des Papstes, Kardinal Agostino Casaroli, auch er galt als Freimaurer, gelang mit dem neu gewählten italienischen Ministerpräsidenten Bettino Craxi ein Deal. Mit Bettino Craxi stand erstmals ein Sozialist an der Spitze der italienischen Regierung, allerdings, wie sich später herausstellte, mit besten Beziehungen zu allen Seiten. Der heutige Ministerpräsident Silvio Berlusconi gehörte übrigens damals auch zu dessen Entourage. Der Pakt zwischen Craxi und dem Kardinal sah vor, dass die Vatikanbank IOR ohne Anerkenntnis einer Rechtspflicht oder sonstigen Schuld 242 Millionen Dollar an die Gläubiger der Banco Ambrosiano zahlen sollte. Reiner Zufall war es natürlich, dass zur gleichen Zeit zwischen dem Heiligen Stuhl und Italien das alte Mussolini-Konkordat neu verhandelt wurde. Und Craxi konnte es als seinen politischen Erfolg verkaufen, damit die Stellung der Kirche als Staatsreligion abgeschafft und die Zivilehe – und damit die Möglichkeit der Ehescheidung – eingeführt zu haben.

Das Jahr 1983 wurde vom Papst zum außerordentlichen Heiligen Jahr wegen der 1950sten Wiederkehr der Kreuzigung Christi ausgerufen. Das führte zu einer ansehnlichen Steigerung der Einnahmen des Vatikans durch die damit verbundenen hohen Pilgerzahlen. Finanziell war der Vatikan erst einmal mit einem blauen Auge der Affäre entronnen. Inzwischen wurde Marcinkus' Rolle beim IOR immer unhaltbarer, da die italienische Staatsanwaltschaft gegen ihn wegen Betrugs und Bankrotts ermittelte und zu Beginn des Jahres 1987 einen Haftbefehl gegen ihn erwirkte. 1989 endlich setzte Papst Johannes Paul II. den Erzbischof als Direktor der Vatikanbank ab, ein Prozess wurde ihm nicht gemacht. Marcinkus blieb bis 1997 im Vatikan, hinter dessen Mauern geschützt vor italienischer Strafverfolgung, und starb 2006 in einer Kleinstadt in Arizona eines natürlichen Todes. Das Prinzip des Vertuschens und Verschweigens hatte wieder einmal gesiegt. Sein Kumpan Sindona war dagegen schon 1986 nach seiner Auslieferung nach Italien im Gefängnis von Voghera verstorben, jemand hatte ihm Zyankali in den Espresso gegeben.

1989 wurde eine neue Organisation der Geschäftsführung des IOR geschaffen, und Angelo Caloia, ein Wirtschaftswissenschaftler und Bankier aus Mailand, übernahm die Führung der Vatikanbank. Aber es sollte dann doch auch wieder ein Prälat in der Leitungsebene mitmischen. Man fand dafür keinen besseren als den Geistlichen Donato de Bonis. Und damit hatte die Vatikanbank sich den denkbar schlechtesten Kandidaten für diese Funktion ausgesucht. Denn de Bonis war lange Jahre im IOR als Generalsekretär der Vertraute von Erzbischof Marcinkus gewesen, er kannte alle Kunden, alle Mitarbeiter, alle Tricks. Und er nutzte dies skrupellos für seine eigenen Geschäfte aus, weniger am privaten Gewinn, mehr an der Macht, am Strippenziehen interessiert. Dabei spielte er stets den bescheidenen Anhänger des heiligen Franz von Assisi. Offenbar war niemand auf die Idee gekommen, dieser fromme Prälat könnte das alte System von Marcinkus nicht nur fortsetzen, sondern sogar übertreffen. Und ein gewissermaßen amtliches Misstrauen gegen enge Mitarbeiter von überführten Missetätern sieht die kirchliche Struktur nicht vor.

De Bonis installierte parallel zu den offiziell geführten Konten ein System von inoffiziell geführten Konten, die in der Buchhaltung der Vatikanbank nicht auftauchten. Diese lauteten auf frei erfundene Personen und auf Stiftungen, die es gar nicht gab. Die wirklichen Begünstigten waren nur dem Prälaten de Bonis bekannt. Hauptnutznießer dieses Systems war der christdemokratische Politiker Giulio Andreotti, der so Milliarden von Lire Bestechungsgelder wusch und wiederum andere damit bestach. Das konnte nur gelingen, weil die IOR im exterritorialen Vatikanstaat ihren Sitz hatte und somit den italienischen Behörden kein Zugriff möglich war. Um die Tarnung dieser Aktivitäten zu erleichtern, wurden Teilmengen dieser Schwarzgelder für kirchliche und wohltätige Zwecke ausgegeben.

Drei Jahre lang ging dieses Treiben unbemerkt vonstatten, bis die italienische Staatsanwaltschaft im Zug einer Aktion gegen korrupte Politiker die Aktion *mani pulite* (»saubere Hände«) durchführte. Nach Verhaftungswellen gegen italienische Politiker ordnete auch der Vatikan eine Sonderprüfung seiner Bank an. Der Bericht deckte die kriminellen Vorgänge weitgehend auf und wurde im August 1992 dem Papst vorgelegt. De Bonis musste weg, denn der neue Skandal drohte öffentlich bekannt zu werden. Der Papst ernannte den nunmehr Ex-Banker deshalb zum Bischof und machte ihn zum Prälaten des Malteserordens. In den folgenden staatsanwaltlichen Ermittlungen gegen Kunden der Vatikanbank – an deren kriminellen Aktivitäten sie mutmaßlich gut verdient hatte, denn für Geldwäsche war eine Provision von 2 Prozent des Umsatzes üblich – mauerte der Vatikan. Man gab nur so viel zu, wie man unbedingt musste, und setzte darauf, dass aufgrund der Prominenz vieler Angeklagter es ohnedies nicht zu Strafurteilen kommen würde. Und kirchliche Mitarbeiter oder gar Geistliche wurden sowieso nicht verfolgt.

Der große Bestechungsskandal um die Aufteilung der italienischen Staatsholding ENIMONT, in dessen Zusammenhang die Aktion der *mani pulite* stattfand, erschütterte die Grundfesten Italiens; die bisherigen Parteien gingen unter, es verschwand die für den Vatikan wichtige Democrazia Cristiana ebenso wie Craxis Sozialisten. Aufgrund der für die Kirche auch nach den Änderungen in der Ära Craxi sehr komfortablen Bedingungen des Konkordates von 1929 leistet der italienische Staat jährlich etwa 6 Milliarden Euro an Einrichtungen der katholischen Kirche, auch an den Heiligen Stuhl als römischen Bischofssitz.

Wer die Finanzen der Kirche im Auge hat, dem kann es nicht egal sein, welche politische Mehrheit in Italien die Regierung stellt. Und wer beißt schon die Hand, die ihn füttert? Finanzielle Abhängigkeit vom Staat, hier besonders vom italienischen Staat, droht ganz grundsätzlich das Handeln und die inhaltliche Positionierung der Kirche zu korrumpieren. Die Beziehungen zwischen dem Vatikan und der italienischen Regierung, die heute von Silvio Berlusconi geführt wird, der Vertrauter von Licio Gelli und Bettino Craxi war und in dessen Person sich die Verquickung von Medien, Finanzen und Politik Italiens manifestiert, können deshalb nicht argwöhnisch genug betrachtet werden. Und diese Beziehungen sind kein italienisches Problem, sie betreffen die Kirche weltweit.

Leider ist festzustellen, dass die Finanzen des Vatikans, jedenfalls die wichtigste Finanzinstitution der Kirche, das dem Papst direkt unterstehende Istituto per le Opere di Religione (IOR), das seinen Sitz im Turm des Papstes Nikolaus V. hat, direkt neben den eigentlichen päpstlichen Gemächern gelegen, fast dreißig Jahre lang in der Hand von Kriminellen war. Sindona, Marcinkus, Calvi und de Bonis machten das päpstliche Geldinstitut zu einem Hort des organisierten Verbrechens, das Geldwäsche betrieb, Steuerhinterziehung und Devisenschmuggel ermöglichte und von dem aus Drogen- und Waffenhandel finanziert wurden.

Wie war das möglich? Nun, das Einfallstor stellt Bernardino Nogaras Idee dar, dass die Finanzen der Kirche ohne Rücksicht auf inhaltliche, ethische Prinzipien des Christentums zu verwalten und zu mehren seien. Dem hatte Papst Pius XI. einst zugestimmt und diese Entscheidung ist erst im Jahr 2008 durch Papst Benedikt XVI. indirekt revidiert worden. Die eigentlich für die Aufsicht über das IOR zuständigen Kardinäle fühlten sich aus diesem Grund nicht bemüßigt, näher hinzusehen. Finanzen und Geld waren für sie zwar notwendige, aber ungeliebte Dinge, und Ahnung vom Bankwesen hatten sie in aller Regel nicht. Der Gewinn des IOR wurde gern genommen; wie er zustande kam, wollte man nicht wirklich wissen. Die Auswahl des eigentlichen Bankpersonals wurde nicht anhand dessen Qualifikation, sondern nach dem Prinzip »family and friends« getroffen. Eine funktionierende Innenrevision wurde nicht eingerichtet, nicht einmal das banale Vier-Augen-Prinzip bei Kassen- und Überweisungsgeschäften wurde durchgesetzt. Dazu kommt infolge der hierarchischen, monarchischen Verfassung der Kirche eine Struktur der organisierten Verantwortungslosigkeit: Alle Ämter hängen direkt vom Papst ab, kein Amtsträger besitzt Befugnisse, die aus einer anderen Legitimation stammen. Und der Papst weiß nur, was er wissen will.

Benedikt XVI. war in seinen Jahren als Kurienkardinal seit 1981 mit Finanzfragen nicht befasst. Aufgrund seiner Nähe zu Papst Johannes Paul II. dürfte er aber die Skandale um das Institut für Religiöse Werke genau verfolgt haben. Schon mit der Ernennung Angelo Caloias zum verantwortlichen Bankier des IOR war hier eine Person zu Einfluss gekommen, die dem Opus Dei angehörte, einem streng konservativen Orden, dem auch Laien als Mitglieder angehören. Es wurde dann eine Art Aufsichtsrat aus Personen gebildet, die erhebliche Erfahrung im Finanzsektor aufwiesen und selbst in Vorständen und Aufsichtsräten von Großbanken tätig waren. Auch hier finden sich Personen, die dem Opus Dei mindestens nahestehen, wie Ettore Gotti Tedeschi, ein Professor für Ethik des Wirtschaftslebens. Dem Opus Dei gehörte auch der 2003 verstorbene Monsignore Renato Dardozzi an, der offenbar mit einer geheimen Untersuchung der IOR-Skandale beauftragt worden war. Wenn es einen offiziellen Bericht Dardozzis über diese Untersuchung gab, wurde er im Vatikan unterdrückt oder ignoriert. Aber Dardozzi schaffte alle Dokumente dazu heimlich in die Schweiz und ordnete ihre Publikation durch seine Testamentsvollstrecker an. Diese Aufgabe übernahm der italienische Journalist Gianluigi Nuzzi, dessen Buch unter dem Titel *Vaticano S.p.A.* (»Vatikan AG«) im Frühjahr 2009 erschien.

Kurz darauf wurde Bankdirektor Caloia vom Papst entlassen, obwohl seine Amtszeit erst Ende des Jahres 2010 abgelaufen wäre. Gründe dafür wurden vom Vatikan nicht genannt. Auch der geistliche Leiter der Bank, Piero Pioppo, wurde in die Wüste geschickt, natürlich auf elegant vatikanische Art. Er wurde 2010 Titularerzbischof von Torcello und dient der Kirche als Botschafter in Kamerun. Das Amt des geistlichen Leiters, des Prälaten der Vatikanbank, wurde abgeschafft. Am 29. November 2009 unterzeichnete der Vatikan eine Vereinbarung mit der Europäischen Union, in der er sich verpflichtet, alle EU-Rechtsvorschriften gegen Geldwäsche, Betrug und Geldfälschung anzuwenden. Es sieht so aus, als wolle der Vatikan die finanzethischen Grundsätze, die Benedikt XVI. in seiner Enzyklika *Caritas in Veritate* (»Liebe in Wahrheit«) definierte, einhalten.

Der Papst beklagt in seinem Lehrschreiben ausdrücklich: »Korruption und Illegalität gibt es leider im Verhalten wirtschaftlicher und politischer Vertreter der alten und neuen reichen Länder ebenso wie in den armen Ländern selbst.« Eine explizite Erwähnung der Kirche hätte in diesem Zusammenhang nicht geschadet. Warten wir ab, ob der Sumpf im IOR mit diesen Maßnahmen endgültig trockengelegt wurde. Wenn Monsignore Dardozzi Grund hatte, die Veröffentlichung seiner Papiere auf die geschilderte skurrile Weise sicherstellen zu müssen, lässt dies nur erahnen, dass Transparenz und Legalität in Finanzfragen im Vatikan heute noch starke Gegner besitzen. Ob die Enthüllungen aus Nuzzis Buch der Grund waren oder andere Informationen dazu führten: Jedenfalls ermittelte die italienische Staatsanwaltschaft im Sommer 2010 erneut gegen das Institut für Religiöse Werke. Im Mittelpunkt stehen dieses Mal anonyme Konten, die das IOR bei italienischen Banken geführt hatte und über die Millionen von Euro an bisher unbekannte Empfänger gelangten. Die Schatten aus der Vergangenheit, die das vatikanische Finanzwesen bis heute belasten, sind lang. Und die jetzt veränderten Strukturen müssen erst noch den Nachweis erbringen, dass die Sünden der Vergangenheit nicht wiederholt werden.

6. DER FROMME KLÜNGEL: OPUS DEI UND CO.

Eigentlich ist die Grundstruktur der Kirche ja einfach: Jeder katholische Mann und jede katholische Frau gehören einer Pfarrei an, die als räumlich abgegrenztes Territorium Teil eines Bistums ist. Die Welt ist eingeteilt in 3084 Bistümer oder vergleichbare Strukturen von Aachen bis Zrenjanin (Serbien), und deren Vorsteher, meistens Bischöfe, sind alle weisungsgebunden gegenüber dem Papst in Rom. Weil es aber von Anfang an in der Kirche auch Menschen gab, die das Bedürfnis hatten, ihr Christsein intensiver zu leben als die große Herde der »normalen« Gläubigen, oder die einen Teil ihres Alltags oder ihrer sozialen Rolle besonders kirchlich prägen wollten, entstanden im Lauf der Jahrhunderte verschiedenste Vereinigungen von Gläubigen, deren unglaubliche Vielzahl vollständig von niemandem mehr zu überblicken ist. Das Spektrum reicht vom klassischen Mönchsorden bis zum wohltätigen Verein, der nur in einer einzigen Pfarrei tätig ist. Es gibt Verbände mit hunderttausenden von Mitgliedern und solche, die sich nur aus einer Handvoll Anhänger zusammensetzen. Die Gläubigen, die in einer solchen Vereinigung tätig sind, werden damit auf einer anderen Ebene mit der Kirche verbunden. Es kommt zu einer Doppelloyalität, die durchaus zu Konflikten führen kann, wenn der eigene Verband aus irgendeinem Grund mit der Kirchenhierarchie, also der Ordnung Papst-Bischof-Pfarrer über Kreuz steht. Die größeren dieser Verbände bilden Netzwerke aus und verfügen über Kanäle, durch die Informationen, Geld und Einfluss transportiert werden; es entsteht also ein Machtgefüge, das in der Lage ist, Eigeninteressen zu formulieren und zu verfolgen. Die zuständige Ebene der Hierarchie – und das ist bei großen und wichtigen Verbänden meistens der Papst – muss dieses Verbandswesen also im Blick behalten, die Verbände seiner Macht unterordnen und seinen Interessen dienstbar machen, um nicht selbst an Einfluss zu verlieren.

Der Vatikan hat immer versucht, kirchliche Verbände zu kontrollieren und ihre Mitglieder als Agenten der päpstlichen Macht zu gewinnen. Dies war so seit dem Mittelalter, als zuerst Benediktiner und dann Zisterzienser als Propagandisten der päpstlichen Kreuzzugsaufrufe tätig wurden. Die Päpste beherrschten und beherrschen weiter die Kunst, sich die Vielfalt der katholischen Vereinigungen nutzbar zu machen, indem sie diese in einem Wettbewerbs- und Konkurrenzverhältnis halten. Auf diese Weise entsteht im Vatikan sogar ein gewisses System von *checks and balances*, also von informeller Machtkontrolle der einen Gruppe durch die anderen, beruhend auf dem Eigeninteresse der verschiedenen Gruppen. Zumindest in der Theorie. Es kann natürlich auch geschehen, dass über längere Zeit hinweg bei wichtigen Ämterbesetzungen immer nur bestimmte Gruppen zum Zug kommen und sich so Seilschaften bilden, die andere Vereinigungen in ihrer Wirkung behindern und deren Mitglieder von einflussreichen Positionen fernhalten. In der mit über 26 Jahren sehr langen Amtszeit des »polnischen« Papstes Johannes Paul II. hat es einen Aufschwung von Vereinigungen und Personen gegeben, die möglichst deutlich antikommunistische Positionen vertraten. War diese Bedingung erfüllt, sah man im Rom – wie man später oft leidvoll feststellen musste – oft nicht mehr so genau hin, ob eine Person oder eine Vereinigung wirklich in jeder Hinsicht der Förderung durch den Papst würdig war.

DIE WIEDERKEHR DER RECONQUISTA – DAS OPUS DEI

Eine der bekanntesten Organisationen, die das Vertrauen von Johannes Paul II. genossen ist, ist das Opus Dei. Bei Kirchenkritikern erfreut sich diese Vereinigung nicht erst seit dem Erscheinen von

Dan Browns Thriller *Sakrileg* (original: *The Da Vinci Code*) einer hohen Aufmerksamkeit, weil sie etliche Klischees bedient, die gern der Kirche insgesamt nachgesagt werden. Dies betrifft ihre sehr konservative politische Grundhaltung. Auch innerkirchlich ist die Zahl ihrer Gegner groß, vor allem aus dem Jesuitenorden und unter Befreiungstheologen und christlichen Menschenrechtsaktivisten. Abgelehnt werden das ultrakonservative Frauenbild des Opus und die von den Mitgliedern verlangte Disziplin, die bis zur Selbstgeißelung reicht. Das Opus Dei (»Werk Gottes«) wurde 1928 von dem spanischen Geistlichen Josemaría Escrivá gegründet. Er stammt übrigens aus der Stadt Barbastro, die 1064 während der frühen Reconquista von Wilhelm von Montreuil, dem »guten Normannen«, so blutig erobert wurde, und man hat den Eindruck, dass die Geburt des Opus Dei aus dem Geist der Reconquista erfolgte. Escrivá hatte verstanden, dass eine neue Ordensgemeinschaft nur lebensfähig ist, wenn sie junge, qualifizierte Mitglieder werben kann, und baute deshalb die heutige Päpstliche Universität von Navarra auf. Aus kleinsten Anfängen in den 1950er-Jahren wuchs sie bis heute auf ca. 15 000 Studenten in allen wichtigen Fakultäten.

Die zweite wichtige Voraussetzung für den Erfolg der Neugründung bestand darin, guten Kontakt zur römischen Kurie zu halten. Escrivá zog deshalb schon 1946 nach Rom und errichtete hier seine Ordenszentrale, der schon bald eine Zweigstelle seines Bildungsinstitutes folgte, die heutige Päpstliche Universität vom Heiligen Kreuz. Prälat Gänswein, der Sekretär des jetzigen Papstes, erhielt dort übrigens eine Gastprofessur. Jedenfalls gedieh das Werk unter Johannes Paul II. und wies bei dessen Tod 2005 einen Mitgliederstand von 1900 Priestern und 85 000 Laien auf. Schon 1982 hatte der Papst das Opus Dei in die völlig neue Rechtsform einer Personalprälatur umgewandelt, das heißt, die Organisation ist sozusagen ein Bistum, das kein Territorium besitzt, sondern nur

Mitglieder, die wiederum nicht mehr ihrem eigentlich zuständigen Ortsbischof unterstehen, dies gilt zumindest für die Priester des Opus Dei. Damit ist das »Werk Gottes« der Kontrolle durch die Ortsbischöfe weitgehend entzogen.

Josemaría Escrivá, der 1975 verstorbene Gründer des Werks, wurde schon 1992 selig- und 2002 heiliggesprochen. Zwei Bischöfe, die Mitglieder des Werks sind, wurden zu Kardinälen ernannt, 2001 der Erzbischof von Lima, Juan Luis Cipriani, und 2003 der an der Kurie in Rom tätige Erzbischof Julián Herranz. Zumindest Kardinal Cipriani ist so ultrakonservativ, dass er entgegen der offiziellen Haltung der Kirche und gegen die Meinung des Papstes die Todesstrafe befürwortet. Laienmitglieder des Opus zog der Papst zur Reform der Vatikanbank IOR heran, dieser Vorgang ist in dem vorigen Kapitel zu den Kirchenfinanzen näher beschrieben, in aller Stille kontrollieren sie seither diesen eminent wichtigen Bereich. Und man fragt sich, ob die Zeit der vatikanischen Finanzskandale jetzt vorüber ist oder ob diese nur perfekter als früher verschleiert werden. Das nächste Mitglied des Opus Dei, dem eine noch größere Karriere bevorstehen könnte, ist José Horacio Gómez. Der 1951 geborene Mexikaner war 2001 zunächst Weihbischof der US-amerikanischen Erzdiözese Denver, kam dann 2004 als Erzbischof in das mexikanische San Antonio und wurde im April 2010 zum nachfolgeberechtigten Stellvertreter des Erzbischofs von Los Angeles, Kardinal Mahony, ernannt. Der Kardinalshut ist ihm also beinahe sicher, und Gómez hat gute Chancen, in einem zukünftigen Konklave die iberoamerikanischen, nordamerikanischen und konservativ-europäischen Stimmen auf sich zu vereinigen und damit erster nichteuropäischer Papst zu werden.

Der kircheninterne Aufstieg des Opus Dei innerhalb der letzten dreißig Jahre ist zum einen seiner theologisch und gesellschaftlich sehr konservativen Ausrichtung geschuldet, aber auch der Tatsache, dass der größte Teil seiner Mitglieder der hispanisch-lateinamerikanischen Kultur entstammt, also der Wachstumsregion der Kirche schlechthin, die bisher an der Kurie noch unterrepräsentiert war. Schließlich konnte das Werk den Vatikan mit hochqualifizierten Mitarbeitern versorgen, die nicht dem jahrhundertealten römischen Beziehungsgeflecht verpflichtet waren. Ganz klar erfolgte damit eine Verschiebung der Gewichte, und zwar weg von liberalen Traditionen in Theologie und Gesellschaft, wie sie in Europa nördlich der Alpen und in Nordamerika seit langem Usus in weiten Teilen der Kirche sind. Diese liberalen Traditionen waren lange mit der Hoffnung verbunden worden, dass sich in Südamerika durch die Theologie der Befreiung eine gesellschaftskritische, politisch wirksame »linke« Kirche bildet, die dann auf Europa zurückwirken und auch dort die gesellschaftspolitischen Haltungen der Kirche beeinflussen würde. Diese enttäuschte Hoffnung wird vielen Gläubigen zukünftig noch mehr zu schaffen machen, wenn sich der Trend zur »spanischen« Entwicklung der Kirche in den nächsten Jahrzehnten fortsetzt.

DIE LEGIONÄRE CHRISTI
UND IHR UNFROMMER GRÜNDER

In der katholischen Kirche kann jeder Mann und jede Frau einen Orden gründen. Der Gründer muss es nur schaffen, etliche Gesinnungsgenossen zu finden und die wirtschaftlichen Rahmenbedingungen für das Ordensleben herzustellen. Wenn er darüber hinaus noch einen guten Ruf genießt und seine Aussagen zu theologischen und moralischen Fragen der kirchlichen Lehre nicht grundsätzlich widersprechen, stehen die Chancen nicht schlecht für eine

Anerkennung durch den Bischof, der für den Ort zuständig ist, an dem der neue Orden seine Zentrale einrichtet. Gelingt es dem neuen Orden, breitere Unterstützung zu erhalten und überregional tätig zu werden, steht am Ende die päpstliche Anerkennung des Instituts und damit eine weitgehende Freiheit von externer Kontrolle. Es gibt übrigens derzeit etwa 200 Männerorden und über 700 Frauenorden, die päpstlich anerkennt sind, und eine unbekannte, viel größere Zahl bischöflich anerkannter Gemeinschaften. Manche sind uralt, wie die Augustiner-Chorherren, die eine Traditionslinie von über 1500 Jahren aufweisen, andere wurden erst vor etlichen Jahren gegründet. Unter den neueren Orden sind zum Beispiel die Missionarinnen der Nächstenliebe recht bekannt, der Orden von Mutter Teresa. Es gibt sehr große (und damit wohlhabende und einflussreiche) Gemeinschaften, wie die Jesuiten, die Salesianer oder die Franziskaner, mit jeweils weltweit über 15 000 Mitgliedern, und winzige, die gerade einmal ein Dutzend Mitglieder aufweisen. Manche Vereinigungen haben ihre beste Zeit längst hinter sich und befinden sich seit Jahrzehnten auf dem absteigenden Ast; das trifft auf viele der traditionellen Orden zu, speziell in Europa. Und dann gibt es aufstrebende Neugründungen in Afrika, Südamerika und Indien. Wie gesagt, die kirchlichen Vorschriften sind einfach und setzen dieser Dynamik keine Schranken. Als gewöhnlicher Gläubiger stellt man sich in der Regel vor, dass so ein Ordensgründer oder eine Ordensgründerin ein ziemlich vorbildlicher Mensch sein müsse, der aus frommen Motiven handle. Aber das ist nicht immer so, Enttäuschungen bleiben nicht aus.

Im Januar 1941 glaubte der Bischof von Cuernavaca, der »Stadt des ewigen Frühlings« im Süden Mexikos, Francisco González Arias, einen solch vorbildlichen Ordensgründer vor sich zu haben. Der 21-jährige Seminarist bat ihn, eine kleine Gemeinschaft, die er gegründet hatte, offiziell als bischöfliche Kongregation anzuerkennen. Marcial Maciel, der drei Jahre später seine Priesterweihe empfing, legte dar, dass seine junge Gruppierung für das Reich Christi kämpfen wolle und sich besonders der Nächstenliebe verpflichtet sehe. Der smarte junge Priesteranwärter hatte schon ein stattliches Grüppchen junger Männer um sich geschart, von denen viele ebenfalls die Priesterweihe anstrebten. Welcher Bischof hätte sich über einen derart frommen und offensichtlich erfolgreichen Gründer einer neuen Ordensgemeinschaft nicht gefreut? Dass der Name des Instituts »Legionäre Christi« lautete, also ziemlich nach Militär und Gehorsam klang, war in der Kirche, die noch nicht vom Zweiten Vatikanischen Konzil durchgelüftet war, kein Problem. Der Bischof störte sich auch nicht daran, dass die neuen Ordensbrüder nicht nur Armut, Keuschheit und Gehorsam geloben sollten, wie dies alle Ordensleute tun, sondern zusätzlich schwören mussten, über Interna des Gemeinschaftslebens nach außen kein Sterbenswort dringen zu lassen. Auch der Umstand, dass Maciel aus ungeklärten Gründen aus zwei Priesterseminaren geflogen war und mutmaßlich nur deshalb geweiht wurde, weil er zwei Großonkel im Bischofsamt hatte, die sich für ihn einsetzten, weckte kein Misstrauen.

Maciel schaffte es nicht nur, immer wieder junge Männer für seine Sache zu begeistern, er bewies auch Talent bei der Beschaffung finanzieller Mittel. Bischof González, der die neue Vereinigung kirchlich anerkannt hatte, starb 1946 – und musste zu Lebzeiten nicht mehr erfahren, dass er nicht nur einem frommen Schwindler aufgesessen war, sondern einem der durchtriebensten Übeltäter in der Geschichte katholischer Ordensgründungen. Er sollte nicht der einzige Gefoppte bleiben, denn es gelang Pater Maciel, seine stets adrett mit Soutanen und römischem Kragen bekleideten gehorsamen jungen Ordensbrüder in etlichen anderen Bistümern unterzubringen und so seine Gemeinschaft weiter wachsen zu lassen. 1965 erhielt er aus Rom endlich die vorläufige Anerkennung und 1983 von Papst Johannes Paul II das begehrte Prädikat »Kongregation päpstlichen Rechts«.

Lange war es Pater Maciel gelungen, seine – sagen wir es vorsichtig – zumindest als Nebenmotive vorhandenen Absichten bei der Gründung der Ordensgemeinschaft zu verschleiern. 1997 machten mehrere ehemalige Seminaristen öffentlich, dass der Ordensgründer sie sexuell missbraucht hatte. Die ersten Vorfälle ereigneten sich bereits in den vierziger Jahren, also kurz nach Gründung der Legionäre Christi und reichten bis in die sechziger Jahre. Es wurde jetzt außerdem bekannt, dass Pater Maciel in den fünfziger Jahren sich wegen seiner Morphiumsucht einer Entziehungskur unterzogen hatte und sich anschließend einem kirchenrechtlichen Prozess stellen musste. Danach war es ihm jedoch gelungen, seine Reputation bei Kirchenleuten wiederherzustellen. Nach dieser Zeit seiner »Verfolgung«, wie der Pater es nannte, veröffentlichte Maciel ein frommes Buch mit dem Titel *El salterio de mis días* (»Psalter meiner Tage«), das dann innerhalb der Gemeinschaft der Legionäre Christi als Lehrbuch ihres Meisters verstanden wurde. Tatsächlich stellte das Buch nichts anderes als ein Plagiat dar, 80 Prozent des Textes waren abgeschrieben aus einem 1956 veröffentlichten Werk des 1943 gestorbenen spanischen Politikers Luis Lucia. Der Vertreter einer Rechtspartei trat in den dreißiger Jahren für einen klerikalen Ständestaat ein. Solches ultrakonservativ-antikommunistische Gedankengut stieß freilich in solchen Kirchenkreisen auf freundliches Verständnis, die im Kommunismus den Hauptgegner der Kirche sahen. Dass gerade Johannes Paul II. dem jungen Orden wohlgesinnt war, überrascht deshalb nicht. Maciel hatte sich über die Jahre durch konservativ-antikommunistische Ansichten und seine Erfolge bei der Anwerbung von Nachwuchs im Vatikan ein Netzwerk einflussreicher Leute geschaffen, das ihn trotz vieler Verdachtspunkte und Anzeigen vor Verfolgung schützte.

Das war auch nicht unnötig, denn einigen Bischöfen in den USA war schon 2002 der Geduldsfaden gerissen und sie hatten den Legionären Christi jede Tätigkeit in ihren Diözesen verboten. Aber in Rom hielt der Schutzschirm des zwielichtigen Paters bis zum Tod von Papst Johannes Paul II. Unter dem neuen Papst Benedikt ging es dann ganz schnell, 2006 verhängte er über Pater Maciel eine Kirchenstrafe, dieser musste sein Amt als Generaldirektor der Legionäre Christi aufgeben und sollte ein »zurückgezogenes Leben der Buße und des Gebets« führen. Auf weitere Maßnahmen verzichtete die Kirche, da der inzwischen 86-jährige Maciel schwer krank war; er starb schließlich im Januar 2008. Nach seinem Tod wurden überraschend weitere Teile des Doppellebens von Pater Maciel bekannt. Es meldeten sich mehrere Frauen, die mit dem Ordensgründer sexuell verkehrt hatten, und dazu eine Reihe von Kindern, es sind wohl sechs insgesamt, deren Vater Pater Maciel sein soll. Mit einer Frau und der gemeinsamen Tochter, die 1986 geboren war, lebte er gelegentlich zusammen, und zwar in einem luxuriösen Appartement in Madrid, das Maciel mit Geld unbekannter Herkunft erworben hatte. Um eine Reihe anderer Immobilien im Nachlass des Paters streiten derzeit einige seiner Kinder. Zwei seiner unehelichen Söhne beschuldigten ihn ebenfalls des sexuellen Missbrauchs, den er an ihnen in ihrem Jugendalter begangen haben soll. Am 1. Mai 2010 gab der Vatikan mit starken Worten ein Urteil ab: Maciel habe wirkliche Verbrechen begangen. Sein Leben sei »frei von Skrupeln und wirklich religiösem Gefühl« gewesen. Deutlicher kann die Distanzierung kaum ausfallen. Doch die Einsicht kommt spät, viel zu spät. Jahrzehntelang hat man in Rom das Agieren von Pater Maciel völlig unkritisch und mit Sympathie begleitet und sämtliche Warnsignale übersehen, es wurden sprichwörtlich sämtliche Augen zugedrückt.

Und jetzt? Mit dem Tod des unheiligen Paters ist die Sache nicht ausgestanden. Sein Orden besteht nach wie vor. Etwa 800 Priester und 2500 Seminaristen, die Priester werden wollen, wurden im Geist Pater Maciels geprägt und erzogen. Die Legionäre Christi unterhalten zahlreiche Schulen und drei Universitäten und eine Presseagentur (»Zenit«), ihr Gesamtvermögen soll sich nach einer Schätzung des italienischen Magazins *L'Espresso* auf 25 Milliarden Euro belaufen. Um den Orden herum hatte Pater Maciel seit 1959 eine Laienorganisation aufgebaut, das »Regnum Christi«, das inzwischen auf 70000 Mitglieder angewachsen ist. Sicher dürften nur die wenigsten von den Machenschaften Pater Maciels gewusst oder diese gar gebilligt haben. Aber wie kann es sein, dass der gesamte Führungszirkel um den unheiligen Pater über Jahrzehnte nichts mitbekommen hat? Festzustellen ist jedenfalls, dass diese Leute allesamt noch in Amt und Würden sind, und sie wachen über den Kurs ihrer inzwischen schon ziemlich großen und reichen Organisation. Der Papst hat erst 2009 fünf Bischöfe mit einer Visitation des Ordens beauftragt. Ende April 2010 legten sie ihre Erkenntnisse in Rom vor. Sie stellten fest, dass Pater Maciel seine unheiligen Machenschaften durch systematisches Entfernen von Kritikern aus seiner Umgebung decken konnte, er habe durch »... ein beklagenswertes Diskreditieren und Entfernen derer, die an seinem korrekten Lebenswandel zweifelten, und auch die irrige Auffassung, dem Guten nicht schaden zu wollen, das die Legionäre vollbrachten, um ihn herum einen Verteidigungsmechanismus geschaffen«. Der Papst erklärte, er werde einen eigenen Delegaten ernennen, der den Orden reformieren soll. Am 9.7.2010 wurde der als Finanzfachmann ausgewiesene Erzbischof Velasio de Paolis zum Delegaten, also zum kommissarischen Leiter des Ordens ernannt, er wird um seine Aufgabe nicht zu beneiden sein.

ALTE ORDEN, NEUE GEISTLICHE GEMEINSCHAFTEN

Generell besitzt ein einmal etablierter Orden innerhalb der Kirche ziemliche Narrenfreiheit, die – wie das Beispiel der Legionäre Christi eindrücklich zeigt – auch missbraucht werden kann. Ein Orden kann letztlich nur vom Papst gemaßregelt oder aufgehoben werden. Die Bischöfe verfügen nur über die Möglichkeit, die Tätigkeit in ihrer Diözese zu verbieten. Gleichwohl haben die verschiedenen Orden die Jahrhunderte hindurch in der Regel die Interessen der römischen Kirchenleitung verfolgt und bildeten dabei ein Gegengewicht gegenüber Bischöfen, die häufig dynastische oder nationale Loyalitäten zu beachten hatten. Das gilt für die Zisterzienser zur Zeit der Kreuzzüge genauso wie für die Dominikaner der Inquisition oder die Jesuiten während der sogenannten »Gegenreformation« beziehungsweise »Katholischen Reform« nach dem Konzil von Trient (1545–1563). Ordensleute, die sich auf Ehelosigkeit, persönliche Armut und Gehorsam gegenüber den Oberen verpflichten, sind ideale Einsatzkräfte für besondere Aufgaben. Die meisten Orden beachten daneben noch spezielle Gelübde, die dem besonderen Zweck der religiösen Gemeinschaft dienen. Und diese Zwecke sind vielfältig, sie reichen vom Loskauf christlicher Sklaven von muslimischen Kriegsherren (Orden der Mercedarier und der Trinitarier), der Pflege von Geisteskranken (Alexianer), der Erziehung von Jugendlichen (Salesianer) oder des Betreibens von Kinderheimen (Mallersdorfer Schwestern) bis zur Abhaltung von feierlichem Gottesdienst (Augustiner-Chorherren), manche verpflichten sich zu strenger Askese und ständigem Schweigen (Kartäuser) oder zur Ernährung nur von Brot, Früchten, Öl und Wein (Augustiner-Barfüßer), um nur einige Beispiele zu nennen. Das erscheint weltlichen Augen alles leicht skurril bis sympathisch, aber nicht gefährlich. Und doch kann aufgrund der Struktur des kirchlichen Ordenswesen eine Gemeinschaft von wenigen tausend Mitgliedern, die straff geführt werden, es innerhalb weniger Jahre schaffen, die Kurie in Rom für ihre Zwecke zu manipulieren und damit erheblichen Einfluss auf die Ausrichtung der Kirche gewinnen. Das Beispiel der Legionäre Christi beweist, dass das auch heute noch versucht wird.

Im alten Europa und in Nordamerika gehen die Mitgliederzahl und damit die Bedeutung der meisten klassischen Orden zurück. Frauen oder Männer in Ordenstracht sind ein seltener Anblick in den Großstädten der Ersten Welt geworden und kaum jemand hat noch Kontakt zu ihnen. Ja, vielen Mitmenschen begegnen traditionsreiche Namen wie Augustiner, Paulaner, Franziskaner oder Trappisten nur noch auf Flaschenetiketten im Getränkemarkt. Die Funktion der alten Orden haben in aller Stille neue geistliche Gemeinschaften eingenommen, außerkirchlich meist unbekannt und wegen des Fehlens von Klöstern oder Ordenstrachten auch kaum äußerlich erkennbar. Ihre Mitglieder leben teils in Männer- oder Frauengruppen zusammen, wie bei den Focolari, einer in Italien entstandenen Gemeinschaft, gehen normalen Berufen nach und führen sonst ein religiöses und wohltätiges Leben. Solche Gruppen unterstehen grundsätzlich der Aufsicht des Päpstlichen Rates für die Laien sowie den Bischöfen. In den letzten Jahrzehnten sind Dutzende solcher neuen Gemeinschaften entstanden, die meisten sind klein und unbedeutend geblieben. Größere Bedeutung besitzt die 1954 gegründete Bewegung Comunione e Liberazione, die schätzungsweise 100 000 Mitglieder zählt, die meisten davon in Italien. Sie soll ihrem Programm nach sich um die Rationalität des Glaubens kümmern. Ob die italienischen Politiker Giulio Andreotti und Silvio Berlusconi deshalb zu den Sympathisanten dieser Gruppe zählen? Die beiden Spezialisten für Macht, Geld und Einfluss haben sicher ihre eigene Auffassung von dem, was vernünftig ist ...

DER NEOKATECHUMENALE WEG

Eine dieser neuen geistlichen Bewegungen fällt jedoch aus dem Rahmen – und nach allem, was man aus Jahrhunderten der Geschichte katholischer Sondergruppen gelernt hat, muss man sagen, sie fällt in einer äußerst beunruhigenden Weise aus dem Rahmen. Einer ihrer cleveren Schachzüge besteht darin, vorzugeben, gar keine Gruppe zu sein. Wie so vieles an dieser neuen Bewegung liegen auch ihre Anfänge im Dunkeln. In den Siebzigerjahren machte der spanische Kunstmaler »Kiko« Argüello aus Léon, der seinen Lebensunterhalt mit der Herstellung von Ikonen verdiente, die Bekanntschaft der ehemaligen Ordensschwester Carmen Hernández und von Pater Mario Pezzi aus dem Orden der Comboni-Missionare. So die verbreitete Gründungslegende.

Die drei entwickelten ein Lehrsystem, das die Menschen zu Christus führen sollte, dessen Inhalte jedoch in keiner öffentlich erhältlichen Schrift dargestellt werden. Irgendwie schafften sie es, 1979 von Johannes Paul II. in der päpstlichen Sommerresidenz Castel Gandolfo empfangen zu werden. Der Papst hörte gern, dass diese Lehrmethode schon in etlichen Ländern zur Gründung kleiner Gruppen besonders frommer Laien geführt und auch viele Ordens- und Priesterberufungen hervorgebracht hätte. Es ist anzunehmen, dass Kiko Argüello dem Papst nicht mitteilte, was er bei Treffen mit Anhängern erzählte, dass ihm nämlich die Heilige Jungfrau Maria in einer Vision aufgetragen habe, er solle kleine Gemeinschaften besonders gläubiger Christen bilden. Auch den Titel »Apostel«, den er sich beigelegt hatte, wird er dem Papst in gebührender Demut ebenfalls verschwiegen haben.

Über Kikos Bericht war Johannes Paul II. natürlich erfreut, und so konnte sich Argüello bei seinen Anhängern auf die Billigung des Papstes berufen. Das heute unter dem Namen »Neokatechumenaler Weg« bekannte System funktioniert so: Der »Apostel« Kiko sendet von ihm ausgesuchte »Katechisten«, das sind einfache Gläubige, deren Ausbildungsgang in der Öffentlichkeit unbekannt ist, in normale katholische Gemeinden. Dort bieten sie an, mit interessierten Gläubigen Seminare zur Vertiefung des Glaubens abzuhalten. Sie versuchen dann, quasi ersatzfamilienartige Gruppen von Gläubigen aufzubauen, die in einem sich über Jahre hinziehenden Kurs ihren Glauben allerdings erst richtig kennenlernen und leben müssten. Man selbst sieht sich als Auserwählte auf dem richtigen Weg, wogegen die anderen nur »Sonntagschristen« sind. Die Gruppe hält unter Leitung des Katechisten, der den »Geist der Unterscheidung« besitzt, mehrmals in der Woche Sitzungen ab, in der in den Schriften des »Apostels« Kiko und auch in der Bibel gelesen wird. Die Feier der Heiligen Messe, die in der Eigensprache des Neokatechumenalen Weges nicht so genannt wird, sondern »Eucharistiefeier« heißt, erfolgt nicht zusammen mit der ganzen Pfarrgemeinde; die Auserwählten feiern schon samstagabends, am liebsten unter Ausschluss der Öffentlichkeit. Ist der Gemeindepfarrer dazu nicht bereit, holt man sich einen Geistlichen von auswärts, der dem »Weg« nahesteht. Geld spielt keine Rolle, denn die Gläubigen spenden gern und reichlich, dazu müssen sie ein Zehntel ihres Einkommens zum Unterhalt des Katechisten abgeben. Fragen nach der Verwendung des Geldes sind unzulässig, wie auch jede Kritik am »Weg« unbotmäßig und – wie es in der Gruppe heißt – »vom Teufel eingegeben« ist.

Das »Familienleben« der Gruppen wird intensiv gestaltet, auch die Wochenenden einbezogen, sodass der Gläubige, wenn er länger mit der Gruppe lebt, seinen alten sozialen Bezügen zwangsläufig entfremdet wird. Höhepunkte des Gemeinschaftslebens sind gemeinsame Fahrten zu Auftritten von Kiko. Um seine Person wird ein Starkult betrieben, seinen Worten wird zugejubelt. Es passt ins Bild, dass so gut wie nichts bekannt ist hinsichtlich der Biografien von Kiko oder der anderen beiden Mitgründer, die allerdings inzwischen keine Rolle mehr zu spielen scheinen. Auch die Ansprachen und sonstigen Schriften des »Apostels« werden nur intern kundgetan. Und natürlich gilt als wichtigste Regel, auf die sich die Teilnehmer des »Wegs« verpflichten müssen: Über Interna ist zu schweigen. Die Disziplin in der Gruppe wird sichergestellt durch öffentliche Beichten, die die Teilnehmer regelmäßig ablegen müssen und bei denen sie vor der ganzen Gruppe von den Katechisten, die über den »Geist der Unterscheidung« verfügen, kritisiert werden – eine Inquisition im Kleinformat.

Es ist völlig klar, warum Kiko immer darauf besteht, dass es sich bei dem »Weg« *nicht* um eine Bewegung, also eine Gruppe, handele. Denn ansonsten müsste ihr Innenleben wenigstens den ohnedies nicht sehr strengen Regeln des Kirchenrechts genügen. So hingegen kann der »Apostel« im Grunde machen, was er will. Kiko hat inzwischen eine größere Anzahl von Bischöfen bewegen können, eigene Seminare für Priester einzurichten, die dem »Neokatechumenalen Weg« nahestehen. In Deutschland haben die Erzbischöfe von Köln und von Berlin, die Kardinäle Meisner und Sterzinsky, die Einrichtung solcher Priesterseminare erlaubt. Sie dürften aus Geldern des »Wegs« finanziert werden, unklar ist, wer dort wirklich die Verantwortung für die Auswahl des Lehrpersonals und der Priesteramtskandidaten wahrnimmt. Der Erzbischof von Tokio übrigens, Peter Takeo Okada, fand bei der Übernahme seines Bistums dort ein solches Priesterseminar vor und bemühte sich, es schließen zu lassen. Er beschwerte sich auch mehrfach in Rom über den »Weg«, der die Pfarrgemeinden durch die Einteilung in »gute Christen« und in »Sonntagschristen« und das Verlangen nach Extra-Gottesdiensten spalte. Ganz ähnliche Erfahrungen mussten Christen in Deutschland machen, nur hat sich bisher keiner der zuständigen Bischöfe deshalb in Rom beschwert. Es soll Leute geben, die noch immer darüber rätseln, warum Erzbischof Okada bisher nicht zum Kardinal ernannt wurde, obwohl die Kardinalswürde traditionell mit dem Erzbistum Tokio verbunden ist.

Das Priesterseminar in Tokio besteht trotz Okadas Beschwerde nach wie vor, Benedikt XVI. hat es in die direkte Verantwortung des Papstes gestellt und damit vor einer Aufhebung durch den Erzbischof bewahrt. Wie man sieht, wirft Kiko in Rom lange Schatten, er hat es tatsächlich geschafft, dass der Vatikan seinen »Weg« als eine Art christlicher Methodenlehre hat durchgehen lassen. Auch dabei kam es zu Merkwürdigkeiten im Verfahren. Das vorläufige Statut war von fünf vatikanischen Behörden geprüft worden und es wurden erhebliche Bedenken festgestellt. Im April 2008 äußerte deshalb der als Sekretär des Päpstlichen Rates für die Laien eigentlich federführende Bischof Josef Clemens, dass mit einer baldigen Zulassung des Statuts nicht zu rechnen sei. Überraschenderweise wurde die päpstliche Anerkennung doch schon am 11. Mai 2008 erteilt. Zwar wurde dem »Weg« darin aufgegeben, die Liturgie öffentlich zu feiern und sich an die sonst üblichen Gepflogenheiten dabei zu halten, aber es rechnet innerhalb des »Wegs« wohl niemand damit, dass Kiko seine Vorgaben dazu ändern wird. Fassen wir zusammen: Kiko Argüello hält die Umstände seines Privatlebens geheim, er wird offenkundig von seinen Anhängern als »Apostel«

verehrt, wobei wir die genaue Ausprägung des Kultes um seine Person nicht kennen. Die vermutlich erheblichen internen Geldflüsse im »Weg«, der inzwischen eine Million Anhänger haben soll, bleiben völlig undurchsichtig, die internen Lehren und Regeln werden nicht veröffentlicht, und die Anhänger betrachten sich offenbar als »bessere Christen«, die konsequent über Interna schweigen. Aber der Vatikan scheint sich nur dafür zu interessieren, ob der »Weg« Liturgievorgaben der Kirche auch ordentlich umsetzt. Warum kommt einem die Geschichte nur so bekannt vor?

LAIEN VON RECHTS ...

Aber es gibt in der weiten Welt der Kirche nicht nur Gemeinschaften mit primär geistlichen Bestrebungen. Es existiert ebenso eine große Vielfalt an Vereinigungen, die eher weltliche Ziele verfolgen. Das können karitative Aufgaben sein, wie Wohlfahrt, Unterstützung, Geselligkeit, aber dazu gehören auch politische Pläne.

In Deutschland fast unbekannt sind die »Knights of Columbus«, eine reine Männerorganisation, die in Nord- und Mittelamerika und seit Neuestem auch in Polen aktiv sind. Ihre Anfänge waren äußerst bescheiden: 1882 gründete der Kaplan Michael McGivney in seiner von armen irischen Einwanderern geprägten Pfarrei in New Haven, Connecticut einen Selbsthilfeverein für katholische Männer. Zunächst sollte er nur als Notbehelf dienen, da Katholiken damals in protestantischen Vereinen oder Gewerkschaften nicht aufgenommen wurden und ihnen die Mitgliedschaft bei den Freimaurern untersagt war (und nach wie vor ist). Die äußeren Formen der Organisation der Kolumbus-Ritter ähneln mit ihren Mitgliedsgraden interessanterweise denen der Freimaurer. Der Verein organisierte zunächst eine Lebensversicherung für seine Mitglieder und sorgte darüber hinaus für Witwen und Waisen. Die Wahl des Namenspatrons Kolumbus sollte als Signal an die protestantische Umwelt verstanden werden, dass es mit Kolumbus ein Katholik war, der Amerika entdeckt hatte, und demzufolge den Katholiken der Anspruch zukam, in den Vereinigten Staaten als gleichberechtigte Mitbürger akzeptiert zu werden. Patriotismus stellt neben Nächstenliebe, Einheit und Brüderlichkeit bis heute eines der Ziele der Kolumbus-Ritter dar.

Aus diesen schlichten Anfängen wuchs bis heute einer der größten und vermutlich der reichste wie einflussreichste katholische Verein der Welt. Derzeit gibt es etwa 1,8 Millionen Kolumbus-Ritter, sie sammeln und spenden im Jahr für externe soziale Zwecke etwa 150 Millionen Dollar. Auch praktisch wird geholfen: So sollen im Jahr 70 000 Stunden gemeinnütziger Arbeit geleistet und etwa 200 000 Liter Blut gespendet werden. Innerkirchlich sind die Ritter ein wichtiger Geldgeber. In den USA tragen sie zum Unterhalt der Catholic University of America bei, die von der US-Bischofskonferenz betrieben wird. Eine Vicarius-Christi-Stiftung, die über ein von den Kolumbus-Rittern aufgebrachtes Kapital von 20 Millionen Dollar aufweist, stellt ihre Erträge dem Papst zur Verfügung, der sie nach seinem Gutdünken für wohltätige Zwecke einsetzen kann. Der Papst nimmt die Dienste der Ritter auch in anderer Form in Anspruch. Sowohl der aktuelle Oberste Ritter, Carl A. Anderson, als auch sein Amtsvorgänger, Virgil C. Dechant, haben leitende Funktionen in der Vatikanbank Istituto per le Opere di Religione und in weiteren Gremien des Heiligen Stuhls inne. Beide repräsentieren den Geist, der bei den Kolumbus-Rittern herrscht, sie waren dem langjährigen rechten Flügelmann der Republikanischen Partei, Senator Jesse Helms, verbunden und engagieren sich in der »Pro-Life«-Bewegung gegen Abtreibung. Nicht mehr ganz so aktuell ist die in der Nachkriegszeit verfolgte streng antikommunistische Ausrichtung.

Trotz ihrer vielleicht eher an Freimaurer erinnernden äußeren Erscheinung sehen sich die Kolumbus-Ritter in der Tradition der Kreuzritter, stets bereit zum Streit gegen Feinde der Kirche. In Mitteleuropa gibt es zwar Ansätze zu Parallelgründungen ähnlicher Organisationen, doch treffen diese hier offenbar nicht den Geschmack der Zielgruppe. Arrivierte und wohlhabende Katholiken sind in Europa eher bei Vereinigungen wie dem Ritterorden vom Heiligen Grab zu Jerusalem zu finden, die den Kolumbus-Rittern an Alter, Tradition und Eleganz deutlich vorangehen, jedoch von diesen in puncto Mitgliederzahl, politischer Durchsetzungsfähigkeit und Finanzkraft um Größenordnungen übertroffen werden.

Die Zeit der Kreuzzüge inspiriert immer wieder Katholiken am konservativen Rand des innerkirchlichen Spektrums zur Gründung von Verbänden. Es hat sogar – zumindest für Europa – den Anschein, als würden in den letzten 20 bis 30 Jahren nur noch solche Verbände neu gegründet, die ganz neuromantisch den von ihnen angestrebten kirchlichen Idealzustand irgendwo in einer vergangenen, vermeintlich ruhmreicheren Epoche der Kirche finden – in Zeiten, die noch nicht vom kalten Wind des Rationalismus geprägt waren. Das Zweite Vatikanische Konzil, das 1965 zu Ende ging, ist nicht der Grund für das Aufkommen dieser neuromantischen Bewegung, es wurde für sie jedoch zu einem negativen Symbol: das geöffnete Fenster, durch das in ihren Augen nicht frischer Wind hereingelassen wurde, sondern sämtliche Unbill der Moderne über die Kirche hereinbrechen konnten. Stellvertretend für viele ähnliche Gruppen sei hier eine Gemeinschaft aus dem deutschsprachigen Raum dargestellt. Die Geschichte des Engelwerks, eine Familie verschiedener Orden und Laienvereinigungen, die heute eine Million Mitglieder zählen sollen, begann schon 1949. In Innsbruck lebte damals eine Frau, die mystische Visionen von Engeln und Dämonen hatte. Um sie scharte sich ein kleiner Kreis von Anhängern, auch Priesteramtskandidaten, die mit Erlaubnis des Ortsbischofs eine Schutzengelbruderschaft bildeten. Ungeachtet der theologisch fragwürdigen Qualität der Lehren dieser Seherin, sie hieß Gabriele Bitterlich, wuchs die Gemeinschaft und breitete sich nach Portugal und Brasilien aus. Der Sohn der Seherin, er war inzwischen zum Priester geweiht worden, gründete auf einer verfallenen Burg im Inntal ein Kloster, dessen erster Abt er wurde. Ungewöhnlich – aber unter dem schon erwähnten Gesichtspunkt »Neuromantik« ganz passend – erscheint, dass die Gründung einen eigentlich schon seit 1903 ausgestorbenen portugiesischen Orden wiederbelebte: den der 1131 in Coimbra in Portugal gegründeten Regularkanoniker vom Heiligen Kreuz, die vor allem in der Reconquista bedeutsam waren. Der Papst segnete die »Auferstehung« dieses Ordens 1979 ab; eine alte Bestimmung des Kirchenrechts besagt nämlich, dass ein Orden erst dann völlig erlischt, wenn seit dem Tod des letzten Mitglieds 100 Jahre vergangen sind.

Dieser neue »alte« Orden hat es inzwischen zu 14 Niederlassungen mit 140 Mitgliedern gebracht. Und fast 100 Schwestern umfasst der inzwischen entstandene weibliche Ordenszweig mit Hauptsitz in Anápolis, Brasilien, wo auch das Priesterseminar des Engelwerks eingerichtet wurde. Um diesen »harten Kern« der eigentlichen Ordensangehörigen herum existieren eine Vereinigung für Weltpriester und eine für »Laien«; Jugendliche werden von einer eigenen Pfadfindertruppe angesprochen. Alles in allem soll etwa eine Million Mitglieder dem Engelwerk verbunden sein, darunter auch 50 Bischöfe und etliche Kardinäle. Aufgrund der problematischen Theologie der Gruppierung, die zum Beispiel eine sonst unbekannte »Engelweihe« umfasst, wird das Opus Sanctorum Angelorum, wie man sich gern auf Latein nennt, von den römischen Theologen und vielen Bischöfen mit Misstrauen betrachtet. Die Glaubenskongregation unter Kardinal Ratzinger verbot dem Werk 1992 die Engelweihe in bisheriger Form, und viele Bischöfe, vor allem im deutschen Sprachraum, haben die Tätigkeit des Engelwerks in ihren Diözesen untersagt. Allerdings konnten diese Maßnahmen das weltweite Wachstum des Engelwerks nicht wesentlich behindern.

Auch in Deutschland entstanden seit den Siebzigerjahren neue konservativ ausgerichtete kirchliche Verbände. So gefiel dem Pfadfinderseelsorger und Jesuitenpater Andreas Hönisch der neue, liberale Kurs bei der Katholischen Pfadfinderschaft Sankt Georg nicht und er gründete deshalb 1976 einen neuen Pfadfinderverein, die Katholische Pfadfinderschaft Europas, die er streng katholisch in einem sehr konservativen Verständnis ausrichtete. Aus dem Jugendverband ging eine Gruppe junger Männer hervor, die Hönisch drängten, einen eigenen Orden zu gründen. Der Pater war inzwischen aus dem Jesuitenorden ausgeschlossen worden. Mit Unterstützung des Augsburger Bischofs Josef Stimpfle gelang Hönisch im Jahr 1988 die Gründung der Servi Jesu et Mariae (SJM), zu Deutsch: Diener Jesu und Mariens, inhaltlich stark angelehnt an den Jesuitenorden, wie er vor dem Zweiten Vatikanischen Konzil bestand. 1994 erlangte der neue Orden die päpstliche Anerkennung, bis jetzt haben sich 40 Mitglieder gefunden, die 2500 Pfadfinder der KPE werden für weiteren Nachwuchs sorgen.

Die konservativen Organisationen innerhalb der Kirche erlebten in den letzten Jahrzehnten ganz offenkundig einen Aufschwung, der in Rom mit Wohlwollen begleitet wurde. Ihren Einfluss verdanken sie aber ihrer organisatorischen Schlagkraft und der Fähigkeit ihrer charismatischen Führer, Personal und finanzielle Mittel zu rekrutieren. Mit der Konzentration auf wenige Sachthemen und dem erfolgreichen Appell an die emotionale Seite der Kirchenbindung vieler Menschen haben diese Organisationen Erfolg bei ihren Zielgruppen. Frommes Leben, pragmatische Nächstenliebe und Heilsgewissheit ohne Selbstzweifel in einem romantischen, historisierenden Rahmen – das ist ein Angebot, das viele anzieht, auch wenn diese Gruppen heute in den säkularisierten Gesellschaften Europas innerkirchlich und erst recht außerkirchlich am Rand stehen. Dagegen fällt es den liberalen und linken Christen gerade in Deutschland zunehmend schwer, sich zu organisieren.

... UND LAIEN VON LINKS

Der Dachverband der kirchlichen Linken, die Initiative Kirche von unten (IKvu), besteht seit 1980 und umfasst 38 Mitgliedsorganisationen, die zum Teil außerhalb der Kirche stehen, zum Teil innerkirchlich kaum Relevanz besitzen und sehr klein sind. Es fehlen charismatische Führungspersönlichkeiten, es wird keine Jugendarbeit betrieben und nur wenig Geld gesammelt. Dafür ist das Spektrum der bearbeiteten Themen gewaltig und führt zu einer Zersplitterung der ohnedies überschaubaren Kräfte. Ihre Themen umfassen – neben den innerkirchlichen Klassikern wie Priesterweihe für Frauen, Abschaffung des Zölibats und gemeinsames Abendmahl mit den Protestanten – Umweltpolitik, Kapitalismuskritik, Geschlechtergerechtigkeit, Friedensarbeit – und eigentlich alles, was gerade in der Gesellschaft oder in linken Kreisen für wichtig gehalten wird. Mit dieser Arbeitsweise, dem Versinken in uferlosen Thematiken, der falschen Analyse innerkirchlicher Einflussmöglichkeiten und mit der Propagierung einer deutschen National-Ökumene, die die Weltkirche außer Acht lässt, haben die linken Gruppen nur eines erreicht: Sie spielen in der Kirche keine Rolle, auch wenn sie hier und da in den Medien erwähnt werden. Diesen Initiativen kommt in den deutschen Kirchengemeinden keine Resonanz zu, nicht bei den Bischöfen und erst recht nicht in Rom. Und deshalb, das muss man ihnen deutlich sagen, fallen sie als Hoffnungsträger für eine kirchliche Erneuerung schlicht aus. Die Krise der Kirche ist auch eine Krise der kirchlichen Linken.

Gedenken wir in Pietät noch einer altehrwürdigen Laienorganisation, dem Zentralkomitee der deutschen Katholiken (ZdK), eine Institution, die in der Zeit der Revolution von 1848 entstand. Sie wird häufig als Vertretung der katholischen Laien in Deutschland wahrgenommen, obgleich sie das streng genommen gar nicht ist. Das ZdK besteht aus 230 Mitgliedern, von denen 97 von der Arbeitsgemeinschaft der katholischen Organisationen Deutschlands gewählt werden. Diese Arbeitsgemeinschaft umfasst etwa 125 katholische Gruppen, darunter ziemlich große und lebendige, wie den Bund der Deutschen Katholischen Jugend, aber auch reichlich kleine, unbedeutende und längst überlebte Verbände, wie etwa die Gemeinschaft der Katholiken der Grafschaft Glatz, ein schlesischer Vertriebenenverein. Die nicht in einer kirchlichen Gruppe organisierten Normal-Katholiken werden durch jeweils drei Vertreter aus jedem Bistum repräsentiert, egal wie groß das Bistum ist (und da gibt es ja erhebliche Größenunterschiede zwischen 30 000 und 1,2 Millionen Gläubigen). Dazu ernennt das Präsidium noch 45 Persönlichkeiten des öffentlichen Lebens als Einzelmitglieder. In dieser Gruppe finden sich aktive Politiker aus verschiedenen Parlamenten und Regierungen, eher aus der dritten denn aus der zweiten Reihe, und viele Ruhestandspolitiker aus allen Parteien, die nach einem gewissen Proporz ausgesucht werden. Vorsitzender des Zentralkomitees wird regelmäßig ein altgedienter Unionspolitiker, derzeit ist es Alois Glück von der CSU. Als beinahe revolutionär für das ZdK zu bezeichnen war Glücks kurz nach seiner Ernennung ausgesprochene Forderung, dass verheiratete ständige Diakone zu Priestern geweiht werden sollten.

Auf die byzantinische Struktur der Satzung des ZdK trifft man auch in den größeren kirchlichen Laienverbänden. Man könnte hier an den berühmten, natürlich in anderem Zusammenhang geäußerten Ausspruch Walter Ulbrichts denken: »Es muss demokratisch aussehen, aber wir müssen alles in der Hand haben.« Zugegeben, beim ZdK sieht es nicht einmal demokratisch aus. Das soll aber hier gar nicht der eigentliche Punkt der Kritik sein. Die Kirche ist autonom auch darin, wie sie ihre Laienverbände organisiert. Kritikwürdig ist aber, dass die Vertreter und Funktionäre dieser Laienverbände in der Öffentlichkeit so auftreten, als ob sie demokratisch legitimierte Repräsentanten der Katholiken oder ihrer Verbandsmitglieder wären. Zumindest kommt von ihnen kein Widerspruch, wenn sie von Medienvertretern dem Publikum als solche vorgestellt werden. Die von ihnen gelegentlich geäußerte Kritik an der Hierarchie, an den Bischöfen oder dem Papst verliert dadurch an Glaubwürdigkeit.

Dass die Strukturen so sind, wie sie sind, liegt wieder einmal an einem grundlegenden Prinzip der Kirche: An der Spitze muss immer ein Geistlicher stehen. So ist das historisch gewachsen, doch die Rolle der Geistlichen nehmen heute beinahe ausschließlich Laienfunktionäre ein und bilden damit sozusagen Ersatz-Hierarchien. Und wenn erst einmal ein Posten ergattert wurde, werden die gegebenen Strukturen gerne akzeptiert, sichern sie doch die Funktionäre so schön gegen Kritik und das Risiko des Amtsverlusts ab. Einen Ruf zur Schaffung von Transparenz und mehr Teilhabe der Basis vernimmt man in den katholischen Laienverbänden nicht. Kritik an der Kirche heißt hier, zweimal jährlich auf den Papst zu schimpfen und mantraartig, aber natürlich dezent die schon erwähnten Reformklassiker anzumahnen, das Priestertum der Frau, die Abschaffung des Zölibats und das gemeinsame Abendmahl mit den Protestanten. (Ganz nebenbei, der kritische Leser wird es ohnehin schon bemerkt haben: Die Umsetzung dieser Reformklassiker – für so wünschenswert man sie halten mag – würde zur Behebung der in diesem Buch benannten strukturellen Probleme der Kirche nichts beitragen.) Aus ähnlichen Gründen wie bei den linken Verbänden wird der offiziell im ZdK und seinen Mitgliedsverbänden verfasste Laienkatholizismus in Rom und damit in der Kirche nicht wirksam. Und die Mitgliederzahlen der meisten Verbände schwinden, der Rückgang dürfte meist prozentual über dem Mitgliederverlust der Kirche als Ganzes in Deutschland liegen. Die Krise der Kirche ist auch eine Krise der katholischen Laienverbände, das gilt speziell für die deutsche Kirche.

7. MIRACOLI, MIRACULA – WUNDER, WALLFAHRT, EXORZISMUS

Die Kirche lehrt, dass es neben der irdischen, diesseitigen, mit den Mitteln der Naturwissenschaften erkennbaren Welt noch mehr gibt, eine andere Ebene der Wirklichkeit, ja sogar die eigentlich relevante Ebene für den Menschen im Hinblick auf das ewige Fortbestehen seiner Seele. Das ist die Ebene Gottes, der Engel und Heiligen, der Wunder, aber auch die Ebene Satans und des Bösen wie auch die der »armen Seelen«.

Der aufgeklärte Mitteleuropäer lebt nur in der diesseitigen Welt und wird es in der Regel als reine Zeitfrage betrachten, bis der nicht aufgeklärte Teil der Weltbevölkerung sich seiner Sichtweise anschließt. Dabei negiert nur ein kleiner Teil grundsätzlich die Existenz einer anderen Welt; die meisten halten sie schon für möglich oder wahrscheinlich, nur kommt ihr im Alltagsleben keine praktische Relevanz zu. Nur gelegentlich wendet sich auch der aufgeklärte moderne Mensch esoterischen Bräuchen zu, beliebt sind dann solche aus außereuropäischen Kulturen, denen die gefühlte Peinlichkeit der traditionellen heimischen Alltagsreligiosität abgeht. Es geht hier nicht darum zu entscheiden, welche Sichtweise die richtige ist, oder für eine dieser Sichtweisen zu werben. Aber es hat im Moment nicht den Anschein, dass die Anhänger der alten, der religiösen Sichtweise weltweit gesehen weniger würden. Es ist also durchaus hilfreich, das Phänomen der religiösen Weltsicht zu betrachten. Nur so versteht man das Handeln der Kirche vollkommen, versteht, über welche Lock-, aber auch Drohmittel gegenüber den Gläubigen sie gebietet, und kann sich über den verantwortlichen oder eben unverantwortlichen Gebrauch dieser Mittel ein Urteil bilden.

Ein wesentliches Charakteristikum der diesseitigen oder religiösen Ebene der Welt ist ihre Ewigkeit. Das Ewige hat man sich nicht als einen Zeitraum von unendlich langer Dauer vorzustellen, sondern es bedeutet die gänzliche Abwesenheit der Kategorie Zeit. Im Ewigen gibt es nicht vorher und nachher, alles ist jetzt und immer zugleich. Der irdische Weg der Gläubigen, die noch um ihr Heil kämpfen müssen, hat als letztes Ziel den Wechsel in die Welt der Heiligen und der *Ecclesia Triumphans*, der über den Tod triumphierenden Kirche, in die der Verstorbene eingehen wird. Die Heiligen sind also im Leben des Gläubigen präsent wie Zeitgenossen, und es ist aus dieser Sicht verständlich, dass man sie zur Hilfe ruft, wenn es schwierig wird im Leben, so wie man den Freund bei Problemen um Unterstützung bittet.

Diese Weltsicht ist sehr eindrucksvoll dargestellt in der barocken Klosterkirche von Waldsassen in der Oberpfalz. Die Gläubigen, die in den Bänken des Kirchenschiffes sitzen, sehen links und rechts neben sich in vielen Altarnischen gläserne Särge, in denen die vollständigen Skelette von Heiligen ausgestellt sind, natürlich mit viel Gold und bekleidet mit kostbaren Brokatgewändern, wie sich das für eine bayrische Barockkirche gehört. Sie sind nicht als Schlafende aufgebahrt, sondern so drapiert, dass sie den Gläubigen aufmunternd zuzuwinken scheinen. Hier in der Basilika von Waldsassen kann man noch sinnlich erfahren, wie die Weltsicht traditionell Gläubiger war und ist. Welche Person nun wirklich »heiligmäßig« gelebt hat und wer demzufolge sinnvollerweise verehrt und um Hilfe gebeten werden kann, ist nach dieser Weltsicht eine durchaus wichtige Frage. In der frühen Christenheit wurde das einfach durch die Übereinstimmung der Gläubigen entschieden: Wer von allen verehrt wurde, musste eben ein Heiliger sein, basta!

HEILIG MIT SYSTEM

Die Kirche hat sich bemüht, die zunächst ziemlich anarchische Heiligenverehrung unter ihre Kontrolle zu bekommen. Die Frage, wer Heiliger war und verehrt werden durfte, war viel zu wichtig geworden, als dass die Kirche nach ihrem gewachsenen Selbstverständnis dies einfach dem Kirchenvolk oder macht- und wirtschaftspolitische Interessen verfolgenden Fürsten überlassen hätte. Um das Jahr 1000 herum setzten die Päpste ihr Kanonisierungsmonopol durch, das sie bis heute behaupten. Wie eine Heiligsprechung motiviert war und wie sie zustande kam, lässt sich gut am Beispiel des heiligen Benno von Meißen aufzeigen. Benno war einer der ersten Bischöfe des zur Mission der slawischen Wenden gegründeten Bistums auf dem Meißner Domberg. Von seinem Leben ist fast nichts bekannt, gleichwohl wurde er schon im 13. Jahrhundert in kleinem Rahmen verehrt, sein Grab befand sich im Dom zu Meißen.

Als zu Anfang des 16. Jahrhunderts die Forderung nach einer Erneuerung der römischen Kirche, endgültig ins Rollen gebracht durch Martin Luthers berühmten Thesenanschlag des Jahres 1517, gefährlich viele Anhänger gewann, bemühte sich Herzog Georg der Bärtige von Sachsen zusammen mit seinem Hofkaplan Hieronymus Emser, dem reformatorischen Treiben etwas entgegenzusetzen. Um die frommen Sachsen in ihrem Eifer für die katholische Kirche zu stärken, musste ein eigener Heiliger her. Emser verfasste zunächst ein Lobgedicht auf Benno, das er 1506 dem Papst nach Rom brachte. Doch das reichte nicht aus. Also schrieb Emser nach seiner Rückkehr ein Buch über die Lebensgeschichte des heiligen Benno, das 1517 auch in Deutsch gedruckt wurde. Der größte Teil des Buches beruht auf Legenden und stellt eine freie Erfindung von Emser dar. Aber Papst Hadrian VI. (1522–1523) hatte jetzt ein Einsehen und sprach Benno am 31. Mai 1523 heilig. Martin Luther hingegen erboste die Kanonisation von Bischof Benno auf solch dürftiger Grundlage so sehr, dass er eine Polemik dagegen aufsetzte – unter einem Titel, der an Deutlichkeit nichts zu wünschen übrig ließ: *Wider den neuen Abgott und alten Teufel, der zu Meißen soll erhoben werden.* Weil aber in Sachsen die Reformation sich dennoch durchsetzte und das Grab des Meißner Bischofs von den Protestanten zerstört wurde, als sie den Dom übernahmen, ging der nunmehr heilige Benno gewissermaßen ins Exil nach Bayern, wo er heute als Stadtpatron von München dient.

Die Kirche betrachtete ihre Verfahrensordnung zur Heiligsprechung schließlich selbst als verbesserungswürdig und führte nach dem Konzil von Trient entsprechende Änderungen durch. Zu den vielen Reformen des sparsamen und sittenstrengen Papstes Sixtus V. (1585–1590) gehörte auch die Schaffung einer eigenen römischen Behörde für Heiligsprechungen. 1588 rief der Papst die »Kongregation für Heilige Riten und Zeremonien« ins Leben, die auch mit der Aufgabe betraut wurde, die bisher unorganisiert vorgenommenen Heiligsprechungen einheitlich und in der Form eines kirchenrechtlichen Prozesses durchzuführen. Für die bisher schon verehrten Heiligen wurde nun ein eigenes amtliches Verzeichnis erstellt, das bis heute fortgeführte *Martyrologium Romanum*.

Das in der Regel langwierige Verfahren, in dem das Leben des Kandidaten bis in jede Einzelheit akribisch geprüft werden soll, wird nur auf Antrag eines Ordens oder eines Bistums durchgeführt. Es ist auch nicht umsonst, der Antragsteller trägt die Kosten des Verfahrens, wie bei einer ordentlichen Behörde üblich. Bis zu 250 000 Euro soll eine solche Untersuchung kosten. Ohne Spenden von Gläubigen oder kirchlichen Vereinigungen oder auch von der Familie des Kandidaten geht nichts. Das führt automatisch zu einer gewissen Exklusivität des Kreises der Heiligen. Einschließlich der Seligen, die gewissermaßen eine Vorstufe der Heiligen darstellen, umfasst er heute gut 14 000 Personen, die meisten von ihnen stammen aus der Antike und dem Mittelalter, als es noch keine prozessförmigen Verfahren zur Feststellung der Heiligkeit gab. Seit 1588 bis heute sind nur 807 Menschen von der Kirche heiliggesprochen worden.

Es existieren zwei Klassen von Heiligen: die Märtyrer, die wegen ihres Bekenntnisses zu Christus den Tod erlitten, oder die Bekenner, die in anderer Weise ihre besondere Frömmigkeit bewiesen haben. Bei den Bekennern ist es zur Heiligsprechung notwendig, dass ein »Wunder« festgestellt wird. Meistens äußert sich dieses in der Form, dass jemand auf medizinisch nicht erklärliche Weise von einer schweren Krankheit genest und seine Heilung auf die »wunderbare Hilfe« des um Beistand Angerufenen zurückführt. Diese Voraussetzung, die dem Weltbild des modernen Menschen doch ziemlich fremd ist, soll vermeiden helfen, dass ein Unwürdiger es schafft, von der Kirche zur Verehrung zugelassen zu werden. Man will schon sicher sein, dass der Betreffende es wirklich geschafft hat, nach dem Tod in das Reich Gottes einzugehen.

Um es an dieser Stelle noch einmal ganz deutlich zu sagen und keine Missverständnisse zu verbreiten: Das Verfahren dient der Kirche *nicht* dazu, jemanden zum Heiligen zu machen, sondern nur zur Feststellung, dass der Kandidat aufgrund seines vorbildlichen Lebens wirklich heilig geworden ist. Eine Heiligsprechung sagt aber viel darüber aus, welche Lebensführung nach Auffassung der Kirche zum Vorbild für die normalen Gläubigen taugt. Von den 807 »neuen« Heiligen seit 1588 wurden allein 482 von Johannes Paul II. (1978–2005) kanonisiert. Nun kann der polnische Papst mit seiner Amtsdauer von 26 Jahren das zweitlängste Pontifikat in der Geschichte aufweisen, das relativiert die Zahl etwas. Von den 482 Heiligen sind 402 Märtyrer, die also wegen ihres Glaubens den Tod erlitten haben. Auch das erklärt die große Zahl der Heiligsprechungen unter Johannes Paul II.: Er hat nämlich mehrfach ganze Gruppen von Märtyrern, die unter ähnlichen Umständen starben, auf einmal heiliggesprochen, so 103 Märtyrer aus Korea, die zwischen 1839 und 1867 starben, 106, die zwischen 1745 und 1862 in Vietnam ihr Leben ließen, und 120 getötete China-Missionare aus der Zeit zwischen

1648 und 1930. Die »Bekenner«, also Christen, die eines natürlichen Todes starben, stellen nur 80 der Heiligen aus der Zeit von Johannes Paul II. Die meisten von ihnen haben sich in ihrem Leben mit der Gründung eines neuen Ordens ausgezeichnet, dann folgen andere bedeutsame Ordensleute. Normale Geistliche und nicht geweihte Laienchristen machen eine verschwindende Minderheit aus. Wohl als polnische Spezialität des verstorbenen Papstes ist die Heiligsprechung der polnischen Königinnen aus dem späten Mittelalter, Kinga und Hedwig, die zur Missionierung von Litauen beigetragen haben, zu bewerten. Dann gibt es den heiligen Juan Diego, den legendären mexikanischen Indio, dem die Madonna von Guadalupe erschienen sein soll. Aus dem 20. Jahrhundert, und damit wenigstens historisch fassbar, stammen Giuseppe Moscati (gest. 1927), der als Armenarzt in Neapel tätig war, und Gianna Beretta Molla (gest. 1962), die trotz erheblicher Risiken auch ihr viertes Kind austrug, statt eine medizinisch begründete Abtreibung durchführen zu lassen, und daran starb. In ihrem Heimatort Mesero bei Mailand hat das Erzbistum Mailand inzwischen ein eigenes Heiligtum in einer nicht mehr genutzten Pfarrkirche zu ihrer Verehrung eingerichtet, das rege von Lebensschützern besucht wird. Der erst beginnende Kult um den heiligen Arzt Moscati wird offenbar von den Jesuiten gepflegt, er zeigt sich deshalb bisher eher unspektakulär. Aber das kann sich noch entwickeln, denn ein »heiliger Arzt« hat in dem sehr speziellen Milieu des neapolitanischen Katholizismus schon noch ein erhebliches Potenzial, Gläubige zur Verzückung zu bringen.

RELIQUIEN: GERAUBT, ZERTEILT, VEREHRT

Die Verehrung eines lieben Heiligen geschieht auf ähnliche Weise, wie zu allen Zeiten Menschen ihre lieben Angehörigen, ihre Stars und Idole verehrt haben. Am besten ist es, wenn man nahe bei ihnen ist. Ist das nicht möglich, hilft ein Gegenstand, der mit der geliebten Person verknüpft ist, oder ein Bild, um sich der Existenz der geliebten Person zu vergewissern. Von Heiligen, die bei ihrer Kanonisation ja schon lange tot sind, ist in den meisten Fällen allerdings nur ihr Skelett erhalten, Textilien und andere Habseligkeiten verrotten schnell, auch Briefe oder Bilder gab es in der Antike kaum. Die Überbleibsel der Heiligen, im kirchlichen Sprachgebrauch Reliquien genannt, begannen, eine wichtige Rolle zu spielen. Wo sie sich befanden, waren die Heiligen präsent – und dorthin wollten die Gläubigen.

Mit dem Zustrom von Pilgern war für den Zielort ein Aufschwung verbunden, der auch erhebliche wirtschaftliche Auswirkungen haben konnte. Damit wurde das rein religiöse Interesse an den Reliquien bald überlagert, es ging um Geld und um Macht. Reliquien wurden zerteilt, verkauft, verschenkt und geraubt. Einzelne Körperteile, Schädel, Beine, Arme, Hände, ja winzige, unansehnliche Knochensplitter wurden in prächtige Goldgefäße verpackt und mit Juwelen geschmückt. Eines der schönsten Beispiele für diese Gepflogenheiten ist der Kölner Dreikönigenschrein aus dem 12. Jahrhundert, der neben Reliquien des heiligen Gregor von Spoleto (gest. 303) auch die Gebeine der Heiligen Drei Könige enthalten soll, die zur Krippe kamen, um dem neugeborenen Jesuskind zu huldigen, wie die Bibel berichtet. Die Knochenreste hatte der Kölner Erzbischof Rainald von Dassel 1164 als Kriegsbeute in Mailand mitgenommen, wohin sie einige Jahrhunderte zuvor aus Konstantinopel gekommen waren. Enthalten sind außerdem Knochen eines etwa zweijährigen Kindes, die der Überlieferung nach aus einer Höhle bei Bethlehem stammen sollen und für einen Beleg des Kindermordes durch Herodes gehalten wurden. Solche »handfesten« Beweise für die Wahrheit des Glaubens spielten im Mittelalter eine große Rolle, niemand hätte ernsthaft nach der »Echtheit« solcher Zeugnisse gefragt. Es ist klar, dass die Kirche den Reliquienkult unter Kontrolle behalten wollte.

SENSATIONEN AUS DEM MEZZOGIORNO

Der Süden Italiens ist eine Region, in der die Segnungen des modernen Staates nie so richtig angekommen sind; heute noch wird er mit Armut, schlechter Infrastruktur und organisiertem Verbrechen assoziiert. Der Süden Italiens ist aber auch das Land der Wunder und der Heiligen, wo heute noch ganz Unglaubliches geschieht. Beginnen wir im schon erwähnten Neapel, der Stadt Giuseppe Moscatis.

Neapel ist die Stadt des Blutwunders, wo dreimal im Jahr in den Händen des Erzbischofs in einer Ampulle aufbewahrtes rotes Pulver einen flüssigen Zustand annimmt; das Volk glaubt, das verschlossene Gefäß enthalte das getrocknete Blut des Stadtpatrons von Neapel San Gennaro oder Sankt Januarius. Es stört die Gläubigen nicht, dass dieses Blutwunder erst seit 1389, also über tausend Jahre nach dem angenommenen Todeszeitpunkt des Heiligen, bezeugt ist. Ebenso wenig werden kritische Einwände von Wissenschaftlern zur Erklärung des Zustandswechsels gehört. In Neapel will man an solche Wunder glauben, und die Kirche spielt mit – anerkannt hat sie das Blutwunder nämlich nie.

Auf der Halbinsel Gargano, dem Sporn des italienischen Stiefels an der Adria, hat sich in den wenigen Jahrzehnten seit 1968 bis heute die bis dahin ziemlich unbekannte Kleinstadt San Giovanni Rotondo zu einem Wallfahrtsort entwickelt, der mit über sieben Millionen Besuchern im Jahr in Europa nur noch von Rom übertroffen wird und selbst altbekannte Wallfahrtsorte wie Lourdes oder das polnische Tschenstochau längst übertroffen hat. 2004 wurde in dem apulischen Städtchen die nach dem Petersdom zweitgrößte Kirche Europas eröffnet, nach einem Plan des prominenten Architekten Renzo Piano. Zehn Jahre dauerte der Bau dieser Kirche, die 6500 Gläubigen Platz bietet, für weitere 30000 Besucher ist der Vorraum ausgelegt. Bauherren sind die Patres des Kapuzinerordens, und ihr Mitbruder, der 1968 verstorbene und 2002 heiliggesprochene Pater Pio, der seit 2010 in der Krypta der riesigen Kirche in einem gläsernen Schrein begraben liegt, ist der Grund für die Errichtung dieses Bauwerks. Die Kosten für die neue Kirche müssen im Bereich über 100 Millionen Euro liegen, bezahlt wurden sie aus Spenden.

Kein Heiliger des 20. Jahrhunderts hat es zu so großer Popularität gebracht, aber es gibt auch keinen modernen Heiligen, der so umstritten ist wie Pater Pio. Seit 1918 war der stets gesundheitlich angegriffene Pater »stigmatisiert«, das heißt, es traten Wundmale an seinen Händen und Füßen sowie auf seiner Brust auf; das sind die Körperstellen, an denen auch Christus bei der Kreuzigung verletzt wurde. Eine Stigmatisation kommt bei Heiligen immer mal wieder vor, bloß sind im Falle Pater Pios die Zweifel nie verstummt, es habe sich um mithilfe von Chemikalien künstlich beigebrachte Verletzungen gehandelt. Als Beichtvater war der Kapuzinermönch beliebt, und die Gläubigen sollen vor seinem Beichtstuhl Schlange gestanden haben, obwohl es offenbar häufiger vorkam, dass er Beichtende nicht von ihren Sünden lossprach, sondern sie wüst beschimpfte. Dem Vatikan war der ungehobelte Mönch suspekt, von 1931 bis 1934 wurde ihm verboten, öffentlich aufzutreten oder die Heilige Messe zu lesen. Papst Johannes XXIII. war ein scharfer Gegner Pios, und zu seiner Zeit versuchte der Vatikan, den Pater mithilfe von versteckten Mikrofonen des Betrugs zu überführen. Gleichwohl blieb der Zustrom der Gläubigen groß.

Zu seiner Popularität dürfte auch beigetragen haben, dass der Kapuzinerpater seit 1940 Geld für die Errichtung eines Krankenhauses sammelte, das 1956 errichtet wurde und nach wie vor als eines der modernsten süditalienischen Hospitäler mit etwa 1200 Betten von dem örtlichen Bistum betrieben wird. Kritiker warfen Pio vor, er habe unerlaubten Umgang mit Frauen gepflegt und faschistische Politiker unterstützt. Die Fans des Mönchs glauben an seine angebliche Prophetengabe, mittels derer er schon 1947 dem jungen polnischen Pfarrer Karol Wojtyla dessen Wahl zum Papst und das beinahe tödliche Attentat auf ihn im Jahr 1981 vorausgesagt haben soll. Und auch die Gabe der Bilokation, also die wundersame Eigenschaft, an zwei Orten gleichzeitig sein zu können, wurde dem Pater von seinen Anhängern nachgesagt. Bei der Beerdigung Pios im Jahr 1968 sollen über 100 000 Menschen zugegen gewesen sein. Von diesem Andrang beeindruckt, machte Rom dann auch bald seinen Frieden mit dem bisher ungeliebten Mönch. 1999 wurde er selig- und 2002 schließlich heiliggesprochen. Sein früherer Gegner, Johannes XXIII., der ihm trotzdem in Italien an Popularität nicht nachsteht, brachte es bis heute »nur« zur Seligsprechung. Wie gesagt, die letzte Entscheidung über eine Heiligsprechung liegt immer beim Papst. Und so lassen sich hinter Heiligsprechungen und Nicht-Heiligsprechungen doch kirchenpolitische Erwägungen erkennen.

Das Mezzogiorno hat noch weitere Glaubenssensationen anzubieten. Nur 150 Kilometer nordwestlich von San Giovanni Rotondo liegt die abruzzesische Kleinstadt Lanciano. Hier gibt es einen Beleg für eine zentrale Glaubenswahrheit der Kirche zu bestaunen. Nach katholischer Auffassung werden während der Heiligen Messe die Hostie und der Wein vom Priester in den Leib und das Blut Christi verwandelt und als solches von den Gläubigen in der Kommunion empfangen, auch wenn sich rein äußerlich nichts verändert hat oder nichts Besonderes daran erkennen lässt. Immer schon hat diese sehr schwer zu verstehende Glaubensfrage bei Christen zu Zweifeln geführt. So soll es nun auch in Lanciano im frühen 8. Jahrhundert einem Basilianermönch ergangen sein, der nach dem Brauch der Orthodoxen sonntags die Heilige Messe zelebrierte. Unteritalien lag damals noch im Gebiet des oströmisch-byzantinischen Kaiserreichs, sodass auch kirchlich dort die östliche Tradition vorherrschte. Doch gerade hinsichtlich der Frage der wirklichen Verwandlung von Brot und Wein in der Heiligen Messe existiert zwischen Katholiken und Orthodoxen kein Unterschied in der Lehre.

Nun soll der zweifelnde Mönch – vermutlich mit einigem Schrecken – bei der heiligen Handlung bemerkt haben, dass das Brot sich sichtbar in ein Stück Fleisch verwandelte und der Wein wirklich zu Blut wurde, das sich auch noch entsprechend der Zahl der Wunden Christi in fünf Portionen teilte. Wie er mit dieser Situation umging, ist leider nicht überliefert. Aber das Stück Fleisch und die fünf Portionen Blut werden noch heute in Lanciano in der Kirche der Franziskaner-Minoriten aufbewahrt. Nach einer medizinischen Untersuchung aus dem Jahr 1970 soll es sich um menschliches Herzmuskelfleisch und um Blut der Blutgruppe AB handeln.

Solche Verwandlungen der geweihten Hostie in echtes Fleisch kommen öfter vor; in Italien sind weiterhin bekannt die Hostienwunder von Trani in Apulien und von Alatri und Bolsena in Latium. Die Blutgruppen dazu wurden bislang nicht erforscht. Auch in einer Vorstadt Neapels ereignete sich erst 1772 ein solches Wunder, bei dem die Hostie sich immerhin rot verfärbte. Leider wurde das Beweisstück in der Nacht vom 23. auf den 24. Oktober 1978, am Tag des heiligen Johannes von Capistrano, eines Inquisitors aus dem Franziskanerorden, dem wir bereits im Kapitel über das Verhältnis der Kirche zu den Juden begegnet sind, aus dem Heiligtum in San Pietro a Patierno gestohlen und bis heute nicht mehr aufgefunden.

Von Lanciano aus ist es nur eine Stunde Fahrzeit bis ins nordwestlich davon gelegene Städtchen Manoppello, das die vielleicht vornehmste Reliquie der Christenheit birgt. Dort bewahren die ansässigen Kapuziner seit mindestens 1638 das *Volto Santo* (»Heiliges Antlitz«), angeblich ein Porträt von Christus auf Muschelseide von unbekannter Herstellungsart. Es soll sich, sagen Gläubige, um das Tuch handeln, das dem toten Christus bei der Bestattung auf das Gesicht gelegt wurde. Laut einer anderen Lesart ist es das echte Schweißtuch, das Jesus bei der Kreuztragung von Veronika gereicht wurde und auf dem sich sein Gesichtsabdruck eingeprägt hat. Anders als das berühmtere Turiner Grabtuch, das im Jahr 2010 für wenige Wochen zu sehen war, ist das *Volto Santo* ganzjährig ausgestellt. Erstaunlicherweise hält sich die Zahl der nach Manoppello Pilgernden sehr in Grenzen.

Sizilien darf im Reigen der Wunder natürlich nicht fehlen. In der Wallfahrtskirche von Tindari, gelegen an der Nordostküste der Insel, ist eine Schwarze Madonna, die auf wundersame Weise in einer Kiste an Land geschwemmt worden sein soll, das Ziel von Pilgern. Weiter westlich, in der Hauptstadt Palermo, verehrt man den unversehrten Leib der heiligen Rosalia. Diese Einsiedlerin aus dem 12. Jahrhundert war eigentlich schon so gut wie vergessen, als sie plötzlich 1625 zwei Mönchen erschien. Freundlicherweise führte Rosalia die beiden Brüder zu ihrem unverwesten Leichnam, der daraufhin nach Palermo gebracht wurde – und unverzüglich die Pestepidemie, die gerade in der Stadt wütete, zum Erlöschen brachte.

Natürlich fehlt es im italienischen Süden auch nicht an Erscheinungen der Madonna, auch wenn der Mezzogiorno über keinen

Marienwallfahrtsort von der Größe und Bedeutung von Lourdes, Fátima oder gar Guadalupe in Mexiko verfügt. Aber kleinere Marienerscheinungen kommen häufig vor, nur ein Beispiel: In Oliveto Citra bei Salerno sah am 24. Mai 1985 eine Gruppe von zwölf Jungen zunächst eine Sternschnuppe, hörte dann das Schreien eines Kleinkindes und erblickte schließlich eine weibliche Person, die mit der Muttergottes identifiziert wurde. Seitdem werden aus Oliveto Citra bis heute von einer Stiftung, die der damalige Ortspfarrer zur Verwaltung der Erscheinungen gegründet hat, »Botschaften« verkündet, die Maria offenbart hat. Diese Botschaften sind recht schlicht, sie rufen zu Umkehr und Gebet auf, um Italien vor Katastrophen und den Nachstellungen des Teufels zu schützen. Der Erzbischof von Salerno, Guerini Grimaldi, soll dazu gesagt haben, er könne Maria nicht hindern, zu erscheinen, wenn sie es wolle. Die Marienbotschaften von Oliveto Citra haben einen stabilen Anhängerkreis gefunden, er soll vielleicht hunderttausend Personen umfassen. Ob daraus einmal eine große Wallfahrt wird oder ob die Sache wieder einschläft, wer weiß? Die Kirche lässt die Gläubigen gewähren.

STREIT UM MARIA

Aber selbst im 21. Jahrhundert können Marienerscheinungen noch zu heftigen inner- wie außerkirchlichen Streitigkeiten führen, zu Intrigen und sogar zu Gewaltausbrüchen. Solches ereignet sich heute in Medjugorje, einem kleinen rein kroatisch und katholisch besiedelten Ort in der Herzegowina. Als dort die Erscheinungen im Jahr 1981 begannen, war Marschall Tito zwar schon tot, aber noch existierte der Staat Jugoslawien und es herrschte die Kommunistische Partei. Ganz ähnlich wie später in Oliveto Citra erschien einer Gruppe von sechs Kindern eine Frau, in der sie die heilige Maria erkannten und die sich als »Königin des Friedens« bezeichnete. Der Pfarrer von Medjugorje begleitete die Gruppe und publizierte die vielen Botschaften, die im Wochenabstand von den »Seherkindern« niedergeschrieben wurden.

Nun war der Pfarrer von Medjugorje ein Angehöriger des Franziskanerordens, und die Franziskaner haben seit der türkischen Zeit die Kroaten seelsorglich betreut, auch als es noch keine Bischöfe dort geben durfte. Den kroatischen Nationalisten standen sie nahe, ja im 20. Jahrhundert sympathisierten viele Ordensmitglieder mit der faschistischen Ustascha-Bewegung, ein extremer Fall war Pater Filipovic, der es bis zum Kommandanten des kroatischen KZ Jasenovac brachte. Zunächst stießen die »Erscheinungen«, die schnell Anhänger fanden, bei den noch kommunistischen jugoslawischen Behörden auf Widerstand, der Pfarrer von Medjugorje wurde wegen seiner Unterstützung des Phänomens zu drei Jahren Gefängnisstrafe verurteilt. Der Bischof von Mostar, Pavao Žanić, sympathisierte zunächst mit den »Sehern«, nach längerer Prüfung erklärte er jedoch, die »Erscheinungen« hätten keine übernatürliche Ursache und würden demzufolge kirchlich nicht anerkannt. Das Urteil des Bischofs wurde von der herzegowinischen Franziskanerprovinz, die in Medjugorje den Pfarrer stellt, jedoch nicht akzeptiert. Die Franziskaner hatten im Bosnienkrieg deutliche Sympathien für den Kroatischen Verteidigungsrat gezeigt, der »ethnische Säuberungen« durchführte, die sich gegen die serbische Bevölkerung richteten, und der auch für die Zerstörung serbisch-orthodoxer Kirchen und Klöster verantwortlich war. Und weil sich die Streitigkeiten mit dem Bischof von Mostar um die Anerkennung der Erscheinungen der »Friedenskönigin« nicht im Sinn der Franziskaner hatten lösen lassen, griff man zu anderen Mitteln. Am letzten Fastensonntag des Jahres 1995 entführten kroatische Freischärler Bischof Perić, Žanićs Nachfolger, verprügelten ihn und sperrten ihn in einer Kapelle des Franziskanerordens ein. Erst die Friedenstruppe der Vereinten Nationen konnte den Bischof befreien.

Trotz entgegenstehender Erklärungen und Anweisungen der jugoslawischen Bischofskonferenz und der römischen Glaubenskongregation fuhren die Franziskaner damit fort, für die Wallfahrt nach Medjugorje zu werben und die »Botschaften« zu verbreiten. Bischof Perić erklärte 2006, dass inzwischen beinahe von einer Kirchenspaltung auszugehen sei, da seine Autorität als Ortsbischof von den Franziskanern nicht anerkannt werde. Der Vatikan ernannte 2006 und 2008 Untersuchungskommissionen, die das Urteil des Ortsbischofs hinsichtlich der fehlenden Übernatürlichkeit der Erscheinungen bestätigten. Die Glaubenskongregation bekräftigte diese Ansicht im November 2009 nochmals ausdrücklich und verbot kirchliche Wallfahrten nach Medjugorje.

Alles dies hält die Franziskaner aber nicht von ihren Aktivitäten ab. Inzwischen fahren jedes Jahr hunderttausende von Gläubigen, nicht nur Katholiken, auch Orthodoxe, in die Herzegowina, um am Erscheinungsort der »Friedenskönigin« zu beten. Es entstehen neue geistliche Gemeinschaften, selbst in Deutschland, wo der Kölner Kardinal Meisner der Vereinigung Totus tuus, die überwiegend aus jungen Leuten besteht, die kirchliche Anerkennung erteilt hat. Von der sonst so gefürchteten Autorität Roms ist hier nichts zu spüren. Was also wird Rom tun? Eben das, was der Vatikan in vergleichbarer Lage immer gemacht hat: Eine Bewegung, die man nicht verbieten oder sonst verhindern kann, wird eben integriert. Kardinal Schönborn, der Erzbischof von Wien, der das Vertrauen des Papstes genießen soll, reiste zu Silvester 2009, »rein privat« versteht sich, nach Medjugorje und feierte dort die Heilige Messe zum Jahreswechsel. Es nutzte nichts, dass Bischof Perić einen wütenden Protestbrief an den Papst schrieb. Der Kardinal entschuldigte sich beflissen, aber es wurde eine neue römische Kommission gebildet zur Untersuchung der Seelsorge in Medjugorje. Und so hat das kleine Nest in der Herzegowina noch alle Chancen, in die Reihe der anerkannten großen Marienwallfahrtsorte aufgenommen zu werden.

Zu einem ähnlichen Konflikt, wenngleich nicht so gewalttätig verlaufend, kam es in Deutschland schon dreißig Jahre früher. Im fränkischen Dorf Heroldsbach bei Forchheim war seit Oktober 1949 bis 1952 ebenfalls einer Gruppe von Kindern zunächst angeblich die heilige Maria erschienen und später eine ganze Heerschar von Heiligen und Engeln. Auch hier wurden ganz ähnliche schlichte Botschaften übermittelt, und es entwickelte sich eine Wallfahrtsbewegung, die schnell zehntausende von Gläubigen nach Heroldsbach führte. Der Bamberger Erzbischof Kolb lehnte die Erscheinungen als nicht übernatürlich ab und verbot jede Wallfahrt zur »Rosenkönigin«, wie Maria an dem Erscheinungsort angeblich genannt werden wollte. Auch hier unterstützte Rom die Position des Erzbischofs. Als das römische Dekret von einem Bamberger Domkapitular in Heroldsbach verlesen wurde, hatte man vorsichtshalber 40 Mann von der Bayerischen Landespolizei als Personenschutz abgeordnet. Trotz massiven erzbischöflichen Drucks auf den Ortspfarrer, der die »Erscheinungen« für echt befand, bildete sich ein Verein, der eine Wallfahrtskirche baute und die Erinnerung an die Ereignisse wachhielt. 1998 schließlich, rechtzeitig vor der fälligen 50-Jahr-Feier, fand Erzbischof Braun eine diplomatische Lösung: Es blieb zwar dabei, dass die Erscheinungen nicht als übernatürlich anerkannt wurden, aber die Erscheinungsstätte wurde von einer kirchlichen Stiftung übernommen und als Marienanbetungsstätte umgewidmet. Auch in Heroldsbach tummelt sich seitdem die Gemeinschaft Totus tuus, sie feierte dort im Juli 2010 das Andenken an »29 Jahre Erscheinungen in Medjugorje«, und im August 2010 wurde Kardinal Schönborn aus Wien zur Feier der Heiligen Messe in Heroldsbach erwartet.

Diese Vorkommnisse zeigen, wie groß der Spagat geworden ist, den die Kirche macht – vielleicht machen muss – zwischen aufgeklärten Christen, an deren Seite sich plötzlich die theologischen Dogmatiker aus der Glaubenskongregation finden, und den Gläubigen, die eine wunderbare, mystische Kirche wollen, die auch vor Kitsch und Aberglauben nicht zurückschreckt, und darüber ganz anarchisch lehramtliche Dogmatik, Kirchenrecht, Hierarchie und selbst den den Konservativen sonst so wichtigen Gehorsam gegenüber dem Papst und den Bischöfen schlicht vergessen. Die Macht der Kirche ruht hier auf tönernen Füßen, und es wird eine Grenze sichtbar, die allen Überlegungen zu Reformen in der Kirche gesetzt ist. Eine ganz andere Frage ist freilich, ob es aus heutiger Sicht wahrhaftig ist und auf lange Sicht klug, wenn die Kirche Wunder, Wallfahrten oder Heilige anerkennt oder zumindest aktiv duldet, von deren Authentizität sie selbst nicht überzeugt ist. Müsste echte Spiritualität nicht ohne frommen Betrug auskommen? Nun, vielleicht ist das eine zu diesseitige Sicht der Dinge.

KOMISCHE HEILIGE UND ANDERE
PEINLICHKEITEN FÜR MODERNE CHRISTEN

Aber es gibt sie ja, die Beispiele dafür, dass die Kirche zurückgerudert ist, zurückrudern musste, weil es zu offensichtlich noch am kleinsten historischen Beweis für die Existenz mancher Heiliger fehlte, die angeblichen Reliquien zu auffällig gefälscht waren. Vom Zweiten Vatikanischen Konzil war an die Römische Kurie der Auftrag ergangen, das Martyrologium, also das offizielle Heiligenverzeichnis, zu überarbeiten, um es in Übereinstimmung mit der historischen Wahrheit zu bringen. Zudem hatte man einige Peinlichkeiten aus dem Katalog gestrichen, wie das angebliche Ritualmordopfer Simon von Trient oder den historisch nicht nachweisbaren Achatius, der am Berg Ararat zu Tode gekommen sein sollte. Die »doppelte« Märtyrerin Eulalia wurde auf eine Person reduziert und auch Sankt Christophorus, laut einer östlichen Legende ein hundsköpfiger Riese, war offiziell kein Heiliger mehr.

Aber hier hatten die römischen Theologen den Widerstand der Frommen unterschätzt, 2001 wurde gerade der heilige Christophorus wieder eingeführt und 2004 etliche der früher gestrichenen Heiligen, darunter viele italo-griechische Mönche aus Süditalien, ebenfalls wieder anerkannt. Am Kult prominenter Heiliger wie Sankt Georg oder der Sieben Schläfer von Ephesus hatte man erst gar nicht rütteln wollen, obwohl ihr Leben reine Legende ist. Der Ansatz des Zweiten Vatikanischen Konzils, der historischen Wahrheit ihren Durchbruch zu ermöglichen, konnte also in vielen Fällen gegen die Ehrwürdigkeit und das Alter eines von vielen Gläubigen geübten Heiligenkultes nichts ausrichten.

Ähnlich steht es mit altehrwürdigen Reliquien, meist Gebeinen von legendärer Herkunft, aber auch Textilien, Partikel und Nägel vom Kreuz Christ, die oft von Kreuzfahrern als Wallfahrtsandenken aus Palästina mitgebracht wurden. Besonders skurrile Stücke sind noch älteren Datums, wie die Sandalen Christi, die 752 erstmals dokumentiert sind als Geschenk des Papstes an den Frankenkönig Pippin den Kurzen. Sie gelangten in die Abtei Prüm in der Eifel und sicherten den dortigen Benediktinern den Besuch zahlreicher Wallfahrer und den damit verbundenen Wohlstand. Der benachbarte Bischof von Trier hatte so lange das Nachsehen, bis ihm eine glückliche Fügung angeblich schon 1196 den Leibrock Christi in die Hände spielte. Öffentlich gezeigt wurde er allerdings erst seit 1512. Der Heilige Rock war für Wallfahrer viel attraktiver als die unansehnlichen Sandalenkrümel und so konnte der inzwischen wirtschaftlich erfolgreiche Bischof von Trier die Abtei Prüm 1574 übernehmen und sie seinem Bistum einverleiben.

Trotz seiner von Anfang an zweifelhaften Herkunft erfreuen sich Wallfahrten zum Heiligen Rock bis heute großer Beliebtheit, für 2012 wird zu einer großen Jubiläumswallfahrt eingeladen. Gut, die Echtheit des Rockes behauptet die Kirche heute selbst nicht mehr, aber in 500 Jahren frommer Pilgertradition sieht sie genügend Grund zum Feiern. Die Besucherzahlen wurden immer gewaltiger, im Jahr 1844 pilgerten über eine Million Menschen zu der sieben Wochen lang zur Schau gestellten Reliquie. Diese Trierer Wallfahrt zog aber auch ein ziemlich negatives publizistisches Echo nach sich, der Journalist Otto von Corvin nahm sie zum Anlass, ein Kirchenhasser-Buch mit dem Titel *Historische Denkmale des Christlichen Fanatismus* zu schreiben. Erfolgreich wurde allerdings erst die 1869 erschienene zweite Auflage, umbenannt in *Pfaffenspiegel*, die so recht in das Klima des bismarckschen Kulturkampfs passte und in wenigen Jahren 1,6 Millionen Exemplare verkaufte.

Viele der alten Reliquien sind heute noch Kristallisationspunkte für Glaubensbekundungen, sei es das Haus der Maria in Loreto, das 1291 auf wundersame Weise aus dem gerade für die Christenheit verlorenen Heiligen Land in die italienischen Marken transportiert wurde, seien es die Aachener Heiligtümer, das sind die Windel und der Lendenschurz Jesu, zusammen mit dem Tuch, in den das Haupt Johannes' des Täufers gewickelt war, und einem Kleid der Muttergottes, von Karl dem Großen gestiftet. Karl der Große war es auch, der aus seinem offenbar reichen Reliquienbestand, den er vermutlich aus der byzantinischen Hauptstadt Konstantinopel bezogen hatte, das beste Stück dem Papst schenkte. Als Dank für die zu Weihnachten des Jahres 800 vollzogene Kaiserkrönung erhielt Papst Leo III. die Vorhaut Jesu. Diese Reliquie wurde bis 1527 in der Lateranbasilika aufbewahrt und in diesem Jahr von deutschen Landsknechten bei der Plünderung Roms gestohlen. Weit kamen die Diebe nicht, 1557 wurde das gestohlene Stück in Calcata, 40 Kilometer nördlich von Rom, gefunden und seither dort ausgestellt und verehrt. Seit 1983 fehlt die Vorhaut allerdings, sie soll erneut gestohlen worden sein. Auch diese Reliquie hatte, wie viele andere, Doppelgänger und Kopien, und im Mittelalter soll es über ein Dutzend von Vorhäuten Jesu gegeben haben, über deren jeweilige Echtheit die Besitzer untereinander heftig stritten. Kriege, Feuer und Revolutionen haben sie alle vernichtet, und das Stück von Calcata ist nun auch verschwunden. Der Spagat der Kirche zwischen alter Frömmigkeit und moderner Theologie, zwischen Mittelalter und Moderne, er ist kleiner geworden, wenn auch nur um ein winziges Stück.

DIE FASZINATION DES BÖSEN

Die Berührung mit dem Jenseits, die die Kirche in sich trägt – oder in sich zu tragen vorgibt, wie es Außenstehende formulieren –, besitzt aber noch einen zweiten, einen dunklen Aspekt. Die Welt der Engel und Heiligen, der Wunder und der Reliquien verweist auf das Gute und betont die Hoffnung. Sicher, für moderne Betrachter auf eine oft wunderliche Weise, aber im Mittelpunkt steht dabei immer, den Mensch aus seinem häufig betrüblichen und brutalen irdischen Dasein herauszuheben, wenn nicht in dieser Welt, dann doch wenigstens in der nächsten. Doch in der traditionell gläubigen Sichtweise existiert auch eine Gegenwirklichkeit, die Welt Satans und seiner Dämonen, die den Mensch zur Sünde verführen und ihn um sein Heil fürchten lassen. Gegen diese finsteren Mächte erhofft sich der Höllenfürchtige Beistand von seiner Kirche. Die Zahl solcher Ängstlichen ist größer, als man denkt, jedenfalls als man in Mitteleuropa denkt. Ein Indiz dafür ist beispielsweise, dass im sehr katholischen Land Paraguay das zuerst 2004 erschienene Buch des spanischen Exorzisten José Antonio Fortea mit dem sprechenden Titel *Summa Daemoniaca* ein Bestseller wurde, ja sogar die Auflage des *Da Vinci Code* übertraf.

Wenn es aber um das Böse geht, scheint die Kirche nicht mehr nur einen Spagat zu machen, sondern eine veritable Doppelstrategie zu fahren. Nach dem aktuellen Katechismus der Kirche, der die offizielle Lehre zusammenfasst, wird das Böse als Person verstanden, also als Satan, wenngleich ohne Hörner, Pferdefuß und Schwefelgestank, als körperloses Geistwesen. »Sein Tun bringt schlimme geistige und mittelbar selbst physische Schäden über jeden Menschen und jede Gesellschaft.« Die Furcht vor dem Bösen, vor Satan und seinen Unterteufeln war früher in der Christenheit allgegenwärtig, die Kirche wusste Mittel dagegen und diese Mittel wurden auch ganz selbstverständlich angewendet. Das ist grundsätzlich auch heute noch so. Nur gibt es im Umgang mit dem Bösen eben zwei unterschiedliche Ansätze, einen für die aufgeklärten Gläubigen – man könnte zugespitzt sagen »des Nordens« – und einen anderen für das übrige Kirchenvolk. Die Kirche verfährt hier ganz entgegen ihrem sonst immer verfolgten Grundprinzip der Einheitlichkeit.

Die für die Mehrheit bestimmte römische Verfahrensweise wurde erst 1999 mit einem neu formulierten Ritual des »Großen Exorzismus« geregelt, und bis heute werden von italienischen Bischöfen Priester zu Exorzisten bestimmt. Unter Papst Johannes Paul II., der mit einem prominenten Exorzisten, dem 2008 verstorbenen Corrado Balducci, persönlich befreundet war, sollen allein in Italien 200 Priester zu Exorzisten bestellt worden sein. Einer von ihnen ist der bekannte Pater Gabriele Amorth, der bis heute in Rom wirkt. Er gründete in den 1990er-Jahren die Internationale Vereinigung der Exorzisten, die 2004 zu einer Konferenz in Mexiko einlud, 500 Teilnehmer kamen. Ein nationales Treffen von 180 italienischen Exorzisten fand 2005 in Collevalenza bei Perugia statt. Papst Benedikt XVI. ermunterte die Exorzisten auf einer Generalaudienz am 14. September 2005 ausdrücklich, »fortzufahren in ihrem wichtigen Auftrag im Dienst der Kirche, unterstützt von der wachen Aufmerksamkeit ihrer Bischöfe«. Regelmäßig werden in Rom Ausbildungskurse für Exorzisten gehalten, und mit einem gewissen Erstaunen wurde in der kirchlichen Öffentlichkeit wahrgenommen, dass zu den Absolventen des Jahres 2005 erstmals eine Frau gehörte, die damals 34-jährige Alexandra von Teuffenbach. Denn noch ist die Tätigkeit des Exorzierens nur Priestern mit Sonderlizenz ihres Bischofs erlaubt, Männern also, die kraft ihrer Weihe schon irgendwie ein Zipfelchen der jenseitigen Welt in der Hand halten. Sollte der Vatikan gerade hier ein zukünftiges Aufgabengebiet für Frauen sehen? Aber vielleicht hielt der Vatikan diese Zusatzqualifikation nur in diesem speziellen Fall für zweckmäßig, denn Signora Teuffenbach ist im Hauptberuf am Vatikanischen Geheimarchiv tätig, wo es sicher etliche Geister aus der Vergangenheit zu verbannen gilt.

Der heute 85-jährige Gabriele Amorth, der in seiner Jugend als Partisan gegen Hitler und Mussolini kämpfte und der nach dem Krieg als Stellvertreter von Giulio Andreotti im Vorstand der Jugendorganisation der Democrazia Cristiana saß, erzählt gern und häufig in der Presse von seiner Tätigkeit als Exorzist. Täglich 15 bis 16 Sitzungen mit Menschen, die glauben, der Dienste eines Exorzisten zu bedürfen, halten ihn jung, die Gesamtzahl der von ihm bewirkten »Austreibungen« schätzt er auf über 70 000. Pater Amorth ist sich sicher, dass satanistische Zirkel selbst im Vatikan existieren. Sein Nachfolger im Amt des Präsidenten der Internationalen Exorzistenvereinigung, Pater Giancarlo Gramolazzo, und auch die Exorzisten der Diözesen New York, James LeBar, und Westminster, Jeremy Davies, sehen den Grund für die steigende Nachfrage nach ihrer Dienstleistung in der Verbreitung von Okkultismus und ungezügelter Sexualität. So weit also die Position der Kirche in Italien, Iberoamerika und in den angelsächsischen Ländern.

In Mitteleuropa und hier vor allem im deutschen Sprachraum gilt das Gegenteil. Die Theologen haben seit dem Zweiten Vatikanischen Konzil *Abschied vom Teufel* genommen, wie 1978 der damalige Tübinger Professor Herbert Haag sein Buch zum Thema betitelte. 1976 hatte sich der spektakuläre Exorzismus-Skandal ereignet, bei dem die psychisch kranke Studentin Anneliese Michel im Auftrag ihrer Eltern von zwei Priestern exorziert wurde. Nach 67 »Sitzungen« verstarb Frau Michel an Entkräftung, sie war schlicht verhungert, weil versäumt wurde, sie künstlich zu ernähren. Professor Haags Buch erschien pünktlich zum Strafurteil des Landgerichts Aschaffenburg gegen die beiden Exorzisten und die Eltern von Anneliese Michel. Wegen fahrlässiger Tötung wurden sie zu Bewährungsstrafen verurteilt.

Seit dem Fall Michel gab es über zwanzig Jahre im deutschen Sprachraum keinen kirchlich erlaubten Exorzismus mehr. Kardinal Lehmann, damals Vorsitzender der Deutschen Bischofskonferenz, äußerte noch 2005 gegenüber der Presse, vermeintlich besessenen Personen sei in der Regel auf andere Weise besser zu helfen. Im Mai 2005 war durch Journalisten des WDR öffentlich gemacht worden, dass ein Priester aus der Nähe von München mit Lizenz des damaligen Bischofs von Augsburg Walter Mixa erneut Teufelsaustreibungen durchführte. Mindestens drei Fälle im Gebiet des Erzbistums Paderborn wurden berichtet, zuständiger Erzbischof war

Hans-Josef Becker. Der vermutliche Exorzist, ein Priester und Psychotherapeut, steht der »Charismatischen Erneuerung« nahe, einer der neuen geistlichen Bewegungen, die organisatorisch schwer fassbar sind. Dieser Gruppe soll auch der frühere Mainzer Weihbischof Franziskus Eisenbach nahestehen, der im Jahr 2000 wegen letztlich nie genau geklärter Vorwürfe einer Theologin, er habe an ihr einen unerlaubten Exorzismus vorgenommen, auf Druck von Kardinal Ratzinger, seinerzeit Präfekt der Glaubenskongregation, auf das Bischofsamt verzichten musste.

Der kleine Aufruhr in den deutschen Medien, der im Mai 2005 ausbrach, führte dazu, dass sich mehrere Diözesen, so Berlin, München und Würzburg, eilig von der Durchführung von Exorzismen distanzierten. Und der damalige Weihbischof von Chur, der Jesuit Peter Henrici, hielt eine in der Schweiz bemerkte leichte Steigerung der Nachfrage nach Exorzismen für ein »soziokulturelles« Phänomen. Denn es hätten ausschließlich italienische Katholiken danach gefragt. Nun, dann ist ja alles klar, der Teufel ist etwas für die rückständigen Südländer, dagegen werden die verstandesorientierteren deutschsprachigen Katholiken mit einer aufgeklärten Version der Geschichte vom Bösen bedient.

Auf Dauer wird die Kirche diese Doppelstrategie nicht durchhalten können, sie wird schon einheitlich erklären müssen, wie sie es mit dem Teufel halten will. Der Zwang zur einheitlichen Entscheidung in jeder halbwegs bedeutsamen Glaubens- oder Moralfrage ist nun einmal seit Jahrhunderten in der Struktur der Kirche angelegt. Ein einheitliches, zentrales Lehramt kann eben nur mit einer Stimme sprechen. Und wenn es um Übersinnliches geht, sei es um Heilige oder um Teufel, kann sich das Lehramt dem Druck der Menge längerfristig nicht entziehen. So wie die Dinge liegen, scheint klar, wie hier die einheitliche Lösung aussehen wird, Pater Gabriele, übernehmen Sie! Im März 2009 hat übrigens die Deutsche Bischofskonferenz die lange verzögerte deutsche Übersetzung des 1999 in Rom erschienenen neuen Exorzismus-Rituals vorgestellt.

8. ERZWUNGENE EINSICHTEN – LEHRHOHEIT UND INQUISITION

Schon im Laufe der ersten drei Jahrhunderte hatte die Kirche ein theologisches Lehrgebäude ausgebildet, das nur noch von Spezialisten überblickt werden konnte. Recht früh also sahen sich die kirchlichen Hüter der Wahrheit mit dem Problem konfrontiert, wie sie dieses feingesponnene System gegen Ideen verteidigen konnten, die nicht mit diesem konform gingen. Dieser Wille, die Definitionsmacht über die Inhalte des Glaubens zu beanspruchen und diese auch durchzusetzen, bezeichnet ein Grundcharakteristikum der Kirche. Ganz zu Anfang war sich die entstehende Kirche darüber gar nicht klar. Unbefangen berichtet die Apostelgeschichte, wie die Juden mit dem gleichen Problem umgingen, als die ersten Christen begannen, in den Synagogen aus jüdischer Sicht »Irrlehren« zu verbreiten. Der Schriftgelehrte Gamaliel gewann die Mehrheit der jüdischen Theologen für sich mit dem Argument, dass Gruppen, die sich auf bloß menschliches Gedankengut stützten, ohnedies nicht langlebig seien, sondern bald in Vergessenheit gerieten. Wenn aber doch göttliche Gedanken in der Lehre der frühen Christen steckten, käme man sowieso nicht dagegen an, ja man würde dann gegen Gott kämpfen. Der jüdische Gelehrte Gamaliel war also der Meinung, es sei falsch, »Irrlehren« zu unterdrücken, denn die Wahrheit setze sich am Ende sowieso durch.

Für einen Juden ist das Problem der »richtigen« Lehre vielleicht nicht so wichtig, denn ob jemand Jude ist oder nicht, hängt davon nicht ab. Eine »multikulturelle« Gruppe, zu der sich die Christen durch ihre Offenheit gegenüber allen Völkern schnell entwickelten, brauchte jedoch eine klare Linie in der Lehre der Glaubensinhalte. Dementsprechend ist die Geschichte des frühen Christentums ein einziges Streiten um die richtigen Glaubensinhalte. Streit an sich muss ja nichts Schlechtes sein, aber nach dem Streit kommt die Frage auf, wie man mit den Gegnern umgeht, die sich nicht durchgesetzt haben. Lässt man sie gewähren und räumt ihnen eine Nische ein, setzt man sie vor die Tür und proviziert damit eine Abspaltung, oder zwingt man sie mit Gewalt zum richtigen Bekenntnis? Gamaliel war gegen die letzte Variante, jedenfalls gegen ihre brutale Durchsetzung. (Um Gamaliel nicht über den grünen Klee zu loben, sei schon noch erwähnt, dass er gegen eine kleine Auspeitschung der Apostel nichts hatte.)

DIE FREIHEIT DES CHRISTENMENSCHEN

Die Kirche folgte nicht Gamaliels Auffassung, dass sich die Wahrheit auch ohne Unterdrückung einer vermeintlichen oder tatsächlichen Unwahrheit durchsetzen würde. Sie machte die Unterdrückung der »falschen« Meinung zur frommen Pflicht, sie begann Zwang auszuüben gegen Menschen, die »falschen« Glaubensvorstellungen anhingen oder diese sogar lehrten. Zunächst blieb der Zwang beschränkt auf die Verhängung von Kirchenbußen oder die Absetzung von einem Amt. Das änderte sich, als das Christentum durch ein Dekret der drei römischen Teilkaiser im Jahr 380 zur alleinigen Staatsreligion wurde und die Kirche praktisch die Stellung einer staatlichen Religionsbehörde erhielt. Umgekehrt lag die Wahrung der Einheit des Glaubens nun auch im staatlichen Interesse, da sie dem inneren Frieden im Römischen Reich förderlich war.

Das kurze Zeit später durch das Konzil von Konstantinopel (381) bekräftigte Dekret von 380 legte fest, dass alle Christen an den dreieinigen Gott glauben sollten: Gottvater, Sohn und Heiliger Geist. Den anderen wurde verboten, sich Christen zu nennen, ihnen wurde nicht nur ewige, sondern auch weltliche Strafe angedroht, es erfolgte beim Abfall vom wahren Glauben auch der Verlust aller bürgerlichen Rechte. Das richtete sich vor allem an die Adresse des Arianismus und des Donatismus, zwei antike Konfessionen, die jeweils über eine stattliche Zahl von Anhängern verfügten. Die Arianer glaubten nicht an die Dreifaltigkeit, für sie war nur der Vater, hingegen nicht der Sohn Gott. Die Donatisten waren moralisch streng, sie wollten jeden Sünder aus der Kirche ausschließen, extreme Anhänger dieser Richtung aus Nordafrika übten fanatischen Glaubensterror gegen Geistliche und gegen wohlhabende Christen aus. Eine ähnlich friedensstörende Wirkung befürchteten die Römer wohl von einer streng religiösen Gruppe in Nordspanien, die sich um ihren Gründer, den 340 geborenen Theologen Priscillian, gebildet hatte. Auch dieser lehrte, dass nur mit Enthaltsamkeit das Reich Gottes zu erlangen sei, und verlangte konsequent die Ehelosigkeit der Priester. Damit machte er sich bei den Angehörigen des Klerus, die üblicherweise damals verheiratet waren, keine Freunde, sie zeigten ihn wegen Abweichung von der wahren Lehre an. Priscillian wurde schließlich 385 am Hof des Kaisers Magnus Maximus in Trier auf die Anklage von drei Bischöfen hin, darunter des später heiliggesprochenen Rufus von Metz, zum Tode verurteilt und hingerichtet. Die damalige römische Kaiserstadt Trier trägt deshalb das unselige historische Erbe, dass in ihren Mauern erstmals ein Christ wegen vermeintlich falscher Glaubensansichten von anderen Christen getötet wurde. Erstmals war auf der Grundlage des Dekrets von 380 ein Mensch zum Tode verurteilt worden. Dieses Dekret, das nach seinen Eingangsworten *Cunctos populos* (»Allen Völkern«) benannt wird, blieb bis in das Zeitalter der Reformation in Kraft und diente der Kirche im Mittelalter als juristische Grundlage für die Inquisition.

Die Inquisition, in deren Name heute noch Angst und Schrecken nachhallen, die sie generationenlang erzeugt hat, sollte allerdings erst Jahrhunderte nach der Spätantike das Licht der Welt erblicken. Denn erst musste die Kirche selbst zum Staat werden und sich dann über alle anderen Staaten erheben, ehe sie ein solches

Machtinstrument schaffen konnte. Ein Machtinstrument, das sie sonst kaum gebraucht hätte, denn es richtete sich im Wesentlichen nur gegen Menschen, die sich aufgrund der Verweltlichung der Kirche und ihrer Diener vom Glauben – zumindest in seiner offiziellen Ausprägung – teilweise abgewandt hatten.

Seit dem ersten Sündenfall, dem Mord an Priscillian im Jahr 385, gab es in den nächsten paar Jahrhunderten nur einzelne Fälle, in denen Menschen mit der Kirche wegen ihres »falschen« Glaubens in Konflikt gerieten, meist waren es Wanderprediger, die den örtlichen Klerus geärgert hatten. Diese wenigen Fälle konnten ohne besondere Organisation von den zuständigen Bischöfen im Sinne der Kirche »geklärt« werden. Nach der Jahrtausendwende erst sollte sich das ändern.

KREUZZUG GEGEN DIE KETZER

Ab dem 10. Jahrhundert entstanden im Süden und Westen Europas neue religiöse Ideen, die der Lehre der Kirche zuwiderliefen. Von Bulgarien ausgehend verbreitete sich im Byzantinischen Reich die Bewegung der Bogomilen, die einen religiösen Dualismus vertrat. Vermutlich ebenfalls aus Bulgarien gelangte diese eigentlich uralte Vorstellung nach Mitteleuropa, dass es eigentlich zwei Götter gebe: neben dem reinen, guten Gott noch einen, der für die Schöpfung der bösen Welt zuständig sei. Der guten Seite musste der Gläubige sich im praktischen Leben möglichst nähern, also weitgehend Verzicht auf alle Freuden des Lebens leisten und nach Vervollkommnung streben. Die Amtskirche galt als Werk des Teufels, pflegten ihre Vertreter doch offensichtlich einen sittenlosen, weltlichen Lebensstil. Die neue Bewegung gewann Zulauf in Oberitalien, in Südfrankreich und im Rheinland. Es gelang ihren Anhängern, eine eigene kirchliche Struktur aufzubauen. Und schon 1167 trafen sich die Vertreter der neuen Kirche der Katharer, wie sie genannt wurden, um auf der Burg von Saint-Félix-Lauragais in den Pyrenäen ein Konzil abzuhalten. Die Leitung übernahm ein bulgarischer Pope, der Bogomile Nicetas, vielleicht war er wirklich Bischof in Konstantinopel gewesen, wie römische Quellen behaupten. Das Konzil regelte Organisationsfragen, es wurden vorhandene Bistümer abgegrenzt und für den Norden Frankreichs ein eigener Bischof bestellt. Der nunmehr offene und von einem Teil des okzitanischen Adels unterstützte Aufbau einer Gegenkirche musste in Rom Alarm auslösen.

Bis ins heilige Köln war die Katharerbewegung schon vorgedrungen, es drohte ein massenhafter Auszug von Gläubigen aus der Kirche. Papst Alexander III. (1159–1181) machte die Unterdrückung irrlehrender, häretischer Bewegungen zum Thema des Dritten Laterankonzils, um sich Rückendeckung von den Bischöfen zu holen. Es wurde beschlossen, dass zukünftig alle Bischöfe verpflichtet waren, in ihrer Region gegen Ketzer vorzugehen. Diese Regelung erwies sich in ihrer praktischen Umsetzung als wirkungslos, weil die Bischöfe in den Katharerzentren schwach waren und der Adel im Languedoc die Gegenkirche unterstützte.

Alexanders Nachfolger, Papst Lucius III. (1181–1184), ergriff erste Kreuzzugsmaßnahmen gegen die Albigenser, wie die Katharer nach der südfranzösischen Stadt Albi auch genannt wurden, und verbündete sich dazu mit Kaiser Friedrich I. Barbarossa. Kirche und Staat teilten sich die Aufgaben der Ketzerverfolgung, die Kirche spürte die Delinquenten auf, klagte sie an und verhängte Kirchenstrafen, anschließend wurden sie der staatlichen Obrigkeit ausgeliefert, die dann den blutigen Teil der Angelegenheit übernahm. Die Theorie, wer Ketzer war und woran man das erkennen konnte, hatte inzwischen einer der angesehensten Theologen der

Zeit geliefert. Es war der später heiliggesprochene Alanus ab Insulis, ein Zisterziensermönch, der in Paris und später in Montpellier lehrte. Er hatte etwa um das Jahr 1180 ein Buch geschrieben mit dem Titel *De fide catholica contra haereticos* (»Vom katholischen Glauben und gegen die Irrlehrer«). Diese Schrift richtete sich nicht nur gegen die Katharer, auch gegen andere religiöse Gruppen, die sich im 12. Jahrhundert gebildet hatten, die Waldenser, Humiliaten, Beginen, Arnoldisten und etliche mehr.

Die Anliegen dieser »von unten« gewachsenen Bewegungen ähnelten sich. Man misstraute den oft ungebildeten und unmoralisch lebenden Geistlichen. Daraus ergab sich die Forderung, im Klerus Sittenstrenge durchzusetzen, vor allem der Zölibat und ein Leben in materieller Armut sollten den Priester auszeichnen. Als weiteren wesentlichen Punkt wollten die Anhänger dieser Reformideen selbst die Bibel lesen und das Predigen von nicht geweihten Laien zulassen. Die Forderung nach sittenstrengeren Priestern deckte sich mit den Vorstellungen von Bernhard von Clairvaux und seinem Zisterzienserorden, die Ehelosigkeit der Priester wurde schließlich zum Kirchengesetz gemacht. Allerdings sollte es etliche Generationen dauern, bis der Zölibat vollständig durchgesetzt werden konnte. Gerade in Deutschland trauten sich nur drei Bischöfe, ihren niederen Klerikern das römische Dekret über die Verbindlichkeit des Zölibats zu verkünden. Aus heutiger Sicht mag der Umstand erstaunen, dass der Zölibat einmal von Erneuerungsbewegungen zur Hebung der Moral von Priestern gefordert wurde, scheint doch in unserer Zeit für viele liberale Christen der Zölibat eher eine Ursache für priesterliche Unmoral zu sein, statt ihr entgegenzuwirken.

Völlig inakzeptabel hingegen waren für die Kirche solche Forderungen, die direkte Auswirkungen auf die Rollenverteilung von Geistlichen und Laien gehabt hätten. So wäre der klerikale Anspruch auf Besitz der Lehrwahrheit durch Laienpredigten gefährdet worden, oder es hätten durch eigene Bibellektüre bei den Gläubigen »falsche« Gedanken aufkommen können. Das ausdrückliche Verbot der Bibellesung in privaten Zusammenkünften erfolgte 1199 durch Papst Innozenz III. Es war aus Sicht der Kirche jetzt nötig geworden, weil die wohlhabenden Katharer und auch der Gründer der Waldenser, ein reicher Kaufmann aus Lyon, Übersetzungen des lateinischen Bibeltexts, der in katholischen Kirchen und Klöstern in Gebrauch war, in die Volkssprache, also ins Okzitanische und Italienische, finanzierten und sich auch die sehr teure Herstellung von Handschriften leisten konnten. Bis dahin hatte die Kirche aus sprachlichen und ganz praktischen Gründen sowieso das Monopol auf die Verfügbarkeit von Bibeln und theologischer Literatur und damit auf die darauf basierende Lehre gehabt. Die Kirche, die gerade unter Papst Innozenz III., der sich als erster Papst als »Statthalter Christi« bezeichnete, auf einem Höhepunkt ihres Selbstverständnisses als wichtigste und höchste Institution der Welt angelangt war, reagierte mit Angst und Abwehr auf den sich erst andeutenden drohenden Verlust ihres Lehr- und Wissensmonopols. Hier und da gelang es kirchlichen Autoritäten, Bibeltexte in der Volkssprache aufzuspüren und zu beschlagnahmen. Im Jahr 1200 beispielsweise schickte der Papst eine Untersuchungskommission nach Metz, die gegen die dort aktiven Waldenser einschritt und die Evangelienübersetzungen öffentlich verbrennen ließ.

Diese Methode der Unterdrückung anderer Meinungen funktionierte freilich nur in Gebieten, wo die amtskirchliche Struktur stark war und die weltliche Obrigkeit treu zur Kirche stand. In Okzitanien und in einigen Ecken Norditaliens, wo die Katharer – ebenso wie die Waldenser – schon eine örtliche Macht darstellten, brachte ein solches Vorgehen nichts. Auf die regionalen Bischöfe konnte der Papst sich nicht verlassen, also sandte er seine »Geheimwaffe«: Mönche des Zisterzienserordens. Diese sollten in Gesprächen und durch Predigten die Katharer von der Falschheit ihrer Lehre überzeugen und sie in den Schoß der Heiligen Kirche zurückführen. Es reisten also Zisterziensermönche unter Führung von Pierre de Castelnau ins Languedoc und trafen sich mit Katharern zu tagelangen Disputationen, die aber fruchtlos blieben. Auch die Predigten an das gewöhnliche Volk zeigten keine Resonanz, und der okzitanische Adel verharrte in seiner kirchenfeindlichen Position. Es half auch nicht, dass Castelnau solche Bischöfe, die zu lasch im Kampf gegen die Häretiker waren, ihrer Ämter enthob und Adelige exkommunizierte. Am Ende hatte sich der Beauftragte des Papstes im Languedoc bei allen Seiten verhasst gemacht und wurde schließlich im Jahr 1208 ermordet, wohl auf Veranlassung von Graf Raimund VI. von Toulouse. Dessen Urgroßvater, Raimund IV., sind wir bereits im Kapitel zu den Kreuzzügen begegnet: Der Heerführer des Ersten Kreuzzugs richtete 110 Jahre früher das Massaker von Maarat-an-Numan an, hatte aber wenigstens auf der »richtigen« Seite, nämlich der Seite der Kirche gestanden.

Die Ermordung seines Gesandten nahm Papst Innozenz III. als Kriegsgrund. Obwohl erst vier Jahre vorher der Vierte Kreuzzug gegen den Islam nicht den vom Papst gewünschten Ausgang genommen hatte, vielmehr die christliche Stadt Konstantinopel von den Kreuzfahrern geplündert worden war, griff Innozenz erneut zu diesem Mittel und rief jetzt zum Kreuzzug gegen die Katharer oder Albigenser auf. Dafür hatte er ein eigenes Modell entwickelt, nach dem die Kreuzfahrer verpflichtet werden sollten. Man könnte es vielleicht als »Pauschalkreuzfahrt« bezeichnen, deren Teilnehmer sich verpflichten sollten, den päpstlichen Anführern – Zisterzienserabt Arnaud Amaury und Simon von Montfort, ein Heerführer aus nordfranzösisch-englischer Familie – für eine Zeit von 40 Tagen zu dienen, um damit für sich persönlich die Befreiung von den ewigen Sündenstrafen zu erhalten. Die Adeligen sollten zusätzlich zum jenseitigen Lohn die von ihnen eroberten Gebiete vom Papst als Lehen verliehen bekommen. Schließlich, so Innozenz' Auffassung, stehe das Languedoc eigentlich ihm zu und er dürfe deshalb das Land neu verteilen. Tatsächlich versammelten sich 1209 in Lyon etwa 10 000 beutelustige Ritter, um gegen die Ketzer loszuziehen. Durch die Erregung von Angst und Schrecken sollten die Städte, in denen Katharer wohnten, zur Aufgabe bewegt werden. Deshalb wurde gleich am ersten Kriegsschauplatz, der Kleinstadt Béziers, ein Massaker an der Zivilbevölkerung verübt. Allerdings lebten ja nicht nur Katharer dort, sodass die Kreuzritter eigentlich die guten Katholiken von den Ketzern hätten unterscheiden müssen, ein Problem, das praktisch nicht lösbar schien. Abt Amaury wird von einem Ordensbruder der Einfall zugeschrieben, die Ritter sollten ruhig alle Einwohner erschlagen, Gott werde die Seinen dann schon erkennen.

Von den rauchenden Ruinen von Béziers zog die fromme Truppe nach Carcassonne weiter, auch dort wurde zerstört und gemordet. Die Kreuzritter dachten sich noch als besonderes Vergnügen aus, dass 100 Menschen die Stadt lebend verlassen durften, allerdings splitternackt oder, wie es hieß, »bedeckt nur mit ihren Sünden«. Solcher Terror schwächte die Kampfmoral der Katharer und ihrer okzitanischen Sympathisanten, reihenweise öffneten sich die Städte den Kreuzfahrern und lieferten Katharer aus. Einzelne Widerstandsnester hielten sich jedoch hartnäckig. Ab etwa 1212 verlor der Kreuzzug seinen eigentlichen Charakter als kirchlich bestimmter Heerzug, es mischten sich jetzt die Könige von Frankreich und von Aragón aus den üblichen weltlichen Interessen ein, es ging jetzt nur noch unverhüllt um Gier nach Land und Macht. Offiziell endete der Kreuzzug nach zwanzig langen Jahren 1229. Einzelne Militäraktionen gegen Städte mit teils katharischer Bevölkerung fanden auch noch viel später statt, 1244 wurde die letzte Festung der

Katharer im Languedoc, Montségur, erobert und erst 1277 Sirmione am Gardasee, wohin sich italienische und okzitanische Katharer geflüchtet hatten. Beide Male wurden hunderte von Menschen massakriert und die letzten Katharer, die den Kreuzzug überlebt hatten, als Ketzer auf dem Scheiterhaufen verbrannt. Aus Sirmione brachte man mindestens 166 Gefangene in die Arena von Verona, wo sie vor Publikum hingerichtet wurden. Wenn man das nächste Mal die oberitalienische Stadt besucht oder Verdis »Gefangenenchor« hört, sollte man auch an dieses Ereignis denken – Verona hat es nämlich vergessen. Zur Belohnung für seinen Einsatz gegen die Katharer aus Sirmione wurde übrigens der Stadtherr von Verona, Mastino della Scala, von Papst Nikolaus III. von der Exkommunikation gelöst und wieder in Ehren in die volle Gemeinschaft der Kirche aufgenommen. Mastino war schon viele Jahre zuvor von Papst Clemens IV. exkommuniziert worden, weil er die Politik der Kaiser aus dem Haus der Staufer gegen den Papst unterstützt hatte. Die Ketzerverbrennung, die Ermordung von 166 Menschen, nahm der Papst als schreckliches Sühneopfer für Unbotmäßigkeit gegenüber einem Vorgänger an. Wie weit war die Kirche gekommen!

DIE HUNDE DES HERRN

Der Albigenserkreuzzug hatte zwar die Kirchenstruktur der Katharer zerstört, und viele von ihnen waren getötet worden. Auch die Unterstützer aus dem okzitanischen Adel waren besiegt und das Land in die Hände des französischen Königs gelangt. Nur das Gedankengut der Katharer war damit nicht verschwunden, auch andere Gruppen von »Ketzern« mit flexibleren Strukturen, vor allem die Waldenser, konnten sich im Untergrund behaupten. Die Päpste brauchten also ein anderes Mittel, um die Lehre der Kirche gegenüber Andersgläubigen durchzusetzen. Und wieder einmal kam die Hilfe aus Spanien, zunächst durch einen Zufall. Der kastilische König Alfons VIII. sandte zwei Geistliche auf Brautschau nach Dänemark, um dort für den Thronfolger, Prinz Ferdinand, eine dänische Prinzessin abzuholen. Die Gesandten waren Diego de Acebo, ein Zisterzienser, der Bischof in Osma war, in dieser neugegründeten Diözese aber offenbar nicht recht wusste, was er tun sollte, und der Vorsteher der Augustiner-Chorherren von Osma, Domingo de Guzmán. Auf der Reise kamen die beiden Geistlichen durch das Languedoc, lernten die Lehre der Katharer kennen und sahen, wie die Zisterzienser mit ihrer Weise, den wahren Glauben zu verbreiten, scheiterten. Domingo analysierte, dass die Zisterzienser mit ihrem pompösen Auftreten dem Wunsch vieler Menschen nach einem einfachen, armen Leben in der Nachfolge Christi nicht entsprachen. »Eifer muss durch Eifer, Demut durch Demut, falscher Heiligkeit durch echte Heiligkeit begegnet werden, der Predigt der Lüge durch die Predigt der Wahrheit«, forderte er.

Die dänische Prinzessin starb und die beiden Geistlichen, die offenbar keine Lust hatten, nach Kastilien zurückzukehren, begaben sich nach Rom. Hier erhielt Domingo oder Dominikus, wie man ihn im deutschen Sprachraum eher kennt, den Auftrag, zusammen mit den Zisterziensern noch einmal einen Bekehrungsversuch bei den Katharern zu unternehmen, diesmal nach seiner Methode, also mit Bescheidenheit und Schlichtheit. Dominikus hielt es aber für sinnvoll, eine eigene Gemeinschaft von Mönchen zu gründen, die gegen die Katharer predigen könnten. So entstand 1215 in Toulouse der Dominikanerorden. Nur sollte dieser eigentlich menschenfreundlich und vernünftig klingende Ansatz des Ordensgründers, der 1234 heiliggesprochen wurde, schon kurz nach seinem Tod im Jahr 1221 ins Gegenteil verkehrt werden.

Im Dienst der »Heiligen Inquisition« verbreiteten Dominikaner in Europa und in den Kolonien Spaniens und Portugals Furcht und Schrecken und ersetzten die prächtigen Gottesdienste der Zisterzienser durch schaurige Rituale von Schuld und Tod. 1233, also vier Jahre nach dem offiziellen Ende des Albigenserkreuzzuges, übertrug Papst Gregor IX. dem jungen Orden die Aufgabe, in ganz Europa nach Ketzern zu suchen, sie zu bekehren und sie für ihre Sünde der Häresie gehörig zu bestrafen. Der Papst richtete Schreiben an alle Klöster des Dominikanerordens mit genauen Instruktionen über ihre Aufgabe. Die Kosten dieser päpstlichen Inquisition sollten durch die Beschlagnahme der Vermögen von überführten Ketzern bestritten werden. Schon 1229 hatte das Konzil von Toulouse beschlossen, als Häretiker sei anzusehen, wer von der Stimme des Volkes als Häretiker bezeichnet werde oder dessen schlechter Ruf durch ehrenwerte Personen vor dem Bischof bezeugt wurde.

Diese beiden Anordnungen führten folgerichtig dazu, dass Denunziation und Geldgier die Ketzerverfolgung bestimmten. Wer in Verdacht geriet, wurde angeklagt, und wer angeklagt wurde, war praktisch rechtlos. Als Verdachtsgründe genügten schon das private Lesen der Bibel, der Besitz von Bibeltexten in der Volkssprache oder der private Umgang mit anderen Ketzern. Dazu war völlig ausreichend, wenn man zufällig im Wirtshaus an demselben Tisch mit einem späteren Opfer der Inquisition gesessen hatte. Wer es wagte, nach Erhebung der Anklage nicht vor Gericht zu erscheinen, wurde ohne weiteres schuldig gesprochen. Ihm blieb nichts anderes übrig, als schleunigst zu fliehen, seine Heimat und seinen Besitz zu verlassen, um wenigstens das nackte Leben zu retten. Die nächstbeste Strategie für einen Angeklagten bestand darin, unverzüglich zu gestehen, dass er einer Irrlehre anhing, gleichgültig, ob es stimmte oder nicht. Er wurde dann »milde« bestraft, musste sein Haus verlassen und in eine »ketzerfreie« Stadt umziehen. Nach Verbüßung einer

Kirchenstrafe hatte er die Chance, sich vom Papst oder dem päpstlichen Legaten rehabilitieren zu lassen. Das Geständnis musste aber glaubhaft wirken und durfte bei dem Inquisitor nicht den Eindruck erwecken, der Delinquent habe nur aus Furcht vor der Todesstrafe gestanden, sonst wurde Kerkerhaft verhängt.

Anders als die Bischöfe, die die inquisitorischen Verfahren zunächst durchführen mussten, verfügten die Dominikaner über reichlich Personal sowie über die notwendige theologische Bildung, um die Ketzer schon an Kleinigkeiten zu erkennen. So wussten sie etwa, dass Katharer sofort von einer Bank aufsprangen, wenn sich eine Frau dazusetzte. Sie befanden es auch für notwendig, schon längst verstorbenen Katharern im Nachhinein den Prozess zu machen. Also exhumierten und verbrannten sie die Leichen. Binnen weniger Jahre verrohten die Dominikaner aus Toulouse und vergaßen völlig die Prinzipien ihres Gründers, wenngleich sie sich nach wie vor als dessen legitime Erben betrachteten.

Als Dominikus im Jahr 1234 heiliggesprochen wurde, war das folglich im Dominikanerorden ein Freudentag. Feierlich zelebrierten die Brüder die Heilige Messe mit dem Toulouser Bischof Raimund und freuten sich auf ein opulentes Mittagsmahl, als ein Spitzel die Nachricht überbrachte, dass gerade eine todkranke alte Frau sich das Sterbesakrament der Katharer hatte reichen lassen. Die Dominikaner und der Bischof sprangen von der Tafel auf und eilten in das Haus der alten Frau, um sie zu verhören. Über der Erfüllung der frommen Pflicht, das Seelenheil der Armen zu retten, sollte das Festessen freilich nicht zu kalt werden. Schnell war ihr das Geständnis entlockt, das Todesurteil gesprochen und dieses sofort auf dem Scheiterhaufen vollstreckt. Als die alte Frau ihr Leben ausgehaucht hatte, kehrten Bischof und Mönche mit Freude in den klösterlichen Speisesaal zurück und setzten das Festmahl unter Lobpreisungen und Dankgebeten für den heiligen Dominikus fort.

Solches Verhalten führte auch bei den rechtgläubigen Bürgern von Toulouse zu Empörung, und die Dominikaner mussten – allerdings nur für kurze Zeit – die Stadt verlassen. Rom fand die Vertreibung der Dominikaner allerdings völlig unangemessen und exkommunzierte deshalb Graf Raimund VII., Sohn und Nachfolger des bereits erwähnten gleichnamigen Papstgegners. 1236 konnten die Dominikaner nach Tolouse zurückkehren, zu Nutznießern der Affäre wurden andere Orden, insbesondere die Franziskaner, die sich jetzt an dem einträglichen Amt der Inquisition beteiligen durften. Aber die Dominikaner behielten die führende Rolle, ihr Startheologe Thomas von Aquin, der bis 1273 mit der *Summa theologia* (»Die gesamte Theologie«) die wissenschaftliche Theologie begründet hatte, lieferte auch die Legitimation der Todesstrafe für Häretiker. Er verglich die Häresie mit der Münzfälscherei, und da er die Fälschung des Glaubens für mindestens so schlimm hielt wie die Fälschung von Münzen, die schon lange mit dem Tode bestraft wurde, musste auch die Häresie die Todesstrafe nach sich ziehen. Der Mensch war zwar darin frei, das Christentum anzunehmen oder nicht, sofern er Heide war. Aber wer einmal getauft war, musste den Glauben, so wie ihn die Kirche lehrte, unverfälscht und unverkürzt bewahren. Die Stadt Toulouse und insbesondere die theologische Fakultät der neugegründeten Universität, die in der Hand von Professoren aus dem Dominikanerorden war, blieben gewissermaßen das theoretische Zentrum der Inquisition, auch als die Aktivitäten der Inquisitoren später ganz Europa umfassten.

Es war der Dominikaner Bernard Gui, der seine langjährige Erfahrung als Inquisitor von Toulouse 1324 in einem Handbuch zusammengefasst hat, dem *Tractatus de practica inquisitoris* (»Abhandlung über die inquisitorische Praxis«). Ein Angeklagter konnte sich eine Milderung der Strafe erhoffen, wenn er sich kooperativ zeigte und in einem ausführlichen Geständnis möglichst viele echte oder eben auch nur angebliche Häretiker anzeigte. Des Inquisitors größte Sorge war, auf geheuchelte Schuldbekenntnisse hereinzufallen. Im Zweifel müsse man die Umkehr eines Häretikers als nur vorgetäuscht betrachten, und es sei besser, einen Ketzer zu viel zu verbrennen, als zuzulassen, dass ein Wolf im Schafspelz die ganze Herde verdirbt. Mitleid mit den Verurteilten war Bernard Gui völlig fremd, er gestand aber aus taktischen Gründen zu, dass ein Häretiker, der kurz vor dem Scheiterhaufen noch Reue zeigte, nicht sofort hingerichtet werden sollte, damit das Image der Kirche nicht bei mitleidigen Menschen, die der Inquisitor als schwache Gläubige betrachtete, Schaden nehme. Die Isolationshaft hielt Gui, der übrigens auch als Protagonist in Umberto Ecos *Der Name der Rose* erscheint, besonders geeignet zur Wahrheitsfindung. Auch hartnäckige Leugner würden unter dem Eindruck eines zeitlich unbegrenzten Kerkeraufenthalts in Einzelzellen schließlich noch gestehen. Dazu kam der Hunger, oder wie es hieß, »die wohlabgewogene Einschränkung der Nahrung«, die den Häftling schwächte.

Zusätzlich zu diesen Mitteln erlaubte der Papst im Jahr 1252 den Inquisitoren auch die Anwendung der Folter. Damit war ihnen ein Instrumentarium eröffnet, das es erlaubte, den Delinquenten schrankenloses Leid zuzufügen. Die Verfahrensdauer verkürzte sich, die Geständnisse wurden schneller produziert, wodurch viel mehr Verdächtige der Inquisition unterworfen werden konnten – was den Ertrag aus beschlagnahmten Geldern oder »freiwilligen« Zuwendungen erhöhte. Es verwundert deshalb nicht, dass das Amt des Inquisitors Menschen mit charakterlichen Deformationen magisch anzog, die es nutzten, ihre Gier nach Macht und Geld ungezügelt auszuleben. Ein übles Beispiel dafür ist der Cölestinermönch Petrus Zwicker, der nach 1390 als Inquisitor in Ostdeutschland, Österreich, der Slowakei und Ungarn tätig wurde. Vor ihm waren nicht einmal Kinder sicher, im oberösterreichischen Stift Garsten verurteilte er einen Zehnjährigen, zwei Jahre lang ein Ketzerkreuz als Schandmal an seinem Gewand zu tragen. Es war übrigens nicht so, dass die meisten Opfer der Inquisition hingerichtet wurden, dies betraf nur verhältnismäßig wenige Angeklagte. Trotzdem war die Zahl der Opfer, die Zwicker verbrennen ließ, mindestens dreistellig. Man kann also nur schätzen, dass er viele tausende Menschen zu anderen Strafen verurteilte, zu Bußübungen, wie dem öffentlichen Geißeln während der Heiligen Messe, oder der Verpflichtung zu Wallfahrten oder anderen guten Werken, die häufig nichts anderes als erhebliche Vermögensopfer zugunsten der Kirche bedeuteten. Der Cölestinerpater konnte es als »Erfolg« seiner Mission verbuchen, dass nach Ende seines Wirkens in den von ihm bearbeiteten Regionen keine Waldenser mehr lebten oder jedenfalls ihren Glauben nicht mehr öffentlich zeigten.

Die von der Inquisition verbreitete Angst führte dazu, dass sich niemand mehr traute, von der offiziellen kirchlichen Lehre abweichende Auffassungen zu äußern oder an der Kirche und ihrer Geistlichkeit Kritik zu üben. Mit Gewalt hatte es die Kirche geschafft, ihr Monopol in geistlichen Dingen zu behaupten. Ihre Glaubwürdigkeit ging darüber freilich zu großen Stücken verloren – und schlimmer noch, die Kirchenführung schien das nicht einmal zu bemerken. Unter der ruhigen Oberfläche wuchs die Wut vieler Gläubiger über die Kirche, und die alten Reformgedanken, der Wunsch nach der Predigt in Volkssprache und einer glaubwürdigen, gebildeten, armen und sittenstrengen Geistlichkeit verschwanden nicht, im Gegenteil.

VERLORENES BÖHMEN

Von ihrem vermeintlichen Erfolg gegen Katharer und Waldenser beflügelt, hielt es die Kirchenführung für richtig, jeder neu aufflammenden kirchenkritischen Bewegung gewaltsam entgegenzutreten. Im Jahr 1415 führte diese Politik der harten Linie zur Verurteilung des böhmischen Reformators Jan Hus durch das Konzil von Konstanz und seiner öffentlichen Verbrennung als Ketzer. Nicht einmal das vom Kaiser zugesagte freie Geleit für die Zeit des Konzils konnte diese Untat verhindern. Als Folge dieser Hinrichtung brachen die fast zwanzig Jahre währenden Hussitenkriege aus, die Böhmen und seine Nachbarländer verwüsteten und unzählige Menschen das Leben kosteten. Fünf Kreuzzugsaufrufe der Kirche waren nötig, um die Kämpfe zu ersticken, eine Aussöhnung mit dem harten Kern der Hussiten wurde weder erstrebt noch erreicht. Auf die Idee, dass in der Kirche ein genereller Reformbedarf herrschte und ein anderer Umgang mit den ständig neu aufflackernden kirchenkritischen Bewegungen zu nachhaltigeren Ergebnissen führen könnte, statt gleich brutale Gewalt einzusetzen, kam offenbar niemand. Der bewaffnete Kampf war eben längst üblich geworden als Mittel für die Verbreitung und Durchsetzung oder Wiederherstellung des wahren Glaubens. Dennoch musste die Kirche es hinnehmen, dass den böhmischen Hussiten Sonderrechte zugestanden wurden und etwa auch Laien den in das Blut Christi verwandelten Wein empfangen durften. Und ein paar Jahre nach der Jahrhundertmitte gab es mit Georg von Podiebrad einen böhmischen König, der nicht katholisch war, sondern den Lehren Hus' anhing, was der Papst als persönliche Schmach empfand. Erst nach 1620 gelang der Kirche in Verbindung mit dem Sieg des Hauses Habsburg gegen die hussitischen Adeligen die vollständige Rekatholisierung der Böhmen.

In der ersten großen militärischen Auseinandersetzung des Dreißigjährigen Krieges, der Schlacht am Weißen Berg in der Nähe von Prag 1620, bediente sich der Heerführer der Katholischen Liga altbekannter Tricks. Ein Dominikanermönch präsentierte den Soldaten ein angeblich von Hussiten geschändetes Bild der Heiligen Familie, bei dem der Muttergottes die Augen ausgestochen worden waren. Also zogen die Katholiken, in der Absicht ihre entwürdigte Heilige zu rächen, mit dem Schlachtruf »Santa Maria« in das Gefecht und siegten. Das Bild ist heute noch in der prächtigen Barockkirche Santa Maria della Vittoria in Rom zu sehen, die zum Gedenken an die Schlacht am Weißen Berg erbaut wurde.

Wenngleich Böhmen nach dem Sieg der Kaiserlichen äußerlich wieder katholisch war, konnte die Kirche die Herzen vieler Menschen nicht mehr erreichen. Die Verehrung von Jan Hus als böhmischen Nationalhelden gewann stetig an Popularität, und als 1926 der große Präsident der Tschechoslowakischen Republik, Tomas Masaryk, den 6. Juli, Hus' Todestag, zum Staatsfeiertag erklärte, reagierte Papst Pius XI. beleidigt und unterbrach für drei Jahre die diplomatischen Beziehungen zur Prager Regierung. Und das große Anliegen des früheren Prager Erzbischofs Kardinal Vlk, Jan Hus zu rehabilitieren, schlummert seit 1996 in römischen Akten. Dass die katholische Kirche heute in Tschechien im Vergleich zu Polen, Ungarn und der Slowakei vergleichsweise schlecht dasteht und Tschechien den höchsten Anteil von Konfessionslosen unter den Ländern des früheren Ostblocks aufweist, hat viel mit der Geschichte von Jan Hus zu tun. Jan Hus ist nicht nur tschechischer Nationalheld, sondern ein Vorkämpfer der Gewissensfreiheit und verdiente unter dem Blickwinkel der heutigen kirchlichen Lehre durchaus Anerkennung. An seinem Beispiel zeigt sich erneut, wie die Sünden der Kirche vor Jahrhunderten noch Auswirkungen bis heute zeitigen und wie schwer der Kirche das Eingeständnis fällt,

Fehler gemacht zu haben, auch wenn diese lange zurückliegen. Gerade im Fall Jan Hus kann es heute nicht mehr an fehlender Einsicht in das alte Unrecht liegen. Papst Johannes Paul II. hat 1999 vor Historikern den falschen Umgang mit Hus eingestanden. Ist es also Angst vor einem Autoritätsverlust, der Rom zögern lässt? Denn die öffentliche Rehabilitation eines von der Kirche einmal verurteilten Mannes könnte ja Zweifel an der Richtigkeit noch ganz anderer Urteile der Kirche wecken. Angst ist eben ein schlechter Ratgeber.

DIE LITURGIE DES TODES – BLÜTE DER INQUISITION

Am Ostersonntag des Jahres 1478 wurde während der Messe im Florentiner Dom ein Mordanschlag auf die Brüder Lorenzo und Giuliano de' Medici verübt. Lorenzo überlebte verletzt, sein Bruder verblutete in dem Gotteshaus. Bekannt ist dieses Attentat als Pazzi-Verschwörung, nach der mit den Medici konkurrierenden Familie. Doch die Pazzi waren nicht die alleinigen Verschwörer: Mit ihnen und weiteren Adligen verbündet hatte sich auch Papst Sixtus IV., der für seinen Neffen oder Sohn, so genau weiß man das nicht, Girolamo Riario della Rovere eine standesgemäße Herrschaft suchte. Lorenzo, der Stadtherr von Florenz, sollte ermordet werden, seine Stelle sollte Girolamo einnehmen.

Nach dem missglückten Anschlag wurde der Erzbischof von Pisa, auch er ein Verwandter des Papstes und in den Anschlag verwickelt, von aufgebrachten Florentiner Bürgern gelyncht. Der Papst wollte deshalb zur Wiederherstellung der Ehre der Kirche und seiner Familie Krieg gegen die Republik Florenz führen, er benötigte dazu aber die militärische Unterstützung des Königs

Ferdinand von Neapel. Dessen Cousin, Ferdinand II. König von Aragón, verheiratet mit Isabella der Katholischen von Kastilien und damit de facto Herr über ganz Spanien, Sardinien und Sizilien, sollte ebenfalls dem Papst zu Hilfe kommen. Das spanische Königspaar nutzte diese Lage, um im Gegenzug vom Papst die Lizenz zu erhalten, in ihren Ländern die Inquisition auf eigene Rechnung organisieren zu dürfen. Sie sollte sich in erster Linie gegen Mauren und Juden richten, die zwangsweise zum Katholizismus konvertiert waren, aber im Verdacht standen, heimlich doch ihrer alten Religion treu geblieben zu sein. Die spanische Inquisition war, wie auch ihre kurz darauf entstandene portugiesische Entsprechung, also eine staatliche Institution, die allerdings auf kirchlicher Erlaubnis beruhte und von Geistlichen, meistens Dominikanern, betrieben wurde. Königin Isabellas Beichtvater, der Dominikaner Tomás de Torquemada, wurde von Sixtus IV. zum ersten spanischen Großinquisitor ernannt.

Torquemada war noch vollkommen von mittelalterlichem Denken geprägt und glaubte unerschütterlich an die wörtliche Wahrheit der Bibel. Nach der Entdeckung Amerikas rettete er dieses Weltbild mit der These, die in Amerika vorgefundenen Menschen und Tiere seien nach der Sintflut von Engeln über das Meer auf den neuen Kontinent transportiert worden. Der Inquisitor war ein Organisationstalent und gründete eine eigene Behörde, den Rat der Heiligen und Höchsten Generalinquisition, um die Verfolgung von Ketzern und abtrünnigen Christen zu systematisieren. Der institutionalisierte Terror, der mit Torquemadas Wirken in Spanien seinen blutigen Weg begann, prägt den Begriff der Inquisition bis heute, und Torquemada wurde in der späteren Literatur zum Urbild des schrecklichen Ketzerjägers und Foltermeisters, womit seine Bedeutung wohl überschätzt wird. Gesichert ist für seine Amtszeit die Zahl von 826 getöteten Opfern, vielleicht waren es bis zu 2000

Menschen. Wie viele Beschuldigte freilich sonst schwer geschädigt wurden, oder wie viele Juden der Inquisition nur deshalb entgingen, weil sie – Perfidie der Geschichte – 1492 ausgewiesen wurden, ist schwer zu sagen.

Die sprichwörtliche Strenge der Spanier in Formfragen, die auch das besonders steife spanische Hofzeremoniell geprägt hatte, machte sich auch bei der Ausgestaltung einer Besonderheit des Inquisitionsprozesses bemerkbar, des Autodafés. Mit diesem Namen, der eigentlich »Akt des Glaubens« (portugiesisch: *auto da fé*) bedeutet, wurde erstmals 1242 in Paris ein besonderer Gottesdienst bezeichnet, in dem das Urteil der Inquisition gegen Verfolgte verkündet wurde. Oft schritt man nach der Feier der heiligen Messe gleich zur Urteilsvollstreckung. Diese Form bildete sich aus, als die Zahl der Verurteilungen immer zahlreicher wurde und man nicht mehr für jeden einzelnen Delinquenten eigens Zeit aufwenden wollte. Immer wieder sonntags lud man also die Gläubigen in die Kathedralen, um ihnen zur Abschreckung und frommen Ergötzung die Prozession der überführten Ketzer zu zeigen, die in Büßerhemden und mit spitzen Ketzerhüten – nach jahrelanger Haft oft krank und halb verhungert – auf eine eigens errichtete Bühne geführt wurden. In der Hand hielten sie ausgeblasene Kerzen als Zeichen der Verwirkung ihres Lebens. Die Gläubigen konnten durch Teilnahme an der feierlichen heiligen Messe in frommer und bußfertiger Gesinnung einen Ablass von 40 Tagen von ihrer Sündenstrafe im Fegefeuer erwerben.

Stundenlang dauerten solche Gottesdienste, denn nach der Bußpredigt des Inquisitors wurden von Notaren umständlich und detailreich die Geständnisse der Delinquenten verlesen, anschließend mussten diese ihre Sünden bekennen und erhielten die letzte Gelegenheit, ihrem Irrglauben abzuschwören. Dann wurde das Urteil verkündet. Einer nach dem anderen aus der meist langen Reihe der Unglücklichen, oft mehr als hundert Personen, wurde einzeln abgehandelt, erst die leichten Fälle, zum Schluss die schweren, die Rückfälligen, die dem »weltlichen Arm« zugeführt werden sollten. Todesurteile wurden außerhalb der Kirche verkündet, da man das Haus Gottes nicht entweihen wollte. Die eigentliche Hinrichtung der Todeskandidaten auf dem Scheiterhaufen fand erst am nächsten Tag statt, denn noch einmal sollten die Verworfenen Gelegenheit zur Buße erhalten. Bereute der zum Tod Verurteilte in letzter Minute, wurde ihm die »Gnade« zuteil, vor dem Verbrennen erdrosselt zu werden. Die Kirche legte Wert darauf, dass die Verurteilten vielleicht doch noch ihre Chance auf die ewige Seligkeit bewahrten, ihre körperlichen Leiden und der Tod erschienen dagegen unbedeutend. Die weltlichen Güter der Delinquenten nahm man gern, natürlich nur, um sie frommen Zwecken zuzuwenden.

Niemand erwartete die spanische Inquisition in den Kolonien, und doch wurde sie auch in Lateinamerika eingeführt. Es mangelte aber an geeigneten Ketzern, vor allem an wohlhabenden Delinquenten, deshalb erlangte sie dort wenig Bedeutung. Einem späteren Heiligen, dem Jesuiten Franz Xaver, ist es zu verdanken, dass auch die portugiesische Kolonie Goa in Indien in den zweifelhaften Genuss der Inquisition kam. Der Missionar hatte nämlich entsetzt festgestellt, dass die mit Reis und anderen Geschenken zur Taufe bewogenen armen Inder ihre Bekehrung nicht ernst genug nahmen. Allerdings stand die Geistlichkeit in Goa zunächst vor einem besonderen Problem: Wie sollte man die neuen Christen von der Erlaubtheit des Feuertodes für Sünder überzeugen, wo man ihnen doch gerade die Witwenverbrennung ausgeredet hatte? Trotzdem wütete die Inquisition dort besonders heftig, der Ketzerei verdächtig galten schon Vegetarier, da die Europäer den Verzicht auf Fleisch als hinduistischen Brauch ansahen. Mehrere tausend Todesopfer sind in Goa zu beklagen.

In Portugal und dessen Kolonien wurde mit den Reformen des portugiesischen Aufklärers, des Marquis von Pombal, im 18. Jahrhundert das Ende der Inquisition eingeläutet. Ihre spanische Entsprechung, die ja wie eine Behörde organisiert war, erwies sich dagegen als zäher. Bis 1834 hatte sie Bestand und sie hält den traurigen Rekord, für das letzte Todesopfer der Inquisition verantwortlich zu sein. Im Jahr 1824 zeigte der Erzbischof von Valencia, Simón López García den armen Schullehrer Cayetano Ripoll an. Er warf ihm Ketzerei vor, die er seinen Schülern lehre. Tatsächlich hatte Ripoll als Kriegsgefangener in Frankreich unter Napoleon Kontakt zu Quäkern gehabt. Von den Mitgliedern dieser evangelischen Freikirche, die schon damals für ihr humanitäres Engagement gelobt wurde, hatte er angeblich deistische Grundsätze gelernt. Jedenfalls schickte er seine Schüler nicht zur Feier der heiligen Messe und ersetzte im Schulgebet die Worte »Gegrüßet seist du Maria!« jedes Mal durch »Gott gebührt alles Lob!«. Dieses Vergehen reichte der Inquisitionsbehörde von Valencia für ein Todesurteil, das 1826 vollstreckt wurde. Als kleine Konzession an die neue Zeit erhängte man den Verurteilten und schürte nur zur Dekoration ein symbolisches Feuer unter dem Galgen.

ZENSUR DES DENKENS

Diese späten Ausblühungen der Inquisition waren noch nicht erkennbar, als in Rom Papst Paul III. sich mit den Auswirkungen der Reformation in Deutschland befassen musste. Zumindest zur Verteidigung des Kirchenstaates und möglichst ganz Italiens gegen die protestantischen Umtriebe, die sich jenseits der Alpen Bahn brachen, schien es ihm richtig, sich auch eine Inquisitionsbehörde zuzulegen, nach spanischem Vorbild. 1542 gründete er als zentrale

Behörde die »Heilige Kongregation der römischen und allgemeinen Inquisition«. Sie bestand aus sechs Kardinälen, die darüber urteilen sollten, welche theologischen Aussagen mit der Lehre der Kirche übereinstimmten und welche nicht.

Die wichtigste Aufgabe der neuen Kongregation lag darin, die durch die Entwicklung des Buchdrucks sintflutartig zunehmende Zahl der veröffentlichten Werke durchzusehen und solche Bücher zu verbieten, die falsche Meinungen propagierten oder unmoralische Inhalte aufwiesen. Das Meinungs- und Medienmonopol, das die Kirche beanspruchte, sollte wenigstens in den katholisch gebliebenen Ländern und hier vor allem an den Universitäten erhalten werden. Eine Idee war gefährlicher als ihr Urheber, das hatte man in Rom inzwischen verstanden, deshalb nahm die Verfolgung einzelner Personen dort nur einen geringen Raum ein. Damit die Gläubigen wussten, welche Bücher sie nicht lesen durften, wurden diese Titel in einem Katalog bekannt gemacht, dem erstmals 1559 erschienenen *Index Librorum Prohibitorum* (»Verzeichnis verbotener Bücher«). Vierhundert Jahre lang sollten im Abstand von mehreren Jahren Neuausgaben erscheinen, dazu wurden jährlich Nachträge veröffentlicht. Die immer größer werdende Zahl von neu erscheinenden Büchern, die noch dazu in immer mehr Sprachen veröffentlicht wurden, ließen freilich das gesteckte Ziel im Lauf der Zeit immer unrealistischer erscheinen. 1965 wurde der Index schließlich abgeschafft. Zuletzt waren darin immerhin etwa 6000 Werke verzeichnet, zwar nur ein winziger Bruchteil aller erschienenen Titel in der langen Zeit, seit es gedruckte Bücher gibt, aber es befanden sich wichtige Autoren darunter, etwa Kant, Luther, Zwingli oder Heinrich Heine, um nur einige deutschsprachige anzuführen. Insgesamt war in der gesamten Zeit der Geltung des Index ein kleines Heer von über 3600 Zensoren damit beschäftigt gewesen, Neuerscheinungen zu lesen und darüber zu entscheiden, ob sie für Katholiken geeignet seien oder nicht. Es ist nicht ganz klar, ob die Entscheidung von 1965, den Index aufzuheben, von rein praktischen Erwägungen geleitet war. War Rom nun überzeugt, dass ein Christ eigenverantwortlich entscheiden durfte, was er lesen wollte? Oder hatte man schlicht eingesehen, dass kirchliche Bücherverbote angesichts der Flut von Neuerscheinungen ohnedies illusorisch waren?

Die römische Inquisition hat wenig gegen einzelne Irrlehrer unternommen, allerdings spielten zwei spektakuläre Fälle bis in die jüngste Gegenwart eine Rolle. Da ist zunächst das Schicksal des ehemaligen Dominikanermönchs Giordano Bruno, der mit unorthodoxen Ideen von sich reden machte und ein unstetes Wanderleben durch viele europäische Universitäten führte. Viele Lehrstühle hatte er nur kurze Zeit inne, weil er sich überall mit den Autoritäten anlegte. Nachdem ihn die Evangelischen aus ihrer Kirche ausgeschlossen hatten, kehrte er nach Italien zurück. Die Republik Venedig ließ den Gelehrten verhaften und lieferte ihn an den Kirchenstaat aus, wo er sieben Jahre im Gefängnis der Römischen Inquisition, der Engelsburg, saß.

Wegen dreier Behauptungen, von denen er nicht abschwören wollte, wurde Bruno der Prozess gemacht. Er hatte gelehrt, dass Christus nicht Gottes Sohn gewesen sei, dass es kein Jüngstes Gericht am Ende der Welt gebe und dass die am Himmel erkennbaren Sterne Sonnen wie die unsere seien, es folglich nicht nur diese Welt, sondern noch viele weitere Welten geben müsse. Die Kardinäle sprachen Bruno wegen dieser Thesen schuldig und übergaben ihn dem »weltlichen Arm«, der im Kirchenstaat allerdings wiederum vom Papst abhing. Der weltliche Gouverneur des Papstes verurteilte den Ketzer zum Tod auf dem Scheiterhaufen. Das Urteil wurde am 17. Februar 1600 vollstreckt, der erst 52-jährige Expriester starb unter frommen Gesängen des Publikums auf dem Scheiterhaufen.

Der zweite Prominente, der in die Fänge der Römischen Inquisition geriet, Galileo Galilei, kam glimpflicher davon. Allerdings legte man ihm nur zur Last, die Theorie zu vertreten, wonach sich die Erde auf einer Kreisbahn um die Sonne bewege. Diese Idee hatte schon 1543 der katholische Geistliche und Domherr im damals preußischen Bistum Ermland Nikolaus Kopernikus veröffentlicht, nur war das damals niemandem in Rom aufgefallen. Galilei war jedenfalls bereit, seiner Lehre abzuschwören, die das damalige Weltbild der Kirche infrage stellte. Denn die Kirche hielt es für eine unumstößliche, in der Bibel geoffenbarte Wahrheit, dass die Erde der feststehende Mittelpunkt des Weltalls sei, um den sich alle anderen Himmelskörper drehten. Aufgrund seines Widerrufs wurde Galilei nicht zum Tod verurteilt, sondern begnadigt, er musste allerdings den Rest seines Lebens unter Hausarrest verbringen. Es dauerte dann fast vier Jahrhunderte, bis die Kirche in beiden Fällen ihre Fehler eingestand. »Und sie bewegt sich doch«, könnte man sagen, genauso wie Galilei gemurmelt haben soll, nachdem er seiner Idee hatte abschwören müssen.

DER DIKTIERTE GLAUBE

Die politischen Veränderungen seit der Französischen Revolution 1789 und schließlich der Untergang des alten Kirchenstaates im Zuge der italienischen Einigung – 1870 fiel Rom und wurde im darauf folgenden Jahr Hauptstadt des Königreichs Italien – beendeten die Möglichkeit der Römischen Inquisition, gegen einzelne Gläubige tätig zu werden. Die Behörde wurde aber deshalb nicht aufgehoben, sondern umstrukturiert und umbenannt, 1908 hieß sie »Heiliges Offizium« und seit 1965 »Kongregation für die Glaubenslehre«. Seit dem Wegfall der Aufgabe, den Index verbotener Bücher zu erstellen, diente sie nur dem Zweck, weltweit die Lehrmeinungen katholischer Theologieprofessoren und Geistlicher zu kontrollieren. Alles muss mit der offiziellen Lehre der Kirche übereinstimmen. Hinzu trat die Aufgabe, bestimmte schwere Vergehen nach dem Kirchenrecht zu untersuchen, zunächst solche, die die Sakramente betrafen, und seit 2001 ist sie auch für die Untersuchung von sexuellem Missbrauch an Kindern durch Geistliche zuständig.

Heute besteht die Kongregation für die Glaubenslehre aus etwa 20 Kardinälen und Bischöfen, die sich alle zwei Jahre zu einer Vollversammlung treffen, und etwa 30 weiteren Mitarbeitern, geistlichen Sachbearbeitern und Sekretären. Dazu kommt ein fester Stamm externer Berater. Die Kardinäle und Bischöfe bekleiden in aller Regel noch eine ganze Anzahl weiterer Ämter im Vatikan, oder sie sind irgendwo in der Welt in ihrem Bistum tätig. Diese überraschend geringe Kapazität an Mitarbeitern stellt im Vatikan die Regel dar. Insgesamt beschäftigt die Kirche im Vatikan und am Heiligen Stuhl aktuell 4653 Mitarbeiter, die mit der Kirchenleitung im weitesten Sinne befasst sind, vom Papst bis zum Hausmeister. Das entspricht ungefähr der Größenordnung der Mitarbeiterzahl, die der deutsche Automobilclub ADAC für die Verwaltung und Unterstützung seiner etwa 16 Millionen Mitglieder einsetzt. Dass Entscheidungsprozesse im Vatikan oft lange dauern und öfter der Eindruck mangelnder Professionalität entsteht, hat auch damit zu tun, dass die Kirche mit 1,2 Milliarden Gläubigen weltweit von einem sehr kleinen Apparat betreut wird.

Seit 1978, also in den ersten Jahren des Pontifikats von Johannes Paul II., gelangte die Glaubenskongregation in den Medien zu einer gewissen, allerdings negativen Aufmerksamkeit, weil gegen eine Reihe von bekannten – und gegen viele weniger bekannte, insgesamt gut 100 – Theologen Sanktionen verhängt wurden. Freilich hatten diese Maßnahmen nicht überall den von der Kirche gewünschten Erfolg. In etlichen prominenten Fällen aus der Zeit des vorigen Papstes führten Maßnahmen der Glaubenskongregation gegen einzelne Theologen nicht zu einem Verschwinden der für falsch gehaltenen Thesen. Im Gegenteil, durch die Reaktion der Medien erlangten sie oftmals erst echte Popularität und die betroffenen Theologen erhielten breite Beachtung für ihre kritischen Aussagen. Dem Schweizer Theologen Hans Küng, der den heutigen Papst noch aus der gemeinsamen Zeit als Theologieprofessoren der Tübinger Universität in Tübingen gut kennt, wurde 1979 die kirchliche Lehrbefugnis entzogen. Grund war im Wesentlichen seine Kritik am 1870 verkündeten Dogma von der Unfehlbarkeit des Papstes.

Leonardo Boff, der südamerikanische Befreiungstheologe, wurde 1985 gemaßregelt und erhielt ein Rede- und Lehrverbot. Dies erfolgte schon unter der Ägide von Kardinal Ratzinger, der seit 1981 bis zu seiner Wahl zum Papst Präfekt der Glaubenskongregation war. Grund der Verurteilung waren weniger spezielle Positionen zur Befreiungstheologie, sondern das Kirchenbild von Boff. Nach seiner Auffassung kann die von Christus gewollte Kirche eine andere sein, als die konkret bestehende katholische Kirche. Auch er ist dem heutigen Papst persönlich bekannt, Kardinal Ratzinger war Zweitgutachter von Boffs an der Universität München verfassten Doktorarbeit. Er hatte seinen früheren Schüler 1984 zur Aussprache nach Rom eingeladen und bot ihm den gleichen Stuhl an, in dem 350 Jahre zuvor Galilei befragt wurde. Boff fand solche inquisitorische Traditionspflege nicht lustig.

Der US-amerikanische Moraltheologe Charles Curran wurde 1986 von seinem Lehrstuhl an der Catholic University of America verbannt. Er hatte in praktisch allen Fragen der Sexualmoral andere Auffassungen als die Kirche gelehrt und zudem die Ansicht vertreten, jeder Gläubige dürfe von der kirchlichen Lehrmeinung abweichen, solange diese vom Papst nicht als unfehlbar bezeichnet würde. In allen drei Fällen war theologische Kritik an der Lehrautorität der Kirche und/oder des Papstes geäußert worden. Aus ähnlichen Gründen ging die Glaubenskongregation auch gegen den französischen Priester Georges de Nantes vor, der das Zweite Vatikanische Konzil als häretisch bezeichnete. Erfolg war der Kirche auch in diesem Fall nicht beschieden: Georges de Nantes setzte seine polemische Kampagne zusammen mit einer kleinen, von ihm begründeten klösterlichen Gemeinschaft bis zu seinem Tod im Jahr 2010 fort.

Auch wenn die Glaubenskongregation kaum noch über die Möglichkeit verfügt, die eigene Auffassung von Theologie und Moral in der Kirche zwangsweise durchzusetzen, hält sie bis heute an ihrem Anspruch fest, die verbindliche Wahrheit festlegen zu können und zu dürfen. Nach dem Zweiten Vatikanischen Konzil ging sie dazu über, zu umstrittenen Fragen längere positive Darstellungen der offiziellen Lehre zu veröffentlichen, anstelle wie früher nur falsche Lehrmeinungen zu verurteilen. Zuletzt ist Ende 2008 ein Dokument zur Bioethik erschienen. Seit einigen Jahren wird auch der alte Anspruch der Kirche wieder deutlich vertreten, gültige Wahrheiten nicht nur für Christen, sondern für alle Menschen zu verkünden. So heißt es etwa in den »Erwägungen« zu Lebensgemeinschaften von Homosexuellen aus dem Jahr 2003 ausdrücklich: »Diese Erwägungen haben auch zum Ziel, die katholischen Politiker in ihrer Tätigkeit zu orientieren und ihnen die Verhaltensweisen darzulegen, die mit dem christlichen Gewissen übereinstimmen, wenn sie mit Gesetzesentwürfen bezüglich dieses Problems konfrontiert werden.[...] Weil es sich um eine Materie handelt, die das natürliche

Sittengesetz betrifft, werden die folgenden Argumente nicht nur den Gläubigen vorgelegt, sondern allen Menschen, die sich für die Förderung und den Schutz des Gemeinwohls der Gesellschaft einsetzen.«

Es scheint, in der Glaubenskongregation haben nicht nur die Büromöbel einige Jahrhunderte auf dem Buckel, auch der alte Geist der Inquisition spukt noch durch die Säle. Immer noch sollen nicht nur ganz wichtige Grundwahrheiten des Glaubens für alle verbindlich geregelt werden, nein, selbst Antworten auf zweit- und drittrangige Fragen aus Theologie, Moral, Gesellschaft und Politik werden mit voller Autorität der Kirche für alle gegeben. Die Einsicht, dass nicht nur hier und da, sondern doch ziemlich häufig in der Vergangenheit Fehler gemacht wurden und alte Entscheidungen daher öfter revidiert werden mussten, hat nicht zu einer weitergehenden Analyse des Kernproblems geführt, mindestens sind daraus keine Konsequenzen gezogen worden. Das Grundproblem besteht darin, dass zumindest die Formulierung jeder Erkenntnis nicht absolut für alle Zeiten erfolgen kann, sondern jeweils historisch bedingt ist. Jeder Text altert und wird nach Generationen nicht mehr verstanden. Er muss neu interpretiert oder sogar neu formuliert werden. Gerade wer davon ausgeht, dass der Inhalt des Glaubens eine überzeitliche Wahrheit darstellt, muss diesen Glaubensinhalt deutlich vom Reden darüber unterscheiden.

Auch der kulturelle Hintergrund der Formulierung einer Wahrheit – ein Aspekt, der in der Kirche bisher kaum eine Rolle spielte, weil sich das gesamte theologische Denken in der Tradition der abendländischen Philosophie bewegte – muss berücksichtigt werden. Auch dies hinterfragt die Auffassung von einer ein für alle Mal verbindlich fixierten kirchlichen Lehre.

In der Begegnung mit den fernöstlichen Kulturen lernte die Kirche erstmals große, ebenbürtige Gegenspieler in den religiösen und philosophischen Traditionen des Hinduismus, Buddhismus und Konfuzianismus kennen. Schon die ersten Jesuitenmissionare begriffen, dass das asiatische Feld anders zu beackern war, als sie es von der Missionstätigkeit in Afrika oder Amerika gewohnt waren. Inzwischen gibt es katholische Theologieprofessoren, die aus asiatischer Tradition kommen, und aus dieser Tradition schöpft man zunehmend an Universitäten in Amerika und Europa. Und schon verdächtigt die Kirche sie des »Relativismus«, weil sie anmahnen, dass das spezifisch Christliche für diese Länder in Asien »inkulturiert«, also an die dortigen Kulturen angepasst werden müsse.

Gegen den 1946 geborenen Vietnamesen Peter C. Phan, Theologieprofessor an der von Jesuiten geleiteten Georgetown University, der immerhin Direktor der Catholic Theological Society of America war, ermittelt seit 2004 unter dem Aktenzeichen 537/2004-21114 die Glaubenskongregation. Er hatte ein Buch veröffentlicht unter dem Titel *Being Religious Interreligiously: Asian Perspectives on Interfaith Dialogue* (»Religiös sein auf interreligiöse Weise: Asiatische Perspektiven auf den interreligiösen Dialog«), in dem er das Problem des Dialogs zwischen Christen mit Buddhisten oder Hindus behandelt. Die Untersuchung der Glaubenskongregation ist noch nicht abgeschlossen. Wie wird sie ausgehen? Eine Organisation, die seit 500 Jahren auf Fehlersuche eingeschworen ist, wird Fehler finden. Überall, wo sie sucht. Und es steht zu befürchten, dass sie – wie seit 500 Jahren gewohnt – aus Angst um die Autorität der Kirche jede kleine Freiheit des Gläubigen in seiner Haltung zur Lehre der Kirche auch hier zu unterdrücken versucht. Sollte es schon ein Hoffnungsschimmer sein, dass in der bisher fünfjährigen Amtszeit von Papst Benedikt XVI. die Glaubenskongregation unter ihrem neuen Präfekten Kardinal Levada erst eine einzige Beanstandung ausgesprochen hat, und zwar gegen den Jesuiten und Befreiungstheologen Jon Sobrino, jedoch ohne ein

Lehrverbot oder sonstige Strafmaßnahmen zu verhängen? Oder ist diese Entwicklung – wie ein Zyniker meinen könnte – nur dem Umstand geschuldet, dass die Kongregration mit der Bearbeitung der vielen Fälle sexuellen Missbrauchs von Kindern durch Priester derzeit überlastet ist?

9. DER KAMPF DER KIRCHE GEGEN DIE MODERNE

Kirche und Moderne, das scheint nicht zusammenzupassen, bestenfalls als ein Gegensatzpaar. Doch warum eigentlich? Wo liegt die Wurzel dieses Konflikts? Tatsächlich bereits in der Verurteilung Galileo Galileis, wie Benedikt XVI., oberster Repräsentant der katholischen Kirche, meint? Unter negativen Vorzeichen habe damals ein langes Streitgespräch zwischen moderner Vernunft und christlichem Glauben begonnen, so der Papst in seiner Weihnachtsansprache 2005. Das Verhältnis von Kirche und Moderne, so der Papst weiter, »hatte mit dem Prozess gegen Galilei einen sehr problematischen Anfang genommen. Es war im Folgenden vollkommen zerbrochen, als Kant die ›Religion innerhalb der Grenzen der bloßen Vernunft‹ beschrieb und als in der radikalen Phase der Französischen Revolution ein Staats- und Menschenbild Verbreitung fand, das der Kirche und dem Glauben praktisch keinen Raum mehr zugestehen wollte.« Diese Einschätzung des Papstes ist zwar nicht falsch, sie trifft dennoch nicht den Kern des Problems. Der Fall Galilei, der im Kapitel »Erzwungene Einsichten« näher dargestellt wurde, verdient Kritik wegen der darin gezeigten Anmaßung der Kirche, die Freiheit der Gedanken einzuschränken. Dass die Kirche Galileos Theorie, wonach die Erde sich um die Sonne dreht und nicht umgekehrt die Sonne um die Erde, für falsch hielt, ist verzeihlich. Denn dieser Auffassung waren damals auch andere Naturforscher. Mit der Moderne hatte der Konflikt zwischen Kirche und Galilei nichts zu tun.

Die beiden anderen vom Papst benannten Faktoren, Kants Philosophie und die radikale Liberalität der Französischen Revolution waren durchaus geistige Wegbereiter der Moderne, und als solche nimmt sie der Papst ernst. Nur bedenkt die Kirche bei ihrer Analyse offenbar nicht, dass es die Moderne nie gegeben hätte, wäre sie nur in der Welt der Ideen fundiert. Moderne hieß für den Normalbürger um 1800 Dampfmaschinen, Produktivitätsfortschritt, Welthandel und daraus ergab sich eine konkrete Hoffnung auf Verbesserung der Umstände des täglichen Lebens. Die Attraktivität der schönen neuen Welt wuchs noch, seitdem eine naturwissenschaftlich fundierte Medizin breiteren Bevölkerungskreisen verfügbar wurde und damit Krankheit und Siechtum viel von ihrem bisher rein schicksalshaften Charakter verloren. Es schwand also der »Mehrwert« der Religion für den Alltag des Einzelnen und die alten Sinnstiftungen und ihre Vertreter verloren an Bedeutung und Glaubwürdigkeit.

Aber wesentlicher noch, obwohl das den meisten Zeitgenossen gar nicht bewusst wurde, war die Schnelligkeit, mit der die Entwicklung der Technik, der Produktionsweisen, der Verkehrsmittel und der gesellschaftlichen Einrichtungen voranschritt, und zwar so schnell, dass diese Entwicklung erstmals im Leben der Menschen eine wichtige Rolle einnahm. Plötzlich tauchte der Entwicklungsgedanke wie von selbst beinahe überall auf und veränderte die Sicht auf die Welt. Der Entwicklungsgedanke prägte im Lauf des 19. Jahrhunderts Hegels Philosophie, Darwins Evolutionstheorie und Marx' Gesellschaftskritik. Gründlich mit diesen Theorien befasst haben sich nur die wenigsten Menschen, die meisten bekamen davon nur über die Zeitungen eine ganz ungefähre Ahnung. Das änderte jedoch nichts daran, dass aus Sicht vieler Leute diese neuen Lehren richtig schienen; die ständige Weiterentwicklung entsprach ja der Alltagserfahrung. Eine Theorie, die die Entwicklung der Dinge postulierte, musste also wahr sein. Und damit hatte die Kirche, die sich selbst als Institution und ihr Lehrgebäude als festgefügt und unveränderlich sah und auch so darstellte, ein Problem.

ZURÜCK IN DIE VERGANGENHEIT

Natürlich sah die Kirche all dem nicht tatenlos zu. Aber sie wählte zu ihrer Verteidigung die falsche Strategie und griff einfach auf ihre Erfahrungen aus ihrer jahrhundertealten Geschichte zurück. Nach Französischer Revolution und napoleonischen Kriegen sah sie sich nach Bundesgenossen um und fand sie in den alten katholischen Herrscherdynastien, den Habsburgern vor allem, die auch gerade glaubten, nach dem Wiener Kongress von 1815 den revolutionären Ideen ein für alle Mal den Boden entzogen zu haben: durch Zensur und andere bewährte Zwangsmaßnahmen der Vergangenheit. Pius VII. (1800–1823) – im Exil in Venedig zum Papst gewählt, weil die französischen Truppen in Rom standen, dann gefangen gesetzt, als der Kirchenstaat 1806 komplett annektiert wurde – schlug sich nach dem Sturz Napoleons auf die Seite der Restauration. Zwar konnte er die Wiederherstellung des Kirchenstaates durchsetzen, er erkannte aber nicht, dass die Zeit der weltlichen Herrschaft Roms ablief, und der Staat der Päpste ein halbes Jahrhundert später endgültig untergehen würde. Wie frühere Päpste gegen vermeintliche Irrlehren focht Pius VII. gegen die »Aufklärung«, die Ideenwelt des 17. und 18. Jahrhunderts, die er für den Umsturz in Europa nach der Französischen Revolution verantwortlich machte. Dazu schien ihm die Wiederherstellung des Jesuitenordens eine richtige Maßnahme; er sollte wie schon einmal in der Gegenreformation durch Schulen und Universitäten die akademische Jugend von falschen Ideen abbringen.

Der nächste Papst Leo XII. (1823–1829) war ein besonderer Hardliner. Er focht gegen »Tolerantismus« und »Indifferentismus«, darunter verstand er die Auffassung, dass jeder Mensch die Freiheit zur freien Glaubenswahl habe. Gefährlich fand die Kirche die Tätigkeit evangelischer Bibelgesellschaften, die preiswerte Ausgaben der Heiligen Schrift für das Volk in der jeweiligen Muttersprache anboten. Die Gläubigen sollten die Bibel nicht unbegleitet von kirchlicher Autorität lesen, um »Irrtümer« zu vermeiden – wir begegneten dieser Haltung bereits im Zusammenhang mit der Waldenserverfolgung. Zusätzlich störte sich die Kirche daran, dass diese Bibelübersetzungen nicht den von der Kirche autorisierten Text zugrunde legten.

In das gleiche Horn stieß Papst Gregor XVI. (1831–1846), ein Freund des reaktionären österreichischen Kanzlers Metternich. Gregor XVI. erweiterte den Katalog der zu bekämpfenden Ideen noch um »Naturalismus«, Rationalismus« und »Liberalismus«. Gewissensfreiheit und Meinungsfreiheit lehnte er strikt ab. 1832 fasste er seine Einschätzung moderner Ideen in einem Lehrschreiben zusammen, das in starken Worten die Feinde der Kirche benennt. Darin heißt es etwa: »Aus dieser modrigen Quelle der Gleichgültigkeit, die den Glauben betrifft, fließt jene törichte und falsche Ansicht, die man besser als Wahnsinn bezeichnet, für jeden die Gewissensfreiheit zu fordern und zu verteidigen.« Gegen die Feinde der Kirche muss nach Auffassung des Papstes so vorgegangen werden, wie es sich in der Vergangenheit bewährt hatte: »Unter dem Vorwand der Freiheit [...] verschworen sich die schändlichen Verrücktheiten und Machenschaften der Waldenser [...] und anderer Belialssöhne, welche Schmutz- und Schandflecken innerhalb des Menschengeschlechtes waren und daher rechtmäßig vom Apostolischen Stuhl mit dem Bann bestraft wurden. Diese verderblichen Menschen richten ihre Kräfte auf nichts anderes, als auf die Freiheit, um sich mit Luther bejubeln zu lassen. Jedes verbrecherische Mittel ist ihnen recht, um mit allergrößter Kühnheit ihr Ziel zu erreichen.«

Sein Nachfolger Pius IX. (1846–1878), während dessen Herrschaft der weltliche Kirchenstaat endgültig an das neue Königreich Italien verloren ging, setzte die von seinem Vorgänger geprägte Linie der strikten Ablehnung jedweder neuen Idee durch die Kirche fort. Die auch in Rom ausgebrochene Revolution von 1848 und die daraus entstandene kurzlebige Römische Republik konnte er mithilfe von spanischen und französischen Truppen abwehren und sich dann noch zwanzig Jahre lang zumindest in Rom und der Provinz Latium als weltlicher Herrscher behaupten. Als die französischen Soldaten 1870 abgezogen wurden, weil Kaiser Napoleon III. sie zur Abwehr des preußischen Vorstoßes auf Frankreich brauchte, war es vorbei mit dem Kirchenstaat. Pius IX. weigerte sich jedoch, die neuen Realitäten anzuerkennen. Er war vom Geburtsjahrgang 1792 und damit der letzte Papst, der im Geist der alten Zeit erzogen worden war; er hatte miterlebt, wie nach dem Verlust des Kirchenstaates in den napoleonischen Kriegen und der langjährigen Haft des Papstes die Restauration erfolgt war. Er hoffte also, dass es erneut zu einer Wende käme, aus der die Kirche und das Papsttum wieder siegreich hervorgehen würden.

Der Papst hielt es für sinnvoll, die Zeit zu nutzen, um die politisch momentan machtlose Kirche wenigstens im geistlichen Bereich aufzurüsten. Der zur Zeit der Kreuzzüge entstandene Anspruch der Kirche, über der weltlichen Herrschaft zu stehen, erfuhr eine Ergänzung, nämlich dass der Papst in allen Kirchenangelegenheiten oberster Richter und in allen Glaubensfragen unfehlbarer Lehrer sei. Diese innerhalb der Kirche seit ihrer Verkündung nicht unangefochtenen und immer wieder diskutierten Ansprüche wurden zum Dogma, zum unbestreitbaren Glaubenssatz erhoben, und jeder, der daran zweifelte, wurde aus der Kirche ausgestoßen. Doch damit nicht genug. Unter dem Titel *Syllabus errorum* (»Katalog der Irrtümer«) stellte Pius die Gegnerschaft der Kirche zu allen neueren politischen Entwicklungen – wie Republik, Nationalstaat und die Idee der Menschenrechte – noch einmal fest. Als letzter der 80 aufgezählten Irrtümer wurde der Satz verworfen: »Der Papst kann und soll sich mit dem Fortschritt, dem Liberalismus und der modernen Kultur versöhnen und sich damit in Übereinstimmung bringen.«

Fast hundert Jahre später war dann Papst Johannes XXIII. bereit, sich zumindest auf den Dialog mit der Moderne einzulassen, um die Kirche mit ihr zu versöhnen, *aggiornamento* nannte er das, also »auf den heutigen Stand bringen«. Aber heute, weitere 50 Jahre später, sehen wir, wie schwer sich die Kirche immer noch damit tut, wie viele Prälaten offenbar hin- und hergerissen sind zwischen der klaren Welt der alten Gewissheiten und der verurteilten Irrtümer und dem modernen Durcheinander, wie es ihnen scheint. Und die Zeit mit ihren technischen Entwicklungen und ihren gesellschaftlichen Konsequenzen – sie läuft immer schneller. Der *Syllabus errorum* fasst das Weltbild von führenden Kirchenmännern zusammen, die ihre geistige Prägung noch aus dem 18. Jahrhundert bezogen; die heute an der Spitze stehenden Geistlichen, der Papst und die Kurienkardinäle, erfuhren ihre Prägung in den letzten Jahren des Zweiten Weltkriegs und den ersten Nachkriegsjahren. Da gab es weder Fernsehen noch Antibabypillen, von ganz anderen technischen und gesellschaftlichen Entwicklungen, die heute das Alltagsleben prägen, ganz zu schweigen. Die Verfassungsstruktur der Kirche sorgt dafür, dass ihre Führungsriege sich aus Klerikern zusammensetzt, die in aller Regel dann in ihre Leitungsfunktionen berufen werden, wenn sie schon recht fortgeschrittenen Alters sind und ihr Leben so gut wie ausnahmslos in Kirchenämtern, meist sogar in römischen Kirchenämtern, verbracht haben. Das garantiert der Amtskirche zwar Stabilität und schützt sie – meistens jedenfalls – vor Überraschungen. Aber der immer notwendiger werdende Prozess eines ständigen *aggiornamento* der Kirche wird davon massiv erschwert.

DIE KRONE DER SCHÖPFUNG

Im Jahr 1859 veröffentlichte Charles Darwin sein Buch über die Entstehung der Arten und begründete damit die Evolutionstheorie. Alle Lebewesen, Tiere und Pflanzen hätten sich zufällig eines aus dem anderen entwickelt, aus einfachen Formen seien immer komplexere geworden, und auch der Mensch sei das natürliche Ergebnis dieser Evolution. In der stark verkürzten Form »Der Mensch stammt vom Affen ab« wurde Darwins Erkenntnis populär. Damit war die bisher ganz allgemein vertretene Ansicht vom historischen Wahrheitsgehalt der biblischen Schöpfungsgeschichte auf einmal hinfällig geworden. Infrage stand aber nicht nur die Wahrheit der Bibel, sondern die zentrale christliche Lehre von der Erbsünde, da ja auch die Geschichte von Adam und Eva und dem Apfel nicht mit Darwins Lehre zusammenpasste – jedenfalls nicht, wenn man sie wörtlich nahm. Doch den naheliegenden Ausweg, nämlich die biblischen Geschichten nicht als naturwissenschaftliche oder historische Wahrheit zu interpretieren, wählte die Kirche erst hundert Jahre später.

Zunächst war die Kirche der Auffassung, Darwin widerspreche ganz einfach der Heiligen Schrift und müsse deshalb Unrecht haben. In der in langen Jahrhunderten geprägten Selbstgewissheit wurde die Evolutionstheorie kirchenamtlich verworfen, das Erste Vatikanische Konzil (1869/70) erklärte: »Wer nicht bekennt, dass die Welt und alles, was in ihr enthalten ist, alles Geistige und alles Materielle, in seiner ganzen Substanz von Gott aus dem Nichts geschaffen wurde, [...] der sei ausgestoßen aus der Kirche!« Die immer noch statische Auffassung der Kirche hinsichtlich der Welterkenntnis wurde zementiert mit dem Satz: »Wer annimmt, die Lehrsätze der Kirche könnten zukünftig nach dem Fortschritt der Wissenschaften einen anderen Sinn bekommen, als denjenigen, den die Kirche darunter verstanden hat oder versteht, der sei ausgestoßen aus der Kirche!« Mit diesem unklugen Schnellschuss gegen Darwins Theorie erreichte die Kirche natürlich nichts. Im Gegenteil, das Verhältnis zwischen Kirche und moderner Naturwissenschaft und vielen naturwissenschaftlich gebildeten Menschen wurde auf die Zeitdauer etlicher Generationen hinaus belastet.

Und mit denjenigen, die der Kirche nahestanden und vorsichtig versuchten, sie in die richtige Richtung zu bewegen, ging sie schlecht um. Dies traf vor allem den Jesuiten Pierre Teilhard de Chardin, der als Paläontologe in den 1920er-Jahren in China zu den Entdeckern des »Peking-Menschen« gehörte, eines Vorläufers des Neandertalers. Teilhard bemühte sich, seine wissenschaftlichen Erkenntnisse mit der Theologie zu versöhnen, und lehrte, dass Gott die Welt nicht festgefügt, sondern als kreative Bewegung geschaffen habe, die noch nicht abgeschlossen sei. Doch solche innovativen Ideen stießen auf den Widerstand des Heiligen Offiziums, der heutigen Glaubenskongregation. Teilhard wurde von seinem Pariser Lehrstuhl am Institut Catholique entfernt und es wurde ihm verboten, Bücher über seine Ideen zu publizieren. Auf Geheiß seines Ordens musste er 1951 sogar Frankreich verlassen und in die Vereinigten Staaten gehen. Als treuer Jesuit hielt sich Teilhard an das Verbot, erst nach seinem Tod im Jahre 1955 wurden seine Werke publiziert und erreichten schnell Millionenauflagen. Papst Pius XII. (1939–1958) sprach der Evolutionstheorie zwar nicht jeden wissenschaftlichen Wert ab, was die Entstehung des menschlichen Leibes – jedoch nicht der Seele – anbetraf, er beharrte aber darauf, dass alle Menschen von ein und demselben Menschenpaar abstammen müssten.

Erst in neuester Zeit hat die Kirche auch diesen Punkt fallen gelassen, nachdem sie die »Erbsünde« nicht mehr als durch den Zeugungsakt vermittelt ansieht, sondern als schuldlose Verstrickung des Einzelnen in die von der Menschheit insgesamt geschaffene sündhafte Struktur versteht. In den letzten Jahren herrschte allgemein der Eindruck vor, die Kirche habe ihren Frieden mit der Evolutionstheorie gemacht. Doch einige Erklärungen in jüngster Zeit weckten erneut Zweifel. Es begann damit, dass der Wiener Kardinal Schönborn 2005 einen Artikel veröffentlichte, in dem er die Auffassung ablehnte, bei der Evolution handele es sich um einen Prozess ohne Ziel und Zweck. Damit hatte er die naturwissenschaftliche Theorie wieder mit einem theologischen Aspekt verknüpft. Benedikt XVI. unterstützte Schönborns Aussage mit dem Satz, es gebe einen »intelligenten Plan« des Kosmos. Nun kann man das als theologische Aussage stehen lassen – aber vor dem Hintergrund der damaligen öffentlichen Diskussion wäre eine Klarstellung wünschenswert gewesen, dass mit dieser Formulierung keine Stellungnahme zugunsten der von ultrakonservativen Evangelikalen vertretenen »Schöpfungslehre« beabsichtigt war. Aber vielleicht ging es den beiden Kirchenmännern in Wirklichkeit nur um eine vorsichtige Rehabilitation der Ideen Teilhard de Chardins, es könnte ja sein.

Die zunächst theoretische Frage, ob sich die Schöpfung noch entwickelt oder ob sie ein für alle Mal zu einem bestimmten historischen Zeitpunkt »perfekt« war, gewinnt sofort an Spannung, wenn man die Auswirkungen der Antworten darauf auf die Moraltheologie betrachtet. Denn wenn die Schöpfung – und mit ihr der Mensch – statisch, also endgültig festgelegt ist, gilt dies natürlich auch für die Regeln, die in der Bibel oder von der jungen Kirche für das menschliche Zusammenleben gegeben wurden. Sind die Dinge dagegen im Fluss, dann unterliegen auch moralische Regeln grundsätzlich dem Wandel, können und müssen von Zeit zu Zeit überprüft und möglicherweise neu formuliert werden. Jedenfalls hat die Interpretation moralischer Regeln im Hinblick auf neu auftretende

Entwicklungen dieses Problem zu beachten, denn davon hängt ab, wie viel Spielraum die Interpretation oder die Anpassung der Regel besitzt. So sollte man jedenfalls meinen.

Doch diese Konsequenz ist der Kirche bisher nach wie vor fremd, und gerade in den Bereichen, in denen gesellschaftliche und medizinische Veränderungen von bedeutendem Ausmaß eintraten, nämlich Ehe, Familie und Sexualität, Bereichen also, die das Leben jedes Menschen sehr unmittelbar berühren, hält die Kirche rigoros an ihren traditionellen Lehren fest. Das beginnt beim Grundsatz der Unauflöslichkeit der Ehe. Bis in das 19. Jahrhundert hinein besaß die Kirche das Monopol der Eheschließung – und damit war das Problem der Scheidung praktisch nicht existent. Erst als der Staat die Zivilehe eingeführt und diese für maßgeblich erklärt hatte, eröffnete sich die Möglichkeit, eine Ehe auch scheiden zu lassen. Eine Scheidung erkennt die Kirche jedoch nicht an, sodass jemand, der als Geschiedener nochmals heiratet, aus Sicht der Kirche »in Sünde« mit dem neuen Partner zusammenlebt. Das hat durchaus Konsequenzen, die man als gläubiger Katholik, der in seiner Kirchengemeinde leben und an ihr teilhaben will, auch nicht einfach so ignorieren kann: Man wird dann nämlich häufig vom Empfang der Sakramente ausgeschlossen. Noch schlimmer ist es, wenn der Geschiedene bei einem kirchlichen Arbeitgeber beschäftigt ist. Ein solcher Verstoß gegen die Sittenlehre der Kirche kann eine Kündigung des Arbeitsverhältnisses nach sich ziehen. Theoretisch besteht die Möglichkeit, die alte Ehe auch kirchlich für ungültig erklären zu lassen, aber dieser Versuch würde in vielen Fällen scheitern und setzt langwierige und kostspielige Verfahren vor kirchlichen Ehegerichten voraus. Sonst bleibt dem Kirchenmitglied, um in Übereinstimmung mit der Kirche zu leben, nur der Weg, nach einer Scheidung auf eine neue Partnerschaft zu verzichten.

Genauso grundsatzfest zeigt sich die Kirche in puncto Sexualität. Diese ist nur innerhalb einer gültigen Ehe erlaubt und auch nur dann, wenn sie ohne Verhütungsmittel erfolgt. Von den Verhütungsmethoden wird nur die Methode der gezielten Vermeidung empfängniskritischer Zeiten gestattet – was eigentlich inkonsequent ist, denn es macht doch keinen Unterschied, ob die Entstehung eines Kindes mit dem Kalender oder einem anderen Mittel verhindert werden soll. Schon 1955 verbot Pius XII. in einem Schreiben an US-Bischöfe den Gebrauch des Diaphragmas, und trotz der Öffnung der Kirche in vielen Punkten infolge des Zweiten Vatikanischen Konzils erfolgte am 25. Juli 1968 mit der Enzyklika *Humanae Vitae* durch Papst Paul VI. ein vollkommenes Verbot jedweder künstlicher Mittel zur Empfängnisverhütung. Die Kardinalskommission, die die Frage seit dem Zweiten Vaticanum zu beraten hatte, war mit übergroßer Mehrheit zwar zum genau entgegengesetzten Ergebnis gekommen, doch eine Minderheit von fünf Kardinälen, angeführt von Kardinal Ottaviani und unter Beteiligung von Kardinal Wojtyla, damals Erzbischof von Krakau, setzte sich durch.

Diese Enzyklika erschütterte die Kirche, weil sie in unerwartet harscher Weise in das Leben katholischer Eheleute eingriff. Im Ergebnis hatte Paul VI. seither den Spitznamen »Pillen-Paul« zu tragen, die deutschen Bischöfe versuchten, mit ihrer *Königsteiner Erklärung* das römische Lehrschreiben etwas abzumildern, und die meisten Betroffenen machten dann doch, was sie wollten. Die Kirche hatte sich als ernst zu nehmende Autorität in Sachen Ehe und Familie selbst beschädigt, und dieser Ansehensverlust wirkte sich auch auf andere kirchliche Tätigkeitsfelder negativ aus. Trotzdem fuhr die Kirche mit ihrem rigorosen Kurs fort, jedenfalls immer, wenn es im weiteren Sinn um Sexualität und Familie ging. Die nächste Schlacht ergab sich aus dem Vordringen der Forderung aus Reihen der Frauenbewegung zur strafrechtlichen Freigabe der Abtreibung. Es ist gutes Recht der Kirche, gegen Abtreibung zu sein. Eine andere Frage ist freilich, ob die Kirche verlangen kann, dass staatliche Gesetzgebung ein vollständiges Verbot der Abtreibung mit strafrechtlichen Mitteln durchsetzt. Die Kirche hält das für selbstverständlich.

DER TEUFEL IM DETAIL

Moralische Regeln, gerade wenn sie sich auf so schwere Fragen wie diejenige der Abtreibung beziehen, müssen sich auch in extremen Fällen bewähren oder eben nicht. Jedenfalls führen extreme Fälle immer zu lebhaften Diskussionen in der Öffentlichkeit. Wie die Kirche damit umgeht, zeigte sich beispielsweise in einem Fall, der im Frühjahr 2009 für Schlagzeilen sorgte. In Brasilien war ein neunjähriges Mädchen nach einer Vergewaltigung durch ihren Stiefvater schwanger geworden. Es handelte sich um eine Zwillingsschwangerschaft, die das Leben des nur 36 Kilogramm schweren Mädchens bedrohte. Die Mutter des Mädchens stimmte der auf Anraten der Ärzte durchgeführten Abtreibung zu. Nachdem die brasilianische Presse von dem Fall berichtet hatte, meldete sich der damalige Erzbischof von Olinda und Recife José Cardoso Sobrinho zu Wort und erklärte, dass alle Beteiligten an der Abtreibung, also das Mädchen, die Mutter und die beteiligten Ärzte, automatisch exkommuniziert seien. Diese unbarmherzige Haltung, gerade der Neunjährigen gegenüber, schlug hohe Wellen, die auch den Vatikan erreichten. Erzbischof Rino Fisichella, der Präsident der Päpstlichen Kommission für das Leben, veröffentlichte einen korrigierenden Artikel in der Vatikanzeitung *Osservatore Romano*. Unter der Überschrift »An der Seite des brasilianischen Mädchens« schrieb der Erzbischof, er halte in diesem Fall die juristische Betrachtungsweise für völlig unangemessen. Eher hätte man das Mädchen verteidigen, umarmen und trösten sollen. In solchen sehr schwierigen Umständen müssten die Beteiligten nach ihrem Gewissen entscheiden, was zu tun sei. Doch das sollte nicht das letzte Wort Roms in dieser heiklen Angelegenheit bleiben. Der brasilianische Erzbischof mobilisierte die konservativen Kreise im Vatikan, und so sprach unter Billigung des Papstes die Glaubenskongregation unter ihrem Präfekten Kardinal Levada das Schlusswort. Am 11. Juli 2009 war im *Osservatore Romano* die »Klarstellung« zu lesen, dass die Lehre der Kirche bezüglich des absoluten Verbots der Abtreibung unverändert gelte. Auch die Gefahr für das Leben der Mutter sei kein Rechtfertigungsgrund für die Durchführung einer Abtreibung. Das Verhalten des Erzbischofs von Olinda und Recife wurde ausdrücklich gebilligt, er habe den Fall mit »pastoraler Delikatesse« behandelt. Es gilt also immer noch: Im Zweifel für das Lehrgebäude der Kirche, im Zweifel gegen das Mitleid mit den Schwachen, den Kindern, den Opfern. Im Zweifel für die Ankläger – ganz wie es seit der Zeit der Heiligen Inquisition üblich wurde.

In Deutschland wurde ein inhaltlich ganz ähnlicher Konflikt vor zehn Jahren ausgetragen. Das deutsche staatliche Recht sieht vor, dass die Abtreibung straffrei bleibt, wenn sie nach einer Beratung durch eine qualifizierte Stelle erfolgt. Auch katholische Verbände, die Caritas und der Sozialdienst Katholischer Frauen, boten solche Beratungen an. Wie es das Gesetz vorsieht, erhielten die betroffenen Frauen eine Bescheinigung über die Durchführung der Beratung und konnten dann entscheiden, ob sie das Kind behalten oder eine Abtreibung durchführen wollten. Diese Praxis hatte gut zwanzig Jahre Bestand und wurde zunächst von den deutschen Bischöfen gebilligt. Doch Rom war dagegen, der Druck auf die deutschen Bischöfe wurde immer stärker, bis schließlich 1999 Papst Johannes Paul II. unter Berufung auf sein Jurisdiktionsprimat den katholischen Verbänden verbot, sich an dem Beratungssystem weiter zu beteiligen. Der Papst sah es so: Jede Abtreibung ist Mord, und wenn Katholiken sich daran beteiligen, und sei es auch nur durch Erteilung von Beratungsbescheinigungen, verdunkele das das Zeugnis der Kirche für das Leben.

Diese kompromisslose Position wurde innerkirchlich nicht von allen geteilt, in Deutschland führte der Durchgriff des Papstes, der auch die deutschen Bischöfe belastete, zu erheblicher Unruhe und Empörung. Die Anhänger der Beteiligung an der Schwangerenkonfliktberatung verwiesen darauf, dass gerade die Beratung durch kirchliche Organisationen als gewissermaßen letzter Appell an das Gewissen der Frau verstanden werden müsse und sich ja nachweislich viele Frauen deshalb entschlossen hätten, ihr Kind anzunehmen. Aber Rom hatte gesprochen und der Fall war damit erledigt. Nun, nicht ganz erledigt, denn es wurde von Katholiken ein Verein gegründet, Donum vitae, der die Arbeit der bisherigen katholischen Beratungsstellen fortsetzt. Kirchlicherseits wurde dies den Beteiligten übel vermerkt. Und auf Druck aus Rom ordneten die Bischöfe an, dass es zwischen Donum vitae und katholischen Verbänden keinerlei Zusammenarbeit geben dürfe: Es darf kein Raum gemeinsam genutzt und schon gar kein Personal ausgetauscht werden. Darüber hinaus ist es Katholiken, die eine offizielle Funktion in einem kirchlichen Verband bekleiden, verboten, bei Donum vitae mitzuwirken. Als 2009 ein neuer Präsident des Zentralkomitees der deutschen Katholiken gewählt werden sollte, verweigerten die Bischöfe dem zunächst einzigen Kandidaten, dem CDU-Politiker Heinz-Wilhelm Brockmann, ihre notwendige Zustimmung, weil er Gründungsmitglied von Donum vitae war. Nein, in der Frage der Abtreibung lässt die Kirche heute ihren Gläubigen keinerlei

Spielraum für Gewissensentscheidungen, selbst wenn der Einzelfall noch so haarsträubend ist.

Der moralische Rigorismus der Kirche in allen Dingen, die mit Ehe, Familie und Sexualität zu tun haben, geht einher mit einer Freude, alle möglichen Sachverhalte im Detail zu regulieren. Noch Paul VI. befasste sich in Lehrschreiben mit dem Verbot der Sterilisierung, des vorehelichen Geschlechtsverkehrs, der Selbstbefriedigung auch im Jugendalter und der Ausübung von Homosexualität. Die Instruktion *Donum Vitae* (»Geschenk des Lebens«) der Glaubenskongregation von 1987 widmete sich den inzwischen erreichten oder in Reichweite scheinenden Methoden der künstlichen Befruchtung und der Eingriffe ins menschliche Erbgut. Verboten wurde jede Form der Befruchtung von Eizellen außerhalb des Mutterleibs, also im Reagenzglas, egal ob Ei- und Samenzelle von Eheleuten stammten oder von fremden Personen. Das Einfrieren von Embryonen zur späteren Verwendung wurde genauso untersagt wie jede Art der Leihmutterschaft oder der Aufzucht von Embryonen in künstlichen Apparaten oder mithilfe von tierischen Ersatzmüttern. Auch das Klonen und überhaupt jegliche Eingriffe ins menschliche Erbgut fallen unter das Verdikt der Kirche.

Nun kann man angesichts der sich abzeichnenden Möglichkeiten der Fortpflanzungsmedizin durchaus die Sorge nachvollziehen, dass hier Grenzen vielleicht überschritten werden, die nicht überschritten werden sollen. Aber es ist der Ton, der erschrecken lässt. Hier wird nicht freundlich ermahnt, nicht durchdacht argumentiert, es wird schroff verordnet. Die Aussicht, vielleicht einem Ehepaar einen lang ersehnten Kinderwunsch zu ermöglichen, oder die Hoffnung eines Arztes, den Ausbruch einer tückischen Krankheit zu verhindern, zählen wohl von vornherein nichts.

Ähnlich positioniert sich die Kirche in der Frage, ob es erlaubt sei, zur Verminderung der Ausbreitung von Aids und anderer Geschlechtskrankheiten – ein Problem, das in Afrika ganze Völker zusammenbrechen lässt – den Gebrauch von Kondomen zu bewerben und Kondome den möglichen Zielgruppen überhaupt verfügbar zu machen. Präservative sind nach Auffassung der Kirche strikt verboten, die Ansteckung mit Geschlechtskrankheiten verhindert am sichersten Enthaltsamkeit. Oder, um das Argument umzukehren, Krankheit ist eben eine Folge der Sünde, der Verletzung der kirchlichen Sexuallehre. Kann das richtig sein? Selbst wenn man jedweden außerehelichen Sex als Sünde ansieht – entspricht es wirklich dem Christentum, den Sünder dann gleich zum Tod zu verurteilen? Und in der nicht nur afrikanischen Wirklichkeit bedeutet eine Aids-Erkrankung immer noch schlimmes Siechtum und frühen Tod. In Afrika und andernorts bietet die rigorose kirchliche Sexualmoral all denen Steine statt Brot an, die in der Verantwortung für Jugendliche stehen. Dürfen katholische Eltern und Erzieher an junge Leute lediglich appellieren, nichtehelichen Sex als Sünde zu meiden? Oder dürfen sie versuchen, schädliche Folgen des nun einmal in den meisten Fällen vorhersehbaren Verhaltens unabhängig von seiner moralischen Beurteilung zu vermeiden? Der Anspruch der Kirche an das Verhalten der Gläubigen zwingt diese in einen Loyalitätskonflikt zwischen dem Wunsch, der Kirche zu folgen, und der Pflicht, das möglichst Beste für Abhängige zu tun. Und das scheint nicht im Sinn des Erfinders zu sein.

ZUM SCHLUSS: DIE FRAUEN

Die veränderte gesellschaftliche Rolle der Frau setzt die Kirche einem Erwartungsdruck aus, auch in diesem Punkt ein *aggiornamento* zu erreichen, das heißt konkret: Frauen in die Leitungsebene der Kirche zu berufen und sie vielleicht sogar zu Priesterinnen zu weihen. Am Ende einer solchen Entwicklung stünde – irgendeines fernen Tages – die Wahl einer Frau in das Amt des Pontifex. Unter Berücksichtigung des üblichen kirchlichen Reformtempos kann man freilich die Anhänger der Frauenweihe vor Euphorie nur warnen und ihre Gegner beruhigen. Wer heute lebt, wird eine Päpstin in Rom nicht erleben. Die theologische Argumentation pro und contra spielt an dieser Stelle keine Rolle, wir beschränken uns auf die äußere Sicht der Dinge. Jedenfalls werden in etlichen christlichen Kirchen, die in der Tradition der Reformation stehen, Frauen zu Pastorinnen ordiniert, wie es dort heißt. In Deutschland, das hier zu den Vorreitern gehörte, wurde mit Elisabeth Haseloff 1958 erstmals eine Frau protestantische Pastorin, 1992 gab es mit Maria Jepsen die erste protestantische Bischöfin. Seitdem wird die katholische Kirche die Diskussion nicht los, warum nicht auch in ihr Frauen zu Priesterinnen geweiht werden könnten. Denn wenn überall in der Gesellschaft Frauen alles machen dürfen und können, läuft die Position, wonach das Priestertum Männern vorbehalten sei, dem allgemeinen Lebensgefühl zuwider. Eine solche Position ist unter den Bedingungen einer Mediengesellschaft nicht zu verteidigen und stellt für ihre Vertreter eine Dauerbelastung ihres Images dar.

Das hat die Kirche natürlich geahnt und deshalb frühzeitig versucht, eine solche Situation gar nicht erst entstehen zu lassen. Ausgehend von der grundsätzlichen Verschiedenheit der Aufgaben von Mann und Frau hatte Papst Leo XIII. (1878–1903) gelehrt: »Der Mann ist der Herr der Familie und das Haupt der Frau. Da diese jedoch Fleisch von seinem Fleisch und Bein von seinem Bein ist, soll sie dem Mann nicht wie eine Dienstbotin, sondern wie eine Gefährtin unterworfen sein und gehorchen, so leistet sie den Gehorsam nämlich ehren- und würdevoll.« Pius XI.

setzte diese Linie fort und erklärte 1930 in seinem Lehrschreiben zur christlichen Ehe: »Dieser Gehorsam der Frau ihrem Mann gegenüber kann nach den unterschiedlichen Umständen verschieden ausgestaltet sein und wenn der Mann seine Pflicht versäumt, muss ihn die Frau als Haupt der Familie vertreten. Aber die Struktur der Familie selbst und ihr von Gott festgelegtes Grundverständnis zu zerstören ist nie und nirgends erlaubt.« Diese Zitate beschreiben das Rollenverständnis der katholischen Frauen – zumindest in der Ausprägung, wie sie bis weit in die zweite Hälfte des 20. Jahrhunderts vorherrschend war. Das heißt auch: Genau das war das Rollenverständnis, welches katholische Mütter dieser Epoche an ihre Söhne, also auch an die heutigen Kirchenführer, weitergegeben haben. Und was in dieser Hinsicht die Kirchenoberen seitdem an Neuem gelernt haben, das wissen sie aus Büchern, nicht aus dem wirklichen Leben. Und so nimmt es nicht wunder, dass die Rolle der Frau in der Kirche bis heute nach diesem Rollenverständnis definiert wird.

Dabei gab es seit dem Mittelalter durchaus vereinzelt Frauen in Führungspositionen der Kirche. Am weitesten brachten es die Äbtissinnen, deren Klöster den Status eines Reichsfürstentums hatten. Sie verfügten neben ihrer Funktion als Abteivorsteherin auch über die Landeshoheit und oft über einen Sitz auf dem Reichstag. Über die häufig zur Landesherrschaft gehörenden Patronatsrechte konnten sie auch Pfarrer einsetzen. Die Äbtissin von Las Huelgas, einer spanischen Zisterzienserinnenabtei in der Nähe von Burgos, bekleidete sogar de facto die gleiche Rechtsstellung wie ein Bischof und durfte sich Prälat nennen. Und ihre Kollegin, die Äbtissin von San Benedetto in Conversano bei Bari, durfte eine Bischofsmütze tragen und die Jurisdiktion über die Geistlichkeit des Klosterbezirkes ausüben. Die meisten dieser hohen Ämter für Frauen erledigten sich durch die Säkularisation in Deutschland nach 1803, und für ihre Wiederherstellung regte die Kirche auf dem Wiener Kongress keine Hand.

Die Französische Revolution beendete auch die siebenhundertjährige Tradition der Abtei von Fontevraud, ein Klosterkomplex für Frauen und Männer, der einschließlich der Priester von einer Äbtissin geleitet wurde. Die Äbtissin von Las Huelgas wurde 1873 von Papst Leo XIII. ihrer speziellen Rechte beraubt. Damit waren die letzten weiblichen Bastionen geschleift und die Kirche endgültig zur Männergesellschaft geworden. Es passt dazu, dass es der Gründer des Opus Dei war, Josemaría Escrivá, der mit einem kirchenrechtlichen Werk über die Äbtissinnen von Las Huelgas die Abschaffung der alten Prälatenrechte rechtfertigte. Und eine Männergesellschaft ist die Kirche bis heute geblieben, jedenfalls was die Leitung anbelangt. Nur einige fortschrittliche Bischöfe haben in den letzten Jahren in ihren Verwaltungen auch weibliche Kräfte in leitende Funktionen befördert. Im Vatikan kommen in Spitzenpositionen keine Frauen vor, dort werden in der Regel ohnehin nur Priester eingesetzt. Auf der mittleren Ebene wurden in den letzten Jahren sehr vereinzelt Frauen beschäftigt, lediglich Nonnen, die als Sekretärinnen arbeiten, gibt es viele. 2003 schaffte es erstmals eine Frau auf die Stelle der Präsidentin einer päpstlichen Akademie; und ranghöchste Frau im Vatikan ist heute Schwester Enrica Rosanna als Untersekretärin – was hier allerdings eine Leitungsfunktion bezeichnet – der Kongregation für die Ordensgesellschaften.

Benedikt XVI. hatte sich zwar 2006 noch ausdrücklich wohlwollend über die Beschäftigung von Frauen in der Führungsetage des Vatikans geäußert, nur geschehen ist seither wenig. Immerhin ist das Leitungsmodell der Abtei von Fontevraud überraschenderweise wiedergekehrt. Die Focolari, eine der einflussreichen unter den neuen geistlichen Gemeinschaften, erhielten nach dem Tod ihrer Gründerin Chiara Lubich ein Statut, wonach das Amt der Präsidentin immer von einer Frau besetzt wird, und das, obwohl der Bewegung viele Priester und Bischöfe angehören. Aber der Einfluss von Frauen auf die Kirchenführung findet bis heute – wenn überhaupt – auf informellem Weg statt. Das reicht von Äbtissinnen, wie Hildegard von Bingen, die Päpsten ihre Meinung unverblümt mitteilte, bis zu Papsthaushälterinnen, unter denen es die Deutsche Pascalina Lehnert, die 40 Jahre lang für Kardinal Pacelli, den späteren Papst Pius XII., den Haushalt führte, zur Berühmtheit brachte. Aber offizielle einflussreiche Ämter haben Frauen in der Kirche bisher nie erlangt, die alte Geschichte von der Päpstin Johanna ist nur eine Legende. Um hieran etwas zu verändern, müsste die Kirche entweder von der Voraussetzung abgehen, dass für die wirklich wichtigen Ämter nur Priester taugen, oder aber sie müsste die Priesterweihe für Frauen öffnen. Die Frage ist kaum zu entscheiden, welche Alternative der Kirche schwerer fiele. Auch hier scheint sie an der Last eherner Grundsätze zu leiden, die ihr jede Bewegung – und erst recht jede kreative Bewegung – erschwert.

RESÜMEE

Den Lesern, die dem Text dieses Buches bis hierher gefolgt sind, gilt der Dank des Autors. In neun Kapiteln wurde das Sündenregister der Kirche aufgeblättert, ohne kleinlich zu sein, aber natürlich auch, ohne den Anspruch auf Vollständigkeit zu erheben. Es geht um die Untaten und die Fehlentscheidungen, die bis heute fortwirken, die sozusagen die Wurzeln der aktuellen Skandale und der sündhaften Strukturen der Kirche bilden, die sich in der deutschsprachigen Öffentlichkeit in besonderer Weise im Jahr 2010 manifestiert haben. Dazu war in die Tiefen der Geschichte hinabzusteigen, um die Gründe für Fehlentwicklungen zu suchen.

Ein erster Fund war die Entscheidung der Kirche für die Option der Gewalt bei der erfolgreichen Vertreibung der Mauren aus Spanien und in den letztlich erfolglosen Kreuzzügen. Es war festzustellen, dass die Unternehmungen zur Eroberung des Heiligen Landes und einzelne besonders brutale Begebenheiten, die sich dabei ereigneten, das Verhältnis der Kirche zum Islam bis heute belasten. Die Kreuzzüge boten der Kirche die Gelegenheit, nicht nur auf Augenhöhe mit Regenten und Staaten zu gelangen, sondern darüber hinaus den Anspruch zu begründen, eine geistliche Macht zu sein, die den lediglich weltlichen Herrschern übergeordnet ist. Die Funktion des obersten christlichen Feldherrn erlangten die Päpste Hand in Hand mit ihrer neuen Titulierung als »Stellvertreter Christi«. Und bis ins 20. Jahrhundert vertrat die Kirche die Kreuzzugsidee, zuletzt im schändlichen Äthiopienüberfall Mussolinis.

Was das Judentum anbelangt, das heute als »ältere Schwester« der Christenheit gilt, ist die Rolle der Kirche immer noch ambivalent. Starke Bataillone in der Kirche akzeptieren die seit dem Zweiten Vatikanischen Konzil getätigten Lehrmeinungen nicht und stehen bis heute in der Tradition des unseligen Antijudaismus. Und die Signale, die die Kirche in jüngster Zeit aussendet – sei es die Affäre um den Piusbruder Williamson, sei es die Frage der Karfreitagsfürbitte im Alten Ritus oder der Fortschritt im Heiligsprechungsprozess für Papst Pius XII. –, müssen in der jüdischen Welt Zweifel provozieren.

Lateinamerika, die katholische Wachstumsregion schlechthin, ist im Geist der erfolgreichen spanischen Reconquista christlich missioniert worden. Daraus wuchs auch eine Tradition der Kumpanei mit den Herrschenden, mit Diktatoren und Militärs, die die Menschenrechte mit Füßen traten. Die »Option für die Armen«, die die Theologie der Befreiung versprach, wurde durch dieses Bündnis weitgehend unterdrückt, witterte die Kirche doch hier ihren damaligen erklärten Hauptfeind, den Kommunismus. Und auch in Afrika stand die Kirche lange, allzu lange auf der Seite brutaler Kolonialherren und hat bis heute den Geist der Gewalttätigkeit nicht einmal bei ihren eigenen Leuten, ja sogar bei Geistlichen nicht besiegt, wie es das Beispiel Ruanda erschreckend deutlich demonstrierte.

Das heutige Verhalten der Kirche, jedenfalls das Verhalten, das zu den aktuellen Skandalen führt, wird vom Bild einer mächtigen Kirche, die über den weltlichen Gepflogenheiten, ja sogar über der weltlichen Jurisdiktion steht, deutlich begünstigt. Deshalb nahmen sich Kirchenführer bis in die jüngste Vergangenheit das Recht heraus, Priester, die wegen sexuellen Missbrauchs Minderjähriger nach staatlichem Recht zu bestrafen wären, vor der Strafverfolgung zu schützen. Deshalb wurden Straftaten vertuscht und Straftäter versetzt – auch auf die Gefahr hin, dass sie neue Straftaten begehen würden. Die rigide kirchliche Sexualmoral half, das Schweigen der Opfer zu sichern, noch dazu wenn die Täter in den Augen der Opfer einen beinah übernatürlichen Status als »geweihte Priester« hatten. Ob die den Priestern verordnete Ehelosigkeit eine Mitursache des sexuellen Missbrauchs von Kindern war, muss nach derzeitigem Kenntnisstand eine offene Frage bleiben. Allzu küchenpsychologische Betrachtungen helfen hier nicht weiter, schon gar nicht den Opfern.

Besonders verwerflich muss es scheinen, dass Kirchenobere in den letzten Jahrzehnten die sich seit langem, zuerst in den Vereinigten Staaten, abzeichnende Situation nicht zum Anlass nahmen, in ihren eigenen Bistümern und Bildungseinrichtungen aktiv zu werden und dort vorsorglich Gegenmaßnahmen zu treffen.

Auch beim Umgang mit Geld zeigt sich das Bewusstsein einer »Überstaatlichkeit« der Kirche darin, dass über Jahrzehnte ein ganz kleiner Kreis von keiner wirklichen Kontrolle unterworfenen Mitarbeitern im Vatikan anrüchige Geldgeschäfte, die im Zusammenhang mit Geldwäsche, Korruption und Steuerbetrug standen, in erheblichen Größenordnungen durchführen konnten. Ethische Gesichtspunkte spielten für die Kirche bei der Geldanlage keine Rolle, die Kirchenfinanzen vermehrten sich in einem Filz aus dubiosen Bankern, südamerikanischen Diktatoren, Ustascha-Politikern und frommen Geistlichen. Und die Beziehungen des Vatikans zu italienischen Politikern sind ganz erheblich von finanziellen Interessen beider Seiten geprägt.

Was die Strukturen in der personell doch sehr dünn ausgestatteten Kirchenzentrale in Rom anbelangt, so ist der informelle Einfluss von Seilschaften festzustellen. In den letzten Jahrzehnten haben hier konservative Orden und andere Vereinigungen stark an Boden gewonnen. Neugründungen aus den spanischsprachigen Ländern fallen durch Kreuzzugsrhetorik auf und verfügen nicht nur über erhebliche Geldquellen, sondern auch über Reservoirs an Priesteramtskandidaten. Mit solchen Mitteln gelangen im Vatikan auch solche Vereinigungen zu Ansehen, die von zweifelhaften Führern geleitet werden oder Strukturen aufweisen, die geradezu zum Missbrauch einladen. Die konservativen Gruppen begünstigen die Unsensibilität der Kirche gegenüber Islam und Judentum und betonen eine rigorose Moral, vor allem in Fragen von Familie, Frauen und Sexualität. An der Aufdeckung von Kirchenskandalen sind sie in der Regel nicht interessiert, da sie darin nur eine Schwächung der Macht der Kirche sehen.

Die Kirche beansprucht seit jeher das Monopol hinsichtlich der Beurteilung von Ereignissen oder Gegenständen, die sich zwischen der irdischen und der jenseitigen Welt befinden beziehungsweise diese beiden Sphären miteinander verbinden. Dabei war und ist sie bereit, jede Vorsicht und rationale Betrachtung hintanzustellen, wenn nur genügend große Menschenmengen von vermeintlich übernatürlichen Vorgängen bewegt werden. In jüngster Zeit zeigt sich das an der Heiligsprechung des Juan Diego, der wohl nie existiert hat, und dem wankelmütigen Umgang mit den »Marienerscheinungen« in Medjugorje, durch die die Glaubwürdigkeit kirchlichen Urteilens infrage gerät. Genauso problematisch für die Glaubwürdigkeit der Kirche ist die Doppelstrategie im Umgang mit dem »Bösen«: Für aufgeklärte Christen wird die Personifikation Satan aufgegeben, doch für schlichte Gemüter werden Exorzisten bestellt.

Aus dem ursprünglichen Wächteramt der Kirche über den wahren Glauben wurde unter dem Eindruck eigener kirchlicher Macht der Zwang zum Guten, koste es, was es wolle – auch das Leben des Gläubigen. Mitleidslos wurden Menschen zu Opfern der Inquisition gemacht. Das Meinungsmonopol, das die Kirche einst durch die alleinige Verfügung über Texte und Lehrpersonen besaß, sollte mit Macht mittels Zensur erhalten werden. In abgeschwächter Form setzt sich die Einteilung theologischer Gedanken in wahr oder falsch heute in der Glaubenskongregation fort, wirkliche Gedankenfreiheit gibt es in der Kirche bis heute nicht.

Die Beschleunigung der Entwicklung in Technik und Gesellschaft wurde von der Kirche lange nicht verstanden, adäquate theologische Umsetzungen wurden sogar bekämpft. Deshalb lehnte die Kirche jede wesentliche wissenschaftliche oder gesellschaftliche Neuerung in den letzten zweihundert Jahren rigoros ab. Nur mühsam gelangen seit dem Zweiten Vatikanischen Konzil einzelne Frontbegradigungen wie bei der Evolutionstheorie. Gerade die für das Alltagsleben der Menschen wichtigen Änderungen, die die Rolle der Frau und die veränderte Einstellung zur Sexualität betreffen, führten bei der Kirche jedoch eher zu einer Verschärfung der klassischen Moralvorschriften. Und die Stellung der Frau blieb in der Kirche fast so, wie sie immer schon war, ungeachtet des wachsenden Drucks nach Veränderung.

Das ist der Befund, ein trauriger, ein quälender Befund – jedenfalls für Leute, denen die Kirche nicht grundsätzlich egal ist oder die sie ohnehin nur für eine große Verbrechensorganisation halten. Natürlich ist das Ergebnis dieses Schwarzbuchs gewollt einseitig. Es sollten nicht große Erklärungen gesucht, Entschuldigungen gefunden oder zur Kompensation des Schlechten auf vieles Gute verwiesen werden. Die Intention war und ist, der Enttäuschung vieler Menschen über die Kirche Ausdruck zu verleihen, die sie spätestens nach Bekanntwerden der jüngsten Skandale erlebt haben. Und weiterhin sollte diese Enttäuschung vollständig werden, um zu einem realitätsnäheren Kirchenbild zu führen. Es ging darum, den Teppich zu lüften und vollständig sichtbar zu machen, was unter ihn gekehrt wurde – nicht nur die Stellen, an denen das Schwarze aufgrund der neuesten Enthüllungen gerade zu sehen war. Erst die vollständige Erkenntnis auch ihrer dunklen Seiten der Kirche ermöglicht ein wahrhaftiges Bild von der Kirche.

Dies betrifft auch die zeitliche Dimension. Die Kirche im Jahr 2010 ist nicht schlechter als früher. Vielleicht ist sie sogar ein kleines Stückchen besser als früher. Als Skandal empfunden werden zum Beispiel die Missbrauchsfälle in katholischen Internaten in Deutschland erst heute. Stattgefunden hat der größte Teil dieser Fälle jedoch vor Jahren und Jahrzehnten. Die Strukturen, die ermöglichten, dass die Skandale so lange vertuscht werden konnten, beruhen auf Entscheidungen, die schon jahrhundertealt sein können. Und diese Strukturen wirken sich nicht nur an einer Stelle aus. Egal ob es um Korruption, Machtmissbrauch, Einsatz von Gewalt, Geldwäsche oder sexuellen Missbrauch geht: Immer stehen dahinter ähnliche Einflüsse, und häufig ermöglicht ein Verbrechen der einen Kategorie solche aus anderen Bereichen. Wer jetzt darangeht, zukünftigen sexuellen Missbrauch von Kindern durch Geistliche oder andere Verbrechen zu verhüten, wird diese Zusammenhänge sehen und berücksichtigen müssen. Die Wucherungen, Narben und Entstellungen, die das Bild der Kirche im Lauf ihrer bisherigen Geschichte entstellt haben, werden in ihrer Komplexität nicht durch schnelle Reformen geheilt werden können. Auch der Austausch von Personal hilft nur begrenzt. Wer etwa glaubt, man müsse nur einen »guten« Papst wählen oder einen »modernen« Bischof haben und schon wäre alles in Ordnung, unterschätzt das Problem gewaltig. Die Handlungsspielräume auch scheinbar mächtiger Kirchenführer sind beschränkt.

Der beschriebene »schwarze« Teil der Kirche gehört zu ihr, er ist ihr zugefügt worden durch Jahrhunderte. Er stellt gewissermaßen einen Rucksack voll Ballast dar, den nicht nur die Kirche als Ganze, sondern jeder einzelne Gläubige tragen muss. Und da die Kirche ihre Geschichte nicht ungeschehen machen kann, hat sie zu lernen, mit diesem Ballast umzugehen, wie auch jeder Gläubige damit umzugehen hat. Aber dazu muss man zuvor den Ballast kennen, ihn zu verdrängen oder zu leugnen hilft nicht. Im Gegenteil, Verdränger und Leugner befördern das Schlechte, weil es unter dem imaginären Teppich unerkannt weiterwuchern kann.

WEITERFÜHRENDE LITERATUR

Asserate, Asfa-Wossen: *Ein Prinz aus dem Hause David und warum er in Deutschland blieb*, Frankfurt am Main 2007.

Baier, Lothar: *Die große Ketzerei. Verfolgung und Ausrottung der Katharer durch Kirche und Wissenschaft*, Berlin 1984.

Boberski, Heiner / Bruckmoser, Josef / Pfeifer, Andreas: *Geheimnis Vatikan*, Hamburg 2008.

Brechenmacher, Thomas: *Der Vatikan und die Juden. Geschichte einer unheiligen Beziehung*, München 2005.

Collins, Michael: *Der Vatikan: Geschichte, Kunst und Leben in der Heiligen Stadt*, München 2009.

Cordes, Paul Josef: *Besiege das Böse mit dem Guten. Grenzen der Psychologie und die Kraft des Glaubens*, Augsburg 2009.

Delgado, Mariano: *Gott in Lateinamerika. Texte aus fünf Jahrhunderten*, Düsseldorf 1991.

DiVerita, Discepoli / Försch, Christian: *Ihr habt getötet: Der Machtkampf der Logen im Vatikan*, Berlin 2004.

Erbacher, Jürgen: *Vatikan: Wissen was stimmt*, Freiburg im Breisgau 2008.

Faber, Richard: *Katholizismus in Geschichte und Gegenwart*, Würzburg 2005.

Küng, Hans: *Das Christentum. Wesen und Geschichte*, München 2008.

Küng, Hans: *Christ sein*, München 2010.

Luther, Martin: *Martin Luthers Werke. Kritische Gesamtausgabe*, Band 53, Köln 1920.

Mai, Klaus-Rüdiger: *Benedikt XVI. Joseph Ratzinger: sein Leben – sein Glaube – seine Ziele*, Bergisch Gladbach 2005.

Mai, Klaus-Rüdiger: *Der Vatikan. Geschichte einer Weltmacht im Zwielicht*, Bergisch Gladbach 2008.

Nuzzi, Gianluigi: *Vatikan AG: Ein Geheimarchiv enthüllt die

Wahrheit über die Finanz- und Politskandale der Kirche, Salzburg 2010.

Peterson, Scott: *Me Against My Brother: At War in Somalia, Sudan and Rwanda,* London 2000.

Phayer, Michael: *Pius XII, the Holocaust, and the Cold War,* Bloomington 2008.

Ratzinger, Joseph: *Einführung in das Christentum,* München 1968.

Ratzinger, Joseph: *Glaube - Wahrheit – Toleranz. Das Christentum und die Weltreligionen,* Freiburg im Breisgau 2003.

Ratzinger, Joseph: *Werte in Zeiten des Umbruchs. Die Herausforderungen der Zukunft bestehen,* Freiburg im Breisgau 2005.

Ratzinger, Joseph / Marcello, Pera: *Ohne Wurzeln. Der Relativismus und die Krise der europäischen Kultur,* Augsburg 2005.

Rossi, Fabrizio: *Der Vatikan: Politik und Organisation,* München 2006.

Sergio Luzzatto, Sergo: *Padre Pio. Miracoli e politica nell'Italia del Novecento,* Turin 2007.

Wishart, Alfred W.: *A Short History of Monks and Monasteries,* New Jersey 1900.

Zimmerl, Walther: *Israel und die Christen,* Neukirchen-Vluyn 1964.

Neue Werte jenseits aller Religionen

Dalai Lama
RÜCKKEHR ZUR
MENSCHLICHKEIT
Neue Werte in einer
globalisierten Welt
Aus dem Englischen
von Waltraud Götting
224 Seiten
ISBN 978-3-7857-2441-5

Bevölkerungswachstum, Klimawandel, Terrorismus, Finanzkrise – wir sind weit davon entfernt, glücklich zu sein. Die Weltgemeinschaft steht vor enormen Problemen, und obwohl wir näher zusammengerückt sind als jemals zuvor, scheinen wir sie nicht meistern zu können. Denn erst wenn ein neues Wertesystem gefunden ist, auf das sich alle Völker und Religionen dieser Erde einigen können, werden wir friedliche und erfolgreiche Lösungen finden.

Der Dalai Lama entwirft ein Wertesystem, das über alle Religionen hinweg funktioniert und sich nicht nur auf gesellschaftlicher Ebene, sondern auch von jedem von uns im Alltag umsetzen lässt.

Lübbe Hardcover

Von Stonehenge bis zur Oper von Sydney – in 20 Bauten um die Welt!

Bernd Ingmar Gutberlet
DIE NEUEN WELTWUNDER
In 20 Bauten durch
die Weltgeschichte
240 Seiten
mit zahlreichen
Abbildungen
ISBN 978-3-404-60683-2

Bernd Ingmar Gutberlet studierte in Berlin und Budapest Geschichte und hat als Journalist, Lektor und Projektmanager im Kulturbereich gearbeitet. Seine Bücher Die 50 *populärsten Irrtümer der deutschen Geschichte* und *Die 50 größten Lügen und Legenden der Weltgeschichte* wurden Bestseller. 2008 und 2009 folgten *Die 33 wichtigsten Ereignisse der deutschen Geschichte* und das Sachbuch *Der Maya-Kalender. Die Wahrheit über das größte Rätsel einer Hochkultur*, das im gleichen Programm als TB erscheinen wird.

Bastei Lübbe Taschenbuch

Nichts ist vergangen

Klaus-Rüdiger Mai
DIE GEHEIMEN
RELIGIONEN
Götter, Sterne
und Ekstase
mit zahlreichen
Abbildungen
ISBN 978-3-431-03854-5

Warum ist Maria die allverehrte Gottesmutter und Sternenkönigin? In der Bibel wird sie eher am Rande erwähnt. Weshalb zeigt sich Christus im Strahlenkranz? Worauf verweisen Sternkreiszeichen wirklich? Was suchen christliche Mystiker, Beginen, Kabbalisten und Sufis?

Unter dem Gewand des Christentums, des Judentums, des Islam und zahlreicher Volksbräuche haben sich viele seltsame Rituale und Weltdeutungen erhalten, die weit in die Zeiten zurückreichen. Sind das nur Überbleibsel untergegangener Kulte oder leben hier nur scheinbar versunkene Religionen in verkleideter Gestalt weiter?

Lübbe Ehrenwirth

Werden Sie Teil der Bastei Lübbe Familie

- Lernen Sie Autoren, Verlagsmitarbeiter und andere Leser/innen kennen
- Lesen, hören und rezensieren Sie Bücher und Hörbücher noch vor Erscheinen
- Nehmen Sie an exklusiven Verlosungen teil und gewinnen Sie Buchpakete, signierte Exemplare oder ein Meet & Greet mit unseren Autoren

Willkommen in unserer Welt:

 www.luebbe.de

 www.facebook.com/BasteiLuebbe

www.twitter.com/bastei_luebbe

 www.youtube.com/BasteiLuebbe